中国学术大师系列 ZHONGGUO XUESHU DASHI XILIE

HONGXUE CAIZI YUPINGBO
红学才子俞平伯

王湜华/著

红学才子

俞平伯

北京大学出版社
PEKING UNIVERSITY PRESS

图书在版编目(CIP)数据

红学才子俞平伯/王湜华 著. —北京:北京大学出版社,2006.12
(中国学术大师系列)
ISBN 978-7-301-11335-6

Ⅰ. 红… Ⅱ. 王… Ⅲ. 俞平伯(1900—1990)—生平事迹 Ⅳ. K825.6

中国版本图书馆 CIP 数据核字(2006)第 145214 号

书　　　名:	红学才子俞平伯
著作责任者:	王湜华　著
策 划 组 稿:	王炜烨
责 任 编 辑:	王炜烨
标 准 书 号:	ISBN 978-7-301-11335-6/K·0464
出 版 发 行:	北京大学出版社
地　　　址:	北京市海淀区成府路 205 号　100871
网　　　址:	http://www.pup.cn
电　　　话:	邮购部 62752015　发行部 62750672　编辑部 62750673
	出版部 62754962
印 　刷 　者:	涿州市星河印刷有限公司
经 　销 　者:	新华书店
	787 毫米×1092 毫米　16 开本　22.25 印张　383 千字
	2006 年 12 月第 1 版　2007 年 5 月第 2 次印刷
定　　　价:	38.00 元

未经许可,不得以任何方式复制或抄袭本书之部分或全部内容。
版权所有,侵权必究
举报电话:(010)62752024　电子信箱:fd@pup.pku.edu.cn

有人疑问句
看书不猒忘

俞平伯

红学才子 俞平伯

137　第七章　干校

161　第八章　晚来非晚借灯明

221　第九章　悲喜寒暖

249　第十章　汐净染德

305　第十一章　千秋功罪 难于辞达

349　后记

目录

001　前言　重要而特殊的学术才子

005　第一章　大师出名门

027　第二章　远游英美

043　第三章　红学一入深似海

059　第四章　先任教清华　后任教北大

085　第五章　建国初期

109　第六章　困难年代

如果是个小小的成功,我不消说是喜悦的;即使是失败,也可以在消极方面留下一些暗示。……至于成功与否,成功到了什么程度,这些却非我所介意的事。

——俞平伯《〈冬夜〉自序》

HONG XUE CAI ZI
红学才子

俞平伯

前 言 重要而特殊的学术才子

俞平伯(1900—1990),作为20世纪重要而特殊的人物,对本世纪的年轻人来说,也许已有些陌生与隔阂。而对同时代的人而言,这样一位人物,应该是不陌生的。

晚年俞平伯

1954年对俞平伯的不公正批判,在他的晚年虽已得到公开纠正,而在批判他以后的几十年中,他几乎已不再谈《红楼梦》,甚至不让家人再提起《红楼梦》,这是红学研究的重大损失。而晚年他私下还是忍不住要写一些文字来表达一些看法,但却心有余悸,写得颇为晦涩。后来得以发表,也还难以完全让人正确理解,这也是十分遗憾的事。

俞平伯是笔者的父执。尤其是在中华人民共和国建国后,他又成了家父王伯祥在文学研究所古典文学组的同事,所以我与他的接触较多,亲炙教诲不少。不少人觉得由我来写俞平伯的传记较为合适,甚至是责无旁贷。20世纪末到本世纪初,笔者已开始写作,经过多次修订,写成了俞平伯这部完整的传记《红学才子俞平伯》。若能让世人增进对这样一位重要而特殊人物的了解,笔者的心愿已足。

俞平伯是继胡适以后红学的又一位代表人物。他虽然以红学名世,但他却更是多方位的古典文学大家,还是"五四"时代开创新体诗的重要诗人,而旧体诗词的创作也至为宏富。他既是文学研究大师,也是中国现当代文学史上重要的作家、诗人,而绝不是单打一的红学家。所以这部传记并不将俞平伯囿于红学范畴之内,而是全方位地介绍这一重要而特殊的人物。而这一目的能否达到,则难说。笔者的识见与这一目的之间的差距,更是很大很大。而若能起到抛砖引玉的作用,今后有更多的人来研究俞平伯,有更多更好的俞平伯传记出现,则是笔者乐于见到的,也是尤为盼望的事。

王湜华
2006 年 9 月 19 日　北京

> 我生在光绪己亥十二月,在西历已入1900年,每自戏语,我是19世纪末年的人,就是那有名的庚子年。……故我生之初恰当这百年中的一个转关,前乎此者,封建帝制神权对近代资本主义尚在作最后的挣扎,自此以后便销声匿迹,除掉宣布全面投降,无复他途了。……难道我,恋恋于这封建帝制神权?但似乎不能不惦记这中国,尤其生在这特别的一年,对这如转烛的兴亡不无甚深的怀感……
>
> ——俞平伯:《我生的那一年》

红学才子
俞平伯

1. 先 世

2. 在诗歌中成长

3. 入 学

4. "五四" 新诗人

第一章 大师出名门

1. 先 世

俞平伯生于清光绪二十六年己亥岁的十二月初八。己亥岁合公历是 1899 年,而农历的十二月初八已到了 1900 年,是 1 月 8 日,所以他属猪不属鼠。1900 年合农历当是庚子年,而俞平伯仍属猪之尾,而不是鼠之头。所以他在《我生的那一年》中这样写道:

> 我生在光绪己亥十二月,在西历已入 1900 年,每自戏语,我是 19 世纪末年的人,就是那有名的庚子年。追溯前庚子,正值鸦片战争,后庚子还没来,距今也只有十二个寒暑了。故我生之初恰当这百年中的一个转关,前乎此者,封建帝制神权对近代资本帝国主义尚在作最后的挣扎,自此以后便销声匿迹,除掉宣布全面投降,无复他途了。这古代的机构毁灭了,伴着它的文化加速地崩溃了,不但此,并四亿苍生所托命的邦家也杌陧地动摇着。难道我,恋恋于这封建帝制神权?但似乎不能不惦记这中国(文言只是个"念"字),尤其生在这特别的一年,对这如转烛的兴亡不无甚深的怀感,而古人往矣,异代寂寥,假如还有得可说的,在同时人中间,我又安得逢人而诉。[1]

这篇《我生的那一年》写于 1948 年,正是在新中国建国前夕。所以,俞平伯的着眼点把自己定位在新旧交汇点上,此时他尚未接受完整的新思想。这时的他已四十八九,由此完全可以看出,他是一位典型的有代表性的新旧交替时代的知识分子。

俞平伯出生在名门大族。他的曾祖父俞曲园,是清季著名大学者。俞曲园的祖上务农,到祖父那一代才学文有成。俞曲园的祖父叫俞廷镳,字昌时,号南庄。俞家世代居住在浙江德清县城东门外的南埭村,他家有一块图章就刻着"南埭村民"四个字,以志不忘其本。俞廷镳自幼聪慧,4岁时大人教他唐诗,他便能出口成诵,6岁进私塾读书,他就知刻苦努力。一般学生只要老师一走,便抛书玩耍,而他却依然正襟危坐,读书不辍,因此学业大进,得以补博士弟子员,在县学颇有名声。当年他家家贫,只有薄田几亩,仅靠卖文写字为生。夫人戴氏则以养蚕、绩纺来补贴家用的不足。俞廷镳直到70岁时才中举人,虽然明明已考了第一,但主考官与他商量说,像你这样七十高龄的人,皇帝是可以恩赏举人的,希望他把名额让给别人。他竟欣然同意,结果皇帝只恩赏了他一个副榜,还不能算是中举。这时主考官很后悔,而俞廷镳却很坦然地说:"吾已年老,以此留与子孙,不亦善乎?"这样的人品与气度,一时传为美谈。可能也正因为如此,所谓祖上积德,荫于后世,果然在他孙子俞曲园身上应了验。

俞平伯的曾祖父、清朝著名国学大师俞曲园(1821—1907)

俞廷镛一生读书，虽仕途不顺，但学识渊博，并有著作传世。他的儿子俞鸿渐，字仪伯，号剑花，晚年又号碉花。他是清嘉庆丙子年（1816年）举人，曾任知县，后在常州等地任家馆，授徒。著作有《印雪轩文集》2卷、《印雪轩诗集》16卷、《印雪轩随笔》4卷等。他的次子俞曲园，是清季著名国学大师。

俞曲园，名樾，字荫甫，号曲园。清道光元年辛巳（1821年）十二月初二出生于浙江德清东门外南埭村的鹊喜楼。鹊喜楼是因为屋后有一棵老树，树上有喜鹊窝而得名。他家门前有小河，宽宽的。距门不远处有座桥，名为拱元桥。俞曲园出名后，曾书写桥名镌刻在桥上，至今尚存，并成为著名的古迹，而他的出生地鹊喜楼却已不存。清道光年间南埭村尚无陆路可通，与外界交通靠水路。俞曲园出生时，父亲俞鸿渐在北京任职，所以俞曲园在《曲园自述诗》中有句云："乌巾山下旧居家，鹊喜楼头静不哗。一夜春风吹喜气，迢迢千里到京华。"俞鸿渐得子的喜讯，当然要飞送京城。

一般人都说德清俞氏是十世单传，其实不然。俞曲园有个哥哥，叫俞林，长弟弟7岁。俞曲园4岁时，因南埭村难以从师读书，便随母亲和哥哥到仁和临平去读书。临平属杭州，比之南埭村，自大不同。虽外婆家不在镇上，是在史家埭村，而过年、过节却很热闹。也就在4岁那年，俞曲园开始跟母亲读《四书》。还是在这年里，家里为他聘定他的外表姊为妻。这在那个年代里是很正常的。

临平的孙家，是清乾隆年间大学士孙文靖公的近族，与俞曲园外婆家有亲戚关系。俞曲园10岁时，即就读于孙家的砚贻楼，而请的老师则是他祖母戴太夫人的侄孙孙竹荪。那时每年给老师的束脩是3个银元，前后共读了5年。俞曲园一生中交学费上的学就这5年，也就是说，他的家长只为他付过15个银元的学费，而他的后半辈子却过的都是教书收学费的教书生涯。他这一辈子的读书教书，也真可以"奇缘"二字来形容了。这5年的读书，为他一生的治学打下了坚实的基础。

俞林、俞曲园两兄弟在孙家读书的时候，一次与孙竹荪同桌吃饭，有人说："大俞、小俞将来都会有成就，前途无量。"孙竹荪听后却说："不能这样说，小俞岂止是簪缨之士，乃当代之传人也。"可见学生时代的俞曲园就被老师看出了成才的苗头。后来俞曲园在《春在堂随笔》中写道："余时方治举子业，为八股文字，惧不中绳墨，了不知可传者为何物也。"后来中举时，孙竹荪已病危，俞曲园到病榻前去看他，他拉着俞曲园的手说："吾死后，子为我做小传或铭诔，但得见名字于集中，九泉无恨矣。"

俞曲园当然不会辜负恩师临终的嘱咐,认真地写了篇《竹荪孙公诔》,收在他的《宾萌外集》里,而自己认为"文体卑弱,未足报公地下也"。由此可见,俞曲园在少年时代即已崭露头角,才华出众。而这位老师也真可谓慧眼识英才啊!

俞曲园15岁时,俞鸿渐去常州新安汪家教书,他随父亲前往,在汪家的醉经书屋继续读书。常州东门外有老圃种的菊花极盛。一日正当九月花盛开,他随父赏菊,做了一首五言长歌即题为《兰陵菊花歌》。

> 道光乙未岁,予年十有五,即侍大人读书于南兰陵,主人海阳汪君樵邻喜酒好客,每至菊花时,与客分题选韵,有《兰陵菊社诗》行于世。予时亦有所作,然皆不足存,姑存此以志当时裙屐之乐云尔。

红学才子 俞平伯

秋风秋雨兰陵城,绕城菊花如云平。
花农担花入城卖,万家秋色肩头轻。
殷勤折花向我道,此花不如城外好。
士入朱门颜色低,女藏金屋年华老。
东门城外竹篱笆,竹篱笆内老夫家。
诸君无事试过我,与君遍看城东花。
书生各有看华癖,一枝短筇几两屐。
花农一见迎花间,笑拣好花指向客。
城中爱花不惜花,苦将新样年年夸。
根被铁丝盘屈曲,枝从瓷斗插横斜。
几人解看花真面,今来城外真花见。
一丛月下舞霓裳,一丛风里摇金线。
独怜零落满天星,篱边瘦影偎伶仃。
硕人黄裳岂不贵,妖冶不如尹与邢。
万顷黄花看未足,花农招我坐茆屋。
自言抱瓮作生涯,才了春兰又秋菊。
兰陵城中年少郎,争选花枝侑客觞。
谁料老夫看已厌,落英岁岁春为粮。
话久斜阳上城堞,拗花赠我连枝叶。
归去不知满袖香,但惊飞满黄蝴蝶。

"裙屐"是指仅知衣着修饰而不知世事,难堪重任的少年。15岁的少年俞曲园能写出这样老到的诗来,难怪老师会如此器重他。诗的层次脉络如此清晰通畅,看来他自己也非常喜欢,所以他自己把这首诗列入诗集,作为开篇第一首。

俞曲园16岁应县试,17岁始到杭州应乡试,直到24岁才得中举人。本来已名列第二,后因文章中略有纰漏,被改列第36名。旧时中举是件大事,也称进学,算是进入了仕途。

次年,俞曲园即同俞林一同进京考会试,但均未考中。直到庚戌(1851年)春,他俩再度进京赶考,俞曲园中了第64名进士,这年他已30岁了。中进士也称通籍,三十通籍也不算太晚,他为此做了首诗,题目是《礼闱揭晓口占四十字》。

三十初通籍,微名敢怨迟。
所嗟登第日,不逮过庭时。
灯火仍兄共,门闾慰母思。
长安春有信,早报故园知。

俞曲园比七十通籍自然不晚,但他父亲没能见他中举,当然这是很遗憾的。而科举时代,中进士自是人生头等大事,三十考中一般还不算晚。他特以诗记之,心情的愉悦,自不用多说。

俞曲园考中以后,还要在保和殿复试,这一届的主考官是曾国藩,考试的诗题是"淡烟疏雨落花天"。俞曲园试帖诗的头一句是"花落春仍在",曾国藩大加赏识,认为咏落花而无衰飒之意好,并与诸考官共商,决定列为第一。复试第一,俗称"复元",当然不能与状元比,但也是十分荣耀的事。后来他在《曲园自述诗》中谈到复试的那一首诗写道:

金殿簪毫赋暮春,岂因花落见精神。
如何谬被群公赏,也算巍峨第一人。

得到主考官曾国藩的如此赏识,在当时自是十分得意,因此俞曲园便自起室名曰春在堂,乃至他的全集即名为《春在堂全书》。后来曾国藩与他的师生之谊很不错,还特地为学生题写了春在堂的匾额。这匾额的真迹,至今仍保存在俞氏后人手里。

俞曲园考中进士后,即入翰林院。翰林院是储备人才的地方,无可外放,也可能一辈子储存在那里,当个白发老翰林。俞曲园运气还不错,于清咸丰五年乙卯(1855年)八月被任命为河南学政,这是皇帝亲自任命的,所以也算是钦差。官不大,却十分荣幸。这本是个好兆头,或许从此大展宏图,没想到,他却因出题倒了大霉。清代规定,出试题,必须从《四书》中择句为题,但《四书》中毕竟字句有限,出来出去,势必要重复,后来为了避免重复,允许出所谓"截搭题",就是用某一章的末一句,连上下一章的头一句。这样有一个好处,即考生无法提前准备,因为两句内容不相干,论述起来也较难,从而出截搭题,已相当普遍。也因为两句不搭架,出题时就往往不假思索,俞曲园出的题是"君夫人,阳货欲",他出此题当然无心,然而被人一捉摸,一告发,问题可就大了。"君夫人"是《论语·季氏》章末三字,"阳货欲"是《论语·阳货》的头三个字,内容当然不搭架,但有人一发遐想,告到西太后那里,可就了不得了。当时慈禧刚生了同治而被咸丰帝宠爱,有人告来自然要严加处理,从此俞曲园便被罢了官。

苏州俞曲园故居春在堂,春在堂的匾额为曾国藩题写。

世上总是好事变坏事,坏事变好事,俞曲园从此做不成官了,晚清却出了个大学者。从此他埋头于学问,著书立说,写出了276卷的《春在堂全书》来。要是他继续做大官,学术上决不会有如此大的成就,这是可以肯定的。

2. 在诗歌中成长

俞平伯出生时,俞曲园已80岁了。老来得曾孙,当然十分高兴。他是腊月初八出生的,所以小名就叫僧宝。当时俞平伯的父亲俞陛云在北京做官,俞曲园立即拍电报给他,并做诗四首云:

吾生腊月刚初二,此子还迟五日生。

却好良辰逢腊八,不虚吉月是嘉平。
夜阑回忆我生前,尚有先人旧句传。
七十九年春不老,又吹喜气到幽燕。

争向床前告老夫,耳长颐阔好肌肤。
怪伊大母前宵梦,莫是高僧转世无?

曾孙三抱皆娇女,今日桑弧真在门。
自笑龙钟八旬叟,不能再抱是元孙。

虚岁八十,喜得曾孙,俞曲园除在诗中表达了欣喜之外,还流露出恐难再见玄孙之憾,这也是封建时代的人之常情。俞平伯出生前,俞陛云先得了三个女儿,当时封建思想笼罩一切,非要得子,才算有后。"桑弧"是"桑弧蓬矢"之省,古代男儿出生时,以桑木为弓,蓬草为矢,射天地四方,为的是盼望男儿长大后,亦必如蓬矢之雄飞四方也。

孩子满月要理发,旧时南方多称剃头,而旧时风俗,正月里是不许剃头的,就改为双满月剃头。俞曲园又做了一首七律:

腊八良辰产此儿,而今春日已迟迟。
欣当乳燕出巢候,恰直神龙昂首时。
胎发腻仍留丱角,毛衫软不碍柔肌。
吾孙远作金台客,劳动衰翁抱褓师。

父亲俞陛云在北京,只好由曾祖父来抢着为曾孙剃头。俞平伯3岁时,曾祖父即写了一副对联送给他:

培植阶前玉,重探天上花。

从内容看,这副对联当然是兼示孙曾两代的,词语多双关,俞陛云,字阶青,在俞平伯出生前一年戊戌,刚中了探花。曾祖父寄希望于曾孙,盼他也得中探花,这是多么美好的祝愿啊!

俞平伯4岁时,摄影术刚发明不久。那时代迷信太多,都认为摄影要摄去魂魄的,而俞曲园很开通,即带了俞平伯在苏州曲园照了张相,并题诗一首:

衰翁八十雪盈头,多事还将幻相留。
杜老布衣原本色,谪仙宫锦亦风流。
孙曾随侍成家庆,朝野传观到海陬。
欲为影堂存一纸,写真更与画工谋。

1904年,俞平伯与曾祖父俞曲园在苏州曲园。

这张照片当时就添印了不少,并一一分送亲友。可是过了21年,俞家自己却没有了,俞平伯特地从舅舅家借回一张。当时已能照相制版,他便把这张照片制成铜版,并附印了一段文字,说明来龙去脉,在引录俞曲园诗以后,俞平伯自己又赋诗一首云:

回头二十一年事,髫髻憨嬉影里收,
心镜无痕慈照永,右台山麓满松楸。

至今这铜版印件都已成了宝贝,也没有几个人拥有了。更有意思的是,《俞平伯全集》中把这张老照片与俞平伯晚年携曾孙俞丙然的彩照印在了一页上,这100年间的踪影与变化,尽收在一页之中,相映比照,倒真是很有意思的。

俞曲园、俞陛云和俞平伯在一起

曾祖曾孙合影的那年，正是重宴鹿鸣的那一年，还照了一张俞曲园、俞陛云、俞平伯三个人的合影，俞曲园中坐，俞陛云立俞曲园左侧，俞平伯则立其右侧，都是一身清朝官服打扮，只差俞平伯胸前一串朝珠了。由此又可看出，曾祖父、父亲两代都是殷切希望俞平伯长大也做官的。俞陛云34年后，在照片背面做了题记并题了首诗：

> 光绪癸卯，先祖重宴鹿鸣，携孙（陛云）、曾孙（铭衡）在春在堂前衣冠摄影。越三十四年丙子正月，重拓于故都，敬纪以诗。

> 杖履依依四十春，衰迟瞻拜独伤神。
> 生天灵爽仍奎宿，易世衣冠恸鲜民。
> 联步丹霄仙籍远，孤孙白发泪痕新。
> 汉官仪制今存几，旧德绵延盼后人。

红学才子
俞平伯

当时俞陛云已69岁，心情应该说是十分复杂的。他对祖父的怀念，与对后人的期盼兼而有之。

俞曲园是一位经学大师。他的主要著作是《群经平议》、《诸子平议》。所以《春在堂全书》中，这两部著作列在最前面；《清史稿》把俞曲园的传列入《儒林传》中，是很合适的。俞曲园学识渊博，多才多艺，著述宏富，又是位诗人。除《春在堂诗编》外，还有《曲园自述诗》等，他确为一位大学者、大儒、大诗人。李鸿章还为他题写过"德清俞太师著书之庐"的匾额，他在清末的学术地位是不可动摇的。

俞平伯的祖父俞祖仁，字寿山，行二，大哥俞绍莱，字廉石。这两兄弟相对于他们的上下代而言，事迹较少，一般都略而不谈，甚至有些人误认为俞平伯是俞曲园的孙子。

俞平伯的父亲俞陛云，字阶青，号乐静，是戊戌变法那年的探花。从他中进士的名次而论，他超过了祖父俞曲园。他也与祖父一样，放过学政，担任过四川省副主考。在去四川的回途中，他记之以诗，有《蜀輶诗纪》一书行世。从戊戌变法到清朝灭亡没有几年，又赶上父母相继亡故，按清制一定要在家丁忧。等他丁忧结束，清朝已快灭亡了，他也就没再回京赴任。1911年，俞陛云出任浙江图书馆馆长。1914年，他又被聘入北京清史馆任提调，编写清史。俞陛云作为前朝的翰林，由他为前朝来修史，看来好像是天经地义的事情。正好儿子俞平伯这时也在北京大学念书，于是俞陛云就没有再作过多的考虑，毅然地决定迁家到北京。

清朝光绪年间，俞陛云在北京什刹海留影。

九一八事变后，日寇扶持溥仪当上了伪满洲国的皇帝，请俞陛云去做官，他毅然拒绝。1937年七七事变后，日寇占领了整个华北。俞陛云虽没有举家逃难去内地，仍艰守在沦陷的北平，但坚决不与日伪合作，而是闭门不出，其高风亮节有目共睹，受到世人的敬仰。敌伪时期北平的生活十分艰难，物价飞涨，迫于此他一度不得不以卖字为生。靠着前朝探花的牌子，登门求字的还真络绎不绝。一时还不好对付，只得通过荣宝斋，规定出统一的价格，即所谓润格，挂出笔单。一度求字的人太多，还不得不让儿子俞平伯来代笔。为此，他请人刻了大大小小不少"戊戌探花"的印章。其中"御赐金粟重荣"印中的"金粟"是桂花的别称，魏了翁《桂诗》有"虎头点点开金粟"之句，科举考试定在农历八月，八月亦称桂月，科举时代中举后又过了一个花甲，人还健在，皇帝要赐宴这些老举人，这叫做"重宴鹿鸣"，俞曲园24岁中举，84岁还健在，所以是被招参加鹿鸣宴的。这"金粟重荣"与"重宴鹿鸣"同义。光绪二十九年（1903年）癸卯正科重赴鹿鸣宴，先期陈奏，奉上谕："俞樾早入词林，殚心著述，教迪后进，人望允孚，加恩开复原官，准其重赴鹿鸣宴。"没想到,八十衰年得此殊荣,不但可以参加鹿鸣宴,还开复原官。这当然不是官复原职,因为年纪毕竟大了,不可能真的再出来任职。而其心情至为愉悦,是可想而知的。为此他特意做了七律四首,其中两首是:

　　四六年来草莽臣,重烦丹诏起沉沦。
　　试从废籍稽昭代,再入词林得几人。
　　喜有故官题墓碣,怅无前辈列朝绅。
　　只愁计较芸香俸,甘为吾孙步后尘。

　　忽闻恩命降从天,自抚衰躯转黯然。
　　竟许祖孙同翰苑,未容兄弟共宾筵。
　　望中长路五千里,梦里前游六十年。
　　尚有琼林一杯酒,春风能否再流连。

红学才子 俞平伯

屈指算来,俞曲园罢官至此已48年了。老来重得殊荣,他的心情之激动,可想而知。其实,48年做学问真比做官高明得多,这才真能名垂青史。翻回来讲俞曲园的《重宴鹿鸣诗》,是俞陛云还有一方"祖孙重延鹿鸣"的图章。这块图章只是表示自己活到了"重宴鹿鸣"的年纪,而并不存在真正的鹿鸣宴,因为那时清朝早已灭亡了。

俞陛云的著述当然没有俞曲园多,但也有不少,如《小竹里馆吟草》、《乐静词》、《诗境浅说》、《唐五代两宋词选释》、《梅花纪事百咏》、《绚华室诗忆》、《蜀輶诗纪》等。

3. 入 学

俞平伯,名铭衡,字平伯,以字行,乳名僧宝。原籍浙江德清,出生在苏州马医科巷曲园中的乐知堂,他也可说是在苏州长大的。所以他往往对苏州朋友说,我是半个苏州人。他出生在这样的家庭,可谓门禁森严,所以很少接触苏州民间的生活。他开始读书是在清光绪二十九年癸卯(1903年)的正月初八,虚岁刚5岁,俞曲园认为:"是日甲子于五行属金,于二十八宿遇奎,文明之兆也。"旧时相信五行,重大的事情都要查历书后,择日行事。俞曲园寄厚望于曾孙,由此可见一斑。他不但隆重择日,还专门做诗一首:

　　喜逢日吉又辰良,笑携曾孙上学堂。
　　一岁春朝新甲子,九天奎宿大文章。
　　更兼金水相生妙,能否聪明比父强。

记有而翁前事在，尚期无负旧书香。

这首诗的字字句句，把俞曲园殷切的期望全写了进来。

为了容易把孩子带大，于是起了小名僧宝，还就在这一天，由家人送俞平伯到寺庙里去，挂名为僧。腊八生日给俞平伯带来了这一连串的趣事，这也是他人所没有的。而他自己于1932年9月8日在《戒坛琐记》中写道："四五岁入寺挂名为僧，对于菩萨天王有一种亲切而兼怖畏之感，甚至于眠里梦里都被这些偶像所缠扰，至今未已。这个童年大印象，留下一种对于寺庙的期待。"这可谓十分矛盾的相生相依不可思议的事情。从此由他的母亲来教俞平伯读《大学章句》，有时还由他长姊俞琎来教唐诗。

清光绪三十年甲辰(1904年)，俞平伯虚岁6岁，由母亲开始教他外文，俞曲园有诗云："膝下曾孙才六岁，已将洋字斗聪明。"

清光绪三十一年乙巳(1905年)正月初五，俞平伯入家塾读书。俞曲园也有诗记之：

厅事东偏隔一墙，卅年安置读书床。
今朝姊弟新开馆，当日爷娘上学堂。
婉娈七龄尚怜幼，扶摇万里望弥长。
待携第二重孙至，记得金奎日最长。

为俞平伯请的塾师是很有学问的宿儒谢敬仲。这年端午节，俞曲园还在俞平伯的扇子上题了"青云万里"四个字。后来俞陛云将扇面揭裱了，并做题记说："祖庭最爱僧宝，此为晚年所书，期望至厚。"

清光绪三十二年丙午(1906年)冬，俞平伯开始跟曾祖父学写字。俞曲园的《补自述诗》中关于此事有一首云：

娇小曾孙爱似珍，怜他涂抹未停匀。
晨窗日日磨朱矸，描纸亲书上大人。

俞曲园还做注云："僧宝虽未能书，性喜涂抹。每日为书一纸，令其描写。"后来俞平伯还取其中"性喜涂抹"四字，专门请刘博琴刻了块章，并且常常钤用。

俞曲园去世时，俞平伯虚岁8岁，他十分悲痛。老人葬于杭州西湖右台山法相寺旁。参加曾祖父的葬礼，是俞平伯第一次到杭州。

就在这时期，清朝废除了科举，后来俞平伯回忆道："余于诗未有所受。群经咕哗之暇，日课一对，时有拙言，共引为笑。"还说："我小时候还没有废科举，虽然父亲做诗，但并不让我念诗；平时专门背经书，是为了准备科举考试。在我八九岁时废除了科举,此后古书才念得少了。不过小时候背熟了的书,到后来还是起了作用。"俞平伯没赶上科举考试,但赶上了准备科举考试的读书背书,并且养成了诵读的习惯,这对他后来成为诗人,对诗词有研究,是大有好处的。现在的儿童教育与小学教育不注重背书,其实是很大的失误。

辛亥革命时,俞平伯12岁,为避乱,全家由苏州搬到了上海。在这前后一年里,俞平伯除了继续读古文之外,又系统地学习了英文和数学。也是在此时,他接受了大量新思想、新事物。后来他曾有诗记录此事:

　　从此神州事事新,再无皇帝管人民。
　　纪年远溯轩辕氏,又道崇祯是好人。

俞平伯的另一首诗写道:

　　卌年编辫循胡俗,豚尾空教异国嘲。
　　烦恼青丝今尽剪,光头吃肉最逍遥。

红学才子 俞平伯

由此不难看出,辛亥革命时俞平伯心情舒畅之一斑。与剪辫光头并提的,却是吃肉。这也是大实话,俞平伯一生喜好的是吃肉。

1911年,俞平伯13岁,他开始读《红楼梦》。这是读闲书、读小说,而且还不能完全读懂,他也不太感兴趣。后来在一篇文章中他还说,"而且不觉得十分好"。这完全是真实的,他说:"那时我心目中的好书,是《西游记》、《三国演义》、《荡寇志》之类,《红楼梦》是算不得什么的。"13岁的男孩不懂《红楼梦》,不爱《红楼梦》,那完全是合乎常情的。就在这年冬,俞家又搬回了苏州。俞平伯在家读书,直到1915年春,才入苏州平江中学读书,但也只读了半年。

俞陛云搬家到北京的原因,是为了照顾俞平伯在北京大学上学。北京大学的校址在沙滩汉花园,为了就近,俞陛云把家安在东华门箭杆胡同,两处相距的距离不远。

1915年,俞平伯开始与傅斯年、许德珩在北京大学同学。傅斯年由预科升入文科国文门,许德珩则由英文学门转入国文门。俞平伯在国学大师黄侃指导下,正课之外开始读《清真词》,为后来研究《清真词》打下了坚实的基础。后来他在《清真词释·序》的一开头便这样写道:"我小时候于词毫无了解,最大的困难为'读不断'。诗非五言定七言,词却不然了,满纸花红柳绿的字面,使人迷眩惊奇。有一些词似乎怎么读都成,也就是怎么读都不大成。这个困难似乎令人好笑,却是事实。"这其实是旧时读书人普遍遇到的共同困难,因为旧书都没有标点。现在的读书人已读不到线装书，似乎词的断句好像倒不成问题了，其实读古文的能力是更差了。如果直接去读没标点的线装书，那岂止读不断书，跟看天书也差不多呀！

1917年，胡适在《新青年》第2卷第5期发表了《文学改良刍议》一文，提出了改良文学的"八不主义"，俞平伯对写白话文是积极响应的。同年1月4日蔡元培出任北京大学校长，推行"学术自由，兼蓄并包"的办学方针，开创了北京大学的良好校风。蔡元培在就任演说中强调指出："大学者，研究高深学问者也。"他还谆谆告诫大学生说："大学生当以研究学术为天职，不当以大学为升官发财之阶梯。"这真是掷地有声的言辞，它深深地影响着一代学人志士。

这年1月15日，陈独秀被蔡元培聘为北京大学文科学长，因此，《新青年》编辑部也随之迁京，就设在陈独秀的家中。而陈独秀的家就在箭杆胡同9号，与俞家成了近邻。陈独秀在《新青年》第2卷第6期发表的《文学革命论》中提出："推倒雕琢的、阿谀的贵族文学，建设新鲜的、立诚的写实文学，推倒迂晦的、艰涩的山林文学，建设明了的、通俗的社会文学。"俞平伯对此是十分赞同的。

这年夏天，刘半农被聘为北京大学预科国文教员。9月4日周作人被聘为北京大学文科教授兼国史编纂处编辑员。9月10日胡适被聘为北京大学文科教授。9月末，因傅斯年与顾颉刚同宿舍，俞平伯由此而与顾颉刚相识。也就在这年9月，蔡元培的《石头记索隐》由商务印书馆出版了。这一时期正是俞平伯新旧思想交融并蓄的时期。他既写旧诗，又开始新诗创作。可惜这时期留下的旧体诗不多，因为诗集毁于"文革"中。而这年秋天他写的一首《秋夕言怀》却意外地保存下来了。

飒飒秋风至，凉气入庭帏。
灯光照我读，废读起长思。
思多难具说，对卷略陈辞。
生小出吴会，雏发受书诗。
颇自不悦学，督责荷母慈。
十岁毕《五经》，未化钝拙姿。
后更遭鼎革，十七来京师。
野里无言仪，自愧贵家儿。
入学经三载，远大岂逭期。
身心究何益，唯有影衾知。
繁华不足惜，所惜在芳时。

先我何所继，后我何所贻。
爱轻令慧照，感重心自衰。
既怀四方志，莫使景光迫。
君子疾没世，戒之慎勿嬉。
勉力信可真，长叹亦何为。

这首诗确实平平，但却是那时代他留下的少有的作品，而且说的都是实话。1973年夏，俞平伯谈起这首诗时说："诗因不佳，其后编诗集时遂未收入，却据实而道，绝无掩饰，荏苒将六十年，未酬此诺，是诗不负我，而我之负诗多矣，可叹息也。"晚年重读少作，感慨系之。这完全合乎人之常情，尤其在"文革"中毁了他的诗集以后，又偏偏留下了这一首，感触应该是很复杂的。

1917年10月31日，农历九月十六，俞平伯结婚。俞平伯的夫人许宝驯，是他舅舅许引之的女儿。许宝驯，字长环，后来俞平伯又改其字为莹环，晚年又自号耐圃。她长俞平伯4岁，在北京长大，自幼受到良好的家庭教育，能填词度曲，诗、书、画无一不通，又是位贤妻良母，一生照顾俞平伯十分周到，伉俪间感情深笃，从未吵过架，甚至没红过脸。他们的婚礼，老师黄侃，同学许德珩、傅斯年等都来祝贺。

～ 终生恩爱的俞平伯夫妇

俞夫人许宝驯擅长昆曲,俞平伯心向往之,但曲韵方面略差,为此,还专门向曲学大师吴梅学曲。有"偶闻音奏,摹其曲折,终不似也。后得问曲学于吴师瞿安"的记载。

就在结婚的这一年,俞平伯选定了小说作为研究课题,当时这研究课题的导师有周作人、胡适、刘半农三人,同学中也只有傅斯年一人。

4. "五四"新诗人

1918年2月1日,俞平伯参加北京大学文科国学门研究所第四次小说研究会,听周作人讲俄国的问题小说。在会上,他认定自己的研究项目为"唐人小说六种"。而此时他的求学志向未定,尚属广涉博览的阶段。此时尚在五四运动前一年,但各种新思想已在萌生,尤其新文学正在萌生,所以他一面阅读《新青年》,一面跟吴梅攻读曲学。正好此时吴梅刚到北京,住在北城二道桥。也就在这一时期,为他一辈子酷爱昆曲打下了坚实的基础。

同年4月15日,胡适在《新青年》第4卷第4期上发表了《建设的文学革命论》,提出"国语的文学,文学的国语"的主张。一个月后,俞平伯的新诗《春水》发表。

五九与六九,
抬头见杨柳。
风吹冰消散,
河水绿如酒。
双鹅拍拍水中游;
众人缓缓桥上走,
都说"春来了,
真是好气候"。

过桥听儿啼,
牙牙复牙牙。
妇坐桥边儿在抱,
向人讨钱叫"阿爷!"

说道"住京西,
家中有田地。
去年决了滹沱口,

丈夫两男相继死；
弄得家破人又离，
剩下半岁小孩儿"。

催车快些走，
不忍再多听。
日光照河水，
清且明！[2]

这首新诗似乎还没有完全脱离旧诗词的影响，内容一般，所以俞平伯在选编第一个诗集时，没有把它收进去。还有一首写得更早，写于1918年3月18日夜，应该是他的处女作，它一直没有发表，直到1992年才首次发表在南京《文教资料》上，题为《奈何》。

父母生了我，
世间有了我。
自从堕地呱呱，
便生出啼啼笑笑，
嗔嗔喜喜，
许许多多！
是真有我？
是假有我？
是真是假，
尽随着去忖度。
好说，
百年比大梦！
但醒了如何？
未有之前是什么？
怎么忽然而有？
这话无从说得过。
跳他不出，
问他不说，
看他不清楚。
有些自己欢喊着"觉悟"；
有些直着嗓子叫"奈何"！[3]

这首诗确比《春水》更一般些,但它确实是俞平伯新诗创作的开始,从中也可看出他当时思想之一斑。

同年10月16日,俞平伯以书信的形式写了一篇论文,题为《白话诗的三大条件》,次年3月15日在《新青年》第6卷第3期上发表。文章据理驳斥了那些非难白话诗的保守派,同时,提出了白话诗的"三大条件",他认为:"雕琢是陈腐的,修饰是新鲜的。文词粗俗,万不能抒发高尚的理想。"这一观点得到胡适的赞扬。

同年11月7日,农历十月初四,长女俞成出生于北京。

1918年11月19日,新潮社正式成立。这是一个反对封建伦理和封建文学的新文化团体。俞平伯被推为该社干事部书记,负责《新潮》杂志社编辑事务的记载和对外信件往来等工作。后来俞平伯在《回忆〈新潮〉》一文中写道:"1918年下半年,北大文科、法科的部分进步学生组织了新潮社,创办《新潮》杂志,为《新青年》的友军。新潮社设在沙滩北大红楼东北角的一个小房间里,与北大图书馆毗邻。……我们办刊物曾得到校方的资助。校长蔡元培先生亲自为我们的刊物题写'新潮'两字。""我参加新潮社时仅18岁,知识很浅。由于自己出生于旧家庭,所以对有关新旧道德的讨论比较注意,曾写一篇有关新道德的文章。"

此后俞平伯的新诗写了不少,陆续出版了几个诗集。《冬夜》、《西还》、《忆》是他的三部专集,还有与别人的合集《雪朝》等。

俞平伯的第一部新诗集《冬夜》书影

俞平伯的第一部新诗集《冬夜》，是在1922年3月由上海亚东图书馆出版的，共收入1918年至1921年所做的新诗101首。1923年5月《冬夜》再版时，俞平伯删去了初版时的自序，因为那篇自序使读者产生了不少误会。他把《致汪君原放书》一文补进去，作为《冬夜》的代序。

1924年4月，俞平伯的第二部新诗集《西还》，也由上海亚东图书馆出版，共收诗作85首，分"夜雨之辑"与"别后之辑"两部分，另附录"呓语"18首。

1925年12月，俞平伯的第三部新诗集《忆》，由北京朴社出版。这部诗集与前两部不同，是用俞平伯自己的手迹影印的，开本也不同，是袖珍本。《忆》的内容很别致，是用诗歌的形式回忆自己的童年生活，在当时似乎还没有别人做过同样的尝试。这部诗集共收诗作36首，书前有自序，还有俞夫人许宝驯的题词，书后有挚友朱自清的跋。更使这本《忆》增色的是，漫画家丰子恺为这部诗集画了18幅彩墨插图，画家、作家孙福熙为诗集画了封面。书后还附有旧体诗词15首。总之，《忆》是部至今看来仍颇具特色的书。后来，夏宗禹曾基本照原样翻印过宣纸线装本。北京燕山出版社于1996年8月出版过一种本子，右面基本照原样，左面排印释文，其后还附有俞平伯之子俞润民的一篇《关于〈忆〉的话》。由此可以看出，《忆》直至今日，还是十分受欢迎的。

注释

[1] 《我生的那一年》，见《俞平伯全集》（第2卷），石家庄：花山文艺出版社2001年版，第699—700页。

[2] 载《新青年》第4卷第5期。

[3] 俞平伯：《俞平伯全集》（第1卷），石家庄：花山文艺出版社2001年版，第333页—334页。

1920年,偕孟真在欧行船上,方始剧谈《红楼梦》,熟读《红楼梦》。这书竟做了我们俩海天中的伴侣。孟真每以文学的眼光来批评它,时有妙论,我遂能深一层了解这书的意义、价值。但虽然如此,却还没有系统地研究的兴味。

欧游归来的明年——1921年——我返北京。其时胡适之先生正发布他的《红楼梦考证》,我友顾颉刚先生也努力于《红楼梦》研究,于是研究的意兴方才感染到我。

——俞平伯:《红楼梦辨·引论》

HONG XUE CAI ZI

红学才子

俞平伯

1. 赴英留学　读《红楼梦》

2. 与顾颉刚通信　《红楼梦辨》成型

3. 美国之行　考察教育

4. 谈文艺问题

5. 太平洋归途

第二章　远游英美

1. 赴英留学　读《红楼梦》

1920年1月4日,俞平伯从上海出发,乘轮船赴英国留学,他北京大学的同学傅斯年与他同行。船上生活十分单调与孤独。他一路上做新旧体诗寄给夫人许宝驯,其中有两首题为《身影问答》的诗,正反映出他思念夫人之情:

身逐晓风去,影从明镜留。
形影总相依,其可慰君愁。

颜色信可怜,余愁未易止。
昨夜人双笑,今朝独对此。

轮船在大海上行驶,开始的时候,俞平伯还带着巨大的好奇心理观看着涛起涛落,时间一长,一种莫名的寂寞不由得弥漫周身。也许是这难耐的寂寞和相对完整的时间,让俞平伯开始细读《红楼梦》,这是他13岁的时候不爱读,也没有读懂的一部书。

在船上,傅斯年倒并不感到太寂寞,他在给校长蔡元培的信中说:"船上的中国旅客,连平伯兄和我,共八人,也不算寂寞了。但在北大的环境住惯了的人,出来到别处,总觉得有点触目不快;所以每天总不过和平伯闲谈,看看不费力气的书就是了。在大学时还不满意,出来便又要想他,煞是可笑的事!平伯和斯年海行很好,丝毫晕船也不觉得。"[1]他俩所读的不费力气的书当然不止《红楼梦》,但主要的应该就是《红楼梦》了。他二人不但都细读了,而且还细谈了。后来俞平伯在《〈红楼梦辨〉引论》中回忆道:"孟真(傅斯年,字孟真)每以文学的眼光来批评他,时有妙论,我遂能深一层了解这书底意义、价值。但虽然如此,却还没有系统的研究底兴味。"但无论怎么说,这次海上西行的空闲,正好给俞平伯打下了研究《红楼梦》的基础。由此还可看出,他搞上红学研究,开始就只是打发空闲,并不是当学问来研究的。

⊃ 青年
傅斯年

俞平伯在英国住的时间很短,在伦敦只住了13天,便又乘日本邮船"佐渡丸号"启程回国了。说得出的原因只是英国英镑涨价,自费筹划尚有未周,只好决定回国。那是1920年3月6日。回程的船上,俞平伯把张惠言的《词选》念得很熟,这对他后来填词、讲词、研究词都很有好处。同年3月9日,船还在大西洋上飘摇,俞平伯做了一首新诗,题为《去来辞》,开头的几句是:

　　从这条路上来,
　　从来的路上去。

来时是你,
去时还是你!
想了什么,
忙忙地来?
又想些什么,
忽忽地去?
要去,
何似不来;
来了,
怎如休去!
去去来来,
空负了从前的意。

由此不难看出,俞平伯的心里是十分矛盾的,也觉得这次赴英留学是毫无意义的。

3月13日,船刚过直布罗陀海峡,还没到马赛,俞平伯又写了首诗寄给夫人许宝驯:

长忆偏无梦,中宵怅惘多。
递迢三万里,荏苒十旬过。
离思闲中结,豪情静里磨。
燕梁相识否,其奈此生何!

诗题为《庚申春地中海东寄》。这首诗正反映出俞平伯所以急于回国的一些原因。

令人感动的是,当船在马赛靠岸时,傅斯年从伦敦渡海,穿越法国,赶到南岸来再次为俞平伯送行。当然,傅斯年的意思是想再次挽留俞平伯继续回英国留学,但此时的俞平伯已归心似箭。无论傅斯年怎么劝,也是劝不进去的了。由此可看出,傅斯年对俞平伯的情谊有多深,同时对俞平伯的来去匆匆,也实在是难以理解。

这回国的一路上,俞平伯的孤寂之感,更胜于去时了。一是归心似箭,二是少了个傅斯年这样的好同学。这一路上,他做诗填词不少,其中最有代表性的是《仅有的伴侣》:

一

密织就的螺纹,
乱拖着的絮痕,
半规荒广的场,

如走了太阳，
便剩您俩没缝儿依傍。
来来往往，后浪追前浪。
云底浪！海底浪！
耀耀漾漾，青光翻白光，
云底光！海底光！
模糊不定，上下无雨。
凝沉这般的景色，
守得神疲，看得眼花，
想得心头腻。
紧闭了不济的双睛——半日；
眼缝开，偷偷觑，
还是你？是你！

红学才子
俞平伯

二

孤零零一个人在海上，
没头没脑尽着去想，
没声没响尽着去讲。
行哟，坐哟，躺哟，
单是行坐和躺！
今天这样，明天这样，
明天的明天可想！
只老去的日头，
磨来磨去，东升西降，
仿佛和人一样匆忙。
但太阳，太阳！
我说：幽凄蒙昧的人，
你纵光亮，
也怕照不到他的心上！

三

一秒半秒地挨着，
盼到苍苍凉凉火珠儿遮掩，
总算又长别了一天！
没有想他，何曾惜他；

不说"辜负","再见"。

只走了喜你不重来,

来了催君快去。

想人人爱恋,

你偏电光波溜;

我翻厌倦,又丝线磋磨。

最不肯体谅人情的,

去！难做朋友。

这是诗的头两节,后面还有四节,而且更长。仅就从这两节来看,这种海船上的孤寂生活,也真是烦人透顶的,更何况是归心似箭的俞平伯呢！在船上一路东归,一路做诗填词。4月5日,俞平伯填了《玉楼春》一阕,遥寄夫人许宝驯,题目即《和清真韵寄环》。

画画草草随人住,形影相依无定处。江南人打渡头桡,海上客归云际路。　　消愁细把愁重数,执手正当三月暮。今朝悄对杏花天,那日双看杨柳絮。

这还真有归乡之心更切的味道,真是掐着指头数日子,就盼着早日回到夫人许宝驯的身边。从中正看出一个诗人的有别于一般人的地方。

4月19日,俞平伯终于回到了上海,次日就回到杭州岳父母家,见到了由北京特地赶来的父母亲和夫人,其欢快的心情实在是难以用语言来表达的啊！直到1963年,俞平伯在整理《国外日记》时还这样写道,1920年"余方弱冠,初作欧游,往返程途6万余里,阅时则三月有半,而小住英伦只十二三日,在当时留学界中传为笑谈。岂所谓'十九年矣尚有童心'者欤,抑亦所谓'乘兴而来,兴尽而返'者耶"！过了这么多年,仍颇有"终不悔"的味道,甚至于仍十分欣赏,这也只能用诗人气质来解释了。

2. 与顾颉刚通信　《红楼梦辨》成型

从英国回来后的这段时间,俞平伯不断地写诗、写文章,陆陆续续在刊物上发表,后来又陆陆续续收入集子。此时,蔡元培的《石头记索隐》已出到第六版,这版的自序,副题即《对于胡适之先生〈红楼梦考证〉之商榷》。俞平伯读后,颇有感触,又产生了讨论《红楼梦》的极大兴趣,于是他写了《对于〈石头记索隐第六版自序〉的批评》一文,发表在1922年3月7日上海出版的《时事新报·学灯》上,署名一个"平"

字。胡适读到这篇文章后,在 3 月 13 日的日记中写道:"平伯的驳论不很好,中有缺点,如云'宝玉逢魔乃后四十四回内的事'。内中只有一段可取。"这一段的原文是:

> 这序的本文共分四节。第一节的大意是说著作的内容有考证的价值,这我极为同意,但我却不懂这一点与所辩论的何干?考证情节的有无价值,是一件事,用附会的方法来考证情节是否有价值,又是一件事,万不能并为一谈。考证情节未必定须附会,但《石头记索隐》确是用附会的方法来考证情节的。我始终不懂,为什么《红楼梦》影射人物是考证情节,以《红楼梦》为自传便不是考证情节?况且托尔斯泰的小说,后人说他是自传,蔡先生便不反对;而对于胡适之的话,便云"不能强我以承认",则又何说?至于说《离骚》有寓意,但这亦并不与《红楼梦》相干。屈平是如此,曹雪芹并不因屈平如此而他也必须如此,这其间无丝毫之因果关系,不成正当的推论。[2]

这一段论述正如胡适说的,不很好,但敢于直言不讳地批评校长,进行辩论,这种精神是很勇敢的。批判索隐派,可以说,是新红学诞生的先声。

此时,俞平伯与顾颉刚讨论《红楼梦》的通信已积攒了很多。1922 年 4 月中旬,俞平伯特地从杭州去苏州看望顾颉刚,和他商量是否把来回的信件,编成一部辨证《红楼梦》的书。而此时顾颉刚太忙,实在没时间来编书。于是二人决定,由俞平伯一个人来编这部书。俞平伯将来回的信件全部带回杭州,"答应回去后立刻起草,到 5 月底已经做成了一半"。7 月初,《红楼梦辨》一书的初稿已完成,共分 3 卷 17 篇。他自己希望此书能尽两种责任:"一是游人游山地向导,使读者从别方面知道《红楼梦》作者的生平,帮助读者对于作品作更进一层的了解。二是做一个扫除荆榛、荡瑕涤秽的人,使读者得恢复赏鉴的能力,认识《红楼梦》的庐山真面。"看来这两个目的当然是达到了,不但如此,还开创了新红学研究的先河。

俞平伯是位感情十分细密的人。1922 年 4 月 28 日,他收到郑振铎的信,信上说:"我们的泪流了,但人间是顽石,是美的悲惨的雕刻呀!"俞平伯反反复复读信,竟至晚上做了一个梦,梦见自己在一个不认识的人墓前慨然高歌《红楼梦》中《祭晴雯》中语:"天何如是之苍苍兮!……地何如是之茫茫兮!"热痛的泪一时倾泻,浪浪然不可止。醒后犹有余哀,却不知其所从来。他以为"因人间的冷酷,故泪改流向温馨的梦中"。4 月 30 日,他在杭州做了第二首以梦为题的诗。他一生都有记梦的习惯,有不少诗作的完成,大概也与梦有关。后来的《古槐梦遇》等书,即都是记梦之作。

1922年5月30日,俞平伯应顾颉刚之邀,带着《红楼梦辨》的初稿,去苏州做一日游,同游者还有王伯祥、叶圣陶。这一天当然玩得很高兴。他们一同游了石湖之外,还同游了石佛寺与治平寺。而在送俞平伯上火车的马车上,却发生了惊心动魄的一幕。关于此次苏州游,顾颉刚在《红楼梦辨》序中,只带到了一句:"果然他再到苏州时,已经做成一半了。"而在初稿中有较详记述:

俞平伯与叶圣陶(右一)、顾颉刚(右三)在一起

他(俞平伯)第二次到苏州时,我邀了伯祥、圣陶,和他同游石湖。他急于回杭,下午船到胥门,赶乘马车到车站。这稿件是他一个多月中的精力所寄,所以他不放在手提箱里而放在身边。马车行过阊门,他向身边摸着,忽然这一份稿子不见了。这一急真急得大家十分慌张。我说:"马车倒回去罢!看路上有没有纸包。"伯祥主意好,跳了下去,对准迎面来的人手里看。一路过去,他忽然远远看见有一个乡下人,手里拿着报纸包着的东西,就上前问道:"这是什么?"拿来一看,果然就是平伯的稿子!于是他抢了回来,大声喊道:"找到了!找到了!"我们都上了马车,我笑

着对平伯道:"你的稿子丢了,发急到这样,古人的著作失传的有多少,他们死而有知,在九泉之下不知如何的痛哭呢!"平伯道:"倘使我这稿子真的丢了,这件事我一定不做了。"我道:"那么你做成这部书真是伯祥的功劳了。你嘱我做序,一定把这件事记了上去,做这部书的历险的纪念。"[3]

如果这初稿丢了,从此再也找不回来,也许就此浇灭了俞平伯继续研究《红楼梦》的兴趣,从而半途而废,也不是没有可能。那么此后的风雨跌宕,或许根本不会发生。王伯祥找回初稿,到底是福是祸,是好是坏,都当另论了。

1922年7月,俞平伯在杭州将《红楼梦辨》已基本整理好。7月6日去上海,他正巧在车站就遇上了朱自清,一路有谈有说地到了上海。这次去上海,一是候船去美国,一是将《红楼梦辨》稿交给顾颉刚去找人誊抄、出版。

红学才子

俞平伯

当天下午,俞平伯就去美国领事馆办理护照,他又与朱自清同访了郑振铎。当晚与朱自清下榻孟渊旅馆,并邀顾颉刚、叶圣陶同住,老友难得相聚,肯定有说不完的话。第二天下午又一同出席了在一品香举行的文学研究会南方会员年会,讨论会务,同时也是为俞平伯赴美而饯行。还是就在这一天,俞平伯写完了《红楼梦辨·引论》,他希望书的刊行能渐渐把读者的眼光"从高鹗的意思,回到曹雪芹的意思",使《红楼梦》的本来面目得以显露,开辟出一条还原的道路。至此,《红楼梦辨》全部脱稿,共3卷17篇。

7月9日下午,俞平伯向顾颉刚、叶圣陶辞行,并把全稿交给了顾颉刚,让他去找人誊抄。他连夜赶到吴淞登上"中国号"船,以浙江视学的身份,受浙江教育厅的委派,赴美国考察教育。

3. 美国之行　考察教育

俞平伯这次东行,是横渡太平洋。船刚到吴淞口,俞平伯已完成了第一首新体诗《东行记踪寄环(一)吴淞江》。一路海行一路做诗,这些诗后来都收入他的新诗集《西还》中。出国而还没迈出国门一步,他已开始念家。幸亏是短期出国考察,如若是长期的,必也同赴英留学一样,非待不住而提前逃回不可。他这次从吴淞口启程后就写诗寄内,这只能说是他诗人气质的又一次充分流露。

从小生长在苏州而又不接触社会,一旦见到劳苦大众的生活,俞平伯的同情心是十分强烈的。7月11日,船泊日本长崎,他亲眼见到无数男女工人在烈日下,挥汗如雨地背煤上船,便写道:"煤屑飞扬,鼻为之窒,肤为之黑。做工者状如鬼魅,筋力疲惫,仍复力作;而船上员司及旅客,则凭栏闲眺,既恶其扰,又嫌其迟缓,似金钱之力远胜于人生矣。"除记述此目睹的惨状外,他还进一步写道:"此等情景,真是万恶的象征,不信人间应当可以如此。"由此,他"始信现代文明,一言以蔽之,罪恶而已,掠夺而已。吾辈身列头等舱,尚复嗟怨行役之苦,可谓'不知稼穑之艰难',亦可谓毫无心肝。苟稍有人心者,睹近代罪恶底源泉在于掠夺,则应当以全心力去从事社会活动,即懦怯的人,至少亦须去从事民间运动。高谈学术,安富尊荣,此等学者人间何贵?换言之,不从制度上着手,不把根本上的罪孽铲除了,一切光明皆等于昙花一现。'九泉之下尚有天衢',世界之酷虐岂有穷极耶?兴思及此,一己之烦闷可平,而人世之悲哀愈烈,觉前路幽暗,如入修夜,永无破晓之新曦矣"[4]。由此不难看出,工人运煤的场景,在他心灵中的触动是很深的。他既想到了社会制度的罪恶,也想到了一己之社会责任。同情与感愧交并,真可谓是这次考察的又一重大收获。

7月14日,船泊日本横滨,要停半天,俞平伯就到东京去玩一趟。去的是上野公园,参观了东京博览会。其中的所谓"满蒙馆",给他留下了难以忘怀的印象。他看到了日本侮辱中国的种种劣迹,首先不叫中国馆而叫"满蒙馆",就让俞平伯受不了。听说是在中国有关人士的抗议下才改名为"聚芳园"的,这一改,其侵略的野心依然暴露无遗。尤为可怪的是,唯独"满蒙馆"还有特别赠品——书一本,书名叫做《满蒙之现状》,专门说明"满蒙"物产如何如何丰富,日本现在的势力又如何如何强大,而中国的行政又如何如何腐败,无非要促使日本国民的注意,激发他们侵略的野心。这本书之外,还有《满铁事业概况》与《满蒙馆出品物解说书》两本,还赠送彩画明信片两张,一张是"满蒙馆"外景,一张是大连舟车联络图,画了许多有辫子的人。俞平伯对此震动很大,他认为:"此等侮辱固可恨,但其心思更可畏惧。日本之窥伺中国,已可谓无微不至。而我国人士除有一种盲目的排日气息外,便不见有何等实际调查。此等光景,较之'盲人骑瞎马,夜半临深池',尤为奇险。我原不要鼓吹一种狭隘的国家思想,但邻邦既有那种侵略的态度,我们也不得不作自卫的准备。抵抗强暴,正是一种正义。在现今的状况下,我不相信消极的无抵抗,有实现的可能。"[5]由这段最直接的感受引发的论述,不难看出,俞平伯的思想比之当时的当政者来不知要高明多少。要是当时举国上下都能同心同德,一致警惕日本的侵略野心,抗战中就不会吃这么大的亏。日本一面正加强侵略意识,而中国一面却在嚷嚷不抵抗,不遭侵略有待何日?

1922年7月31日,俞平伯到达美国旧金山,8月7日动身去芝加哥,8月10日到,即换车去华盛顿,11日到。这次美国之行比留学英国的时间稍长,10月26日登车离美,取道加拿大回国。10月28日至30日,在火车上横穿加拿大。11月1日上午抵达温哥华。11月2日上午登俄国"皇后号"船,中午即开航。回来的船上俞平伯读了《儒林外史》《牡丹亭》等书,一路写诗,主要是新体诗。11月19日上午回到上海,下午即回杭州。从离开纽约算起,路上共走了23天。

最妙的是,第二天偕夫人与表妹同游月下老人祠,俞平伯说,"太平洋的风涛澎湃于耳边未远",而今已与家人乘舟"在一杯水的西湖中"清游,遂有一种轻松感。"非但不用我张罗,并且不用我说话,甚而至于不用我去想。其滋味有如开笼的飞鸟,脱网的游鱼,仰知天地的广大,俯觉吾身之自在。月余凝想中的好梦,果真捏在手心里,反空空的不自信起来。我唯有惘惘然,'我回来了'。"[6]俞平伯的念家,也真是出了名。由此反证,他一人出门在外,精神上有多么紧张,只有回到了家,才得到彻底的放松。

红学才子 俞平伯

这年年底,俞平伯在北京校对顾颉刚请人抄写的《红楼梦辨》书稿。

1923年4月,《红楼梦辨》由上海亚东图书馆出版。俞平伯时年24岁。

《浮生六记》插图

次年2月27日,俞平伯在杭州城头巷寓所做了一篇《重刊〈浮生六记〉序》,文中详细论述了对"文心之妙"的理解。他说:

> 文章事业的圆成本有一个通例,就是"求之不必得,不求可自得"。这个通例,于小品文的创作尤为明显。我们莫妙于学行云流水,莫妙于学春鸟秋虫,固不是有所为,却也未必就是无所为。这两种说法同伤于武断。古人论文每每标一"机"字,概念的诠表虽病含混,我却赏其谈言微中。……我们与一切外物相遇,不可着意,着意则滞;不可绝缘,绝缘则离。[7]

这正是具备诗人气质的人才能具有的观点。他认为,文心之妙,正在这不"离"不"着"之间。他之所以一生喜欢《浮生六记》,也可称之为诗人气质独具的表现之一。

4. 谈文艺问题

俞平伯这次的北美之行,除第一位的考察教育之外,一路上写诗写信自是不可免的。他还挤出时间写了篇文艺论文,即《常识的文艺谈》。此文初次发表在1923年4月《小说月报》14卷第4号上,题为《文艺杂论》。1924年收入《剑鞘》时,改为此题。《剑鞘》是俞平伯与叶圣陶合著的一部散文集。从题目也可看出,"杂论"也好,"常识"也好,都还不是严格意义上的理论著作,所以首发于《小说月报》上,并作为一般散文收入散文集。可以说,它是篇介于散文与论说之间的文艺性随笔,但不乏自己文艺观点的阐述。文章共分八节,约有万字,其中第五节不太长,却是全文中较为突出而生动多趣的:

> 文艺的本身不但找不出目的、标准来,且也没有尽然分明对象。我们平常说生活是文学的对象,这虽不甚错,但究竟还不密合真相。拿生活做文学的对象,仿佛文学和生活是两个分立的;而其实文学只是生活的一部分,是它的自动的表现。我在《诗的进化的还原论》上说:"诗是人生表现出来的一部分,并非另有一物却拿它来表现人生的。"现在的意思也正是如此。人生真相,只有从自己反射出来的影子里去窥测,不能拿外物来说明。我们若不承认文学是生活的一部分,怎么能解释"文学是人生的表现"这个判断呢?譬如树上开着美丽的花,自然花是树的生命的表现,但花自己也是生命,并非花是一物,根条株叶各另是一物,而整个的树又是一物。他们自己分不开,因我们说话时的便利硬分割了。分割原有它的意义,只是不可太严刻了。所以说文学以生活

为对象,通常时并无妨碍;但如仔细研究,则知此语尚不免有语病,充其量,将使人觉得文学只是描写批评生活的工具,而忘了文学自身便是生活的一部分。这个区别,虽文字上相差极微,关系却很大。因为如只把文学当做表现生活的工具,一方面会养成一种冷酷旁观的态度,一方面又会在涂炭之中建起缥缈空虚的乐园。这正是文艺界空虚、衰落的光景。诗神原有歌哭的自由,只是我们总不希望它永远闭着眼,更不希望它以金枷玉锁终其身。歌哭原是自由的,只是请——请您睁开眼罢!睁开眼之后,她沉沦在生活的旋涡里去了,便永拥恋着那人生了![8]

这篇寓论说于文艺的文章,把文艺与人生的关系,做了深入浅出的分析,以树的花叶根枝做比喻,让人在文艺欣赏之中,理解了二者之间相互的内在联系,不能不说是篇普及性的好文章。当然,这只是全文中的一节,还不能以点概全。文中警句甚多,如第6节中说:"作者必浸在社会中间,忘了社会的影响,然后他的作品方才有真的社会的价值。若站在社会外边,去迎合社会,则反而把价值丧失了。"这种深入社会的观点,至今看来,仍是十分精辟而可贵的。又如第7节中说道:"他们实在太拘执,且把轻重颠倒了。他们常常说,不修饰不成为文艺,而不知道虚伪、矫揉造作的文艺,其价值远逊于一句老实真挚的话。有人以为新诗不是诗,只是白话罢了。我不能对他说什么。因我觉得,做了人痛痛快快把要说的说出,就很够了,定要争来做诗人,不是傻瓜吗?"看来都是大白话,然而又多么实实在在!同时却已简明地表露了自己的创作观。关于文艺与修辞的关系,他也进行简要的论述,第7节中还说:"我再申论文艺与修辞的关系。修辞为解析文艺而有,文艺不必定守修辞的律令。"

红学才子
俞平伯

总之,俞平伯的北美之行还是很有收获的。仅就《常识的文艺谈》而言,也足以说不虚此行。

5. 太平洋归途

1922年11月1日上午,俞平伯到达加拿大的温哥华,下午即将行李送上俄国"皇后号"船,然后去公园一游。11月2日凌晨,他还在旅馆做了一首新诗《没有我底分儿》,此诗先在《诗》杂志上发表,后收入他的诗集《西还》。这天上午登船,中午即起锚开航了。这次归航的心情,似与欧游归航有所不同。11月3日在船上先读《儒林外史》,下午又读英国作家凯本德的《爱之成年》,心情虽亦无聊,却比上次归途似乎麻木得多,"归心"好像不如上次那么"似箭"了。他自己的感受就是有所不同,所以这天的日记这样写道:"此次舟中与上次欧游归途心境不同。前凝盼船到上海,此则无所可否,船上固甚闷,但亦并不想如何也。心绪如斯颓暮,可惊之至。"为何如此,一时连他自己也没完全想通。

11月4日,俞平伯又读《牡丹亭》,从他读书的杂乱,也可看出其心绪之不宁。所以1月5日的日记写道:"听碧浪打窗,又是欧游景况。翻阅旧日记,为之怅然。昔游闲而焦烦,此次则沉闷,虽亦盼到吴淞而显得麻木,殆一次不如一次了。"他自己也发现情绪有点麻木,而认为是每况愈下,不免有些颓伤。

11月6日,俞平伯在船上做了一首七绝,题为《太平洋归舟》。

无际云寒泼墨鲜,长风撼海乱于烟。
莫嫌后浪催前浪,颜色苍苍似往年。

这首诗也正是俞平伯麻木颓伤情绪的一种表现。这种莫名的情绪当然首先来自海上的孤独,其次还因为是第二次经历这种孤独。

11月16日,离吴淞还有两日的旅程,俞平伯又得七绝一首:

家山傍到夕阳红,寒夜苍波色愈浓。
清梦随人最多事,醒来犹自话喁喁。

这首诗略有近乡情更怯的味道。11月18日,船终于停泊在吴淞了,俞平伯做了一首新诗,题为《西还前夜偶成》。

船儿动着,
只我最爱睡,
一天要睡去大半天。

船儿泊着,
只我睡不着,
一夜睡不到小半夜。

这首诗全是大白话、大实话,却静中有动,动中有静,对偶齐整而一无修饰,言之有物而十分感人。海洋上漂泊了十七八天,如从离开纽约算起,则归途共23天,也比欧游归途短得多。11月9日上午,船停靠在上海新关码头。他下午即乘火车赶回杭州,与家人团聚。此时的俞平伯仍然西装革履,在他的小舅子许宝骙眼里留下的印象却十分别致与深刻:"兄西装革履,持一硬木手杖,有翩翩洋少之仪表。又购带五分钱小丛书多种,有莎翁戏剧故事及《福尔摩斯探案集》等,分赠余及七弟,皆大欢喜。"回到家的喜悦与放松,俞平伯自是不用多说。

注释

[1] 载1920年2月18日《北大月刊》。

[2] 载1922年3月7日《时事新报·学灯》。

[3] 载《新文学史料》1990年第4期。

[4] 载1922年3月7日《时事新报·学灯》。

[5] 俞平伯:《俞平伯全集》(第2卷),石家庄:花山文艺出版社2001年版,第538—539页。

[6] 同上书,第168页。

[7] 同上书,第98页。

[8] 同上书,第3卷,第617—618页。

我只希望《红楼梦辨》刊行之后，渐渐把读者的眼光移转，使这书的本来面目得以显露。虽他(顾颉刚)所谓，从高鹗的意思，回到曹雪芹的意思，我也不能胜任，却很想开辟出一条道路——一条还原的道路。我如能尽这一点小责任，就可以告无罪于作者，且可告无罪于颉刚了。小小的担子，在弱者的身上是重的，我恐不免摔一跤啊！

——俞平伯：《红楼梦辨·引论》

红学才子
俞平伯

1.《红楼梦辨》出版前后

2. 俞平伯检讨自己的错误

3.《红楼梦辨》札记十则之 I

4. 任教上海大学

5. 与《浮生六记》一辈子的缘

6. 上虞、宁波讲学

第三章 红学一入深似海

1.《红楼梦辨》出版前后

1922年底,俞平伯收到顾颉刚从北京寄来的请人代抄的《红楼梦辨》稿子,于是立即动手校对与修改。3月上旬收到顾颉刚写的序,便一并发了稿。4月,就由上海亚东图书馆出版了。

俞平伯与叶圣陶

同年3月,郑振铎、王伯祥、叶圣陶等在上海成立了朴社,社员共有10人,俞平伯是成员之一。成员还有沈雁冰、顾颉刚、胡愈之、周予同等。朴社规定社员每人每月出资10元,目的是集资出版书籍。

5月12日,文学研究会会刊《时事新报·文学旬刊》公布了该刊的12位负责编辑人名单,俞平伯、王伯祥、叶圣陶、郑振铎、顾颉刚、沈雁冰、胡愈之等均在其列。这都是具体参加编务工作的人。

俞平伯此时的主要精力仍放在新诗的创作,以及新诗的理论建树上。俞平伯读了朱自清的长诗《毁灭》以后,即于6月26日写出了《读〈毁灭〉》。这篇文章陆续多次发表,不断有所修改订补。文章开头是这样的:

红学才子 俞平伯

> 从诗史而观,所谓变迁,所谓革命,决不仅是——也不必定是推倒从前的坛坫,打破从前的桎梏;最主要的是建树新的旗帜,开辟新的疆土,超乎前人而与之代兴。这种成功是偶合的不是预料的,所以和作者意识的野心无多大关系。作者在态度上正和行云流水相仿佛的。古代寓言上所谓象罔求得赤水的玄珠,正是这个意思了。
>
> 自从用口语入诗以来,已有五六年的历史;现在让我们反省一下,究竟新诗的成功何在?自然,仅从数量一方面看,也不算不繁盛,不算不热闹了;但在这儿所谓"成功"的含义,决不如是之宽泛。我们所要求,所企望的是现代的作家们能在前人已成之业以外,更跨出一步,即使这些脚印是极纤微而轻浅不足道的;无论如何,决不是仅仅是一步一步踏着他们的脚跟,也决不是仅仅把前面的脚迹踹得凌乱了,冒充自己的成就的。譬如《三百篇》诗以后有《楚辞》;《楚辞》是独立的创作物,既非依仿《三百篇》,也非专来和《三百篇》抢做诗坛上的买卖的。乐府变而为词,词变而为曲;虽说在文学史上有些渊源,但词曲都是别启疆土,以成大国的,并不是改头换面的五七言诗。
>
> 以这个立论点去返观新诗坛,恐不免有些惭愧罢,我们所有的,所习见的无非是些古诗的遗蜕、译诗的变态;至于当得起"新诗"这个名称而没有愧色的,实在是少啊。像我这种不留余地的概括笼统的指斥,诚哉有些过火了,我也未始不自知。但这种缺憾,无论如何总是一种不可否认的事实,即使没有我所说的那么厉害。
>
> 又何必说这题外话呢?我觉得这种偷窃模仿的心习,支配了数千年的文人,决不能再让它来支配我们,我们固然要大旗,但我们更需要急先锋;我们固然要呐喊,但我们更需要血战;我们固然要斩除荆棘,但我们更需要花草的栽培。这不是空口说白话所能办的,且也不是东偷一鳞,西偷一爪所能办的,我觉得在这一意义上,朱自清先生《毁灭》一诗便有称引的价值了。[1]

这头一节决不是空泛的开场白,而是俞平伯自己创作新诗五六年来一次较为全面的大反思。这段文字不但陈述了新诗坛的近况,还追述了几千年来中国诗坛的梗概。诗至"五四"时代,已到了不得不标新立异的时代。具有至深旧学底子的俞平伯,能在"五四"前即投身于新诗的创作,是十分难能可贵的。尽管他后来又不怎么写新诗了,但在当时能带头写新诗的事实,已在中国新文学史上拥有了重要地位。由此还可看出,《红楼梦辨》出版后,似乎一度对《红楼梦》有暂时放一放的趋向,至少也是不再全身心地投入。

2. 俞平伯检讨自己的错误

1925年1月16日,俞平伯写完了一篇论文,题目是《〈红楼梦辨〉的修正》,发表在《现代评论》第1卷第9期上,指出《红楼梦辨》一书首先要修正的是"《红楼梦》为作者的自叙传"这一观点,他检讨自己在书中"不曾确定自叙传与自叙传的文学的区别","无异不分析历史与历史的小说的界线"。他希望"净扫以影射人事为中心观念的索隐派的'红学'"。他说:"我从前写这书时,眼光不自觉地陷于拘泥。那时最先引动我的兴趣的,是适之先生的初稿《红楼梦考证》;和我以谈论函札相启发的是颉刚。他们都以考据名癖的,我在他们之间不免渐受这种癖气的熏陶。"他在这么早就自觉地检讨了自己的错误,而到了建国后,还非要如此批判他,真是从何说起啊!

1月26日,俞平伯又在《语丝》周刊第11期上发表了《修正〈红楼梦辨〉的一个楔子》一文,后来在收入《杂拌儿》时,文字略有改动,文章指出:"明白和干脆是考证文字的两类美德。明白是能清,干脆是能断。这两种德性在文章上的具备绝非容易——或亦可说十分容易。""凡作考证文字,志在求得密符所考证事物之真。这种真实在概念上虽应该是一致和谐的,在吾人心目中则往往呈复杂淆混的殊异光景。""一致和谐的'真'不可得,所得的只是非一致和谐的'疑真'。处在这种状况下求文字的明白干脆",绝非容易,然而对于有俯拾即是的本领的"命世之英才"来说,也许又是十分容易的。他说:"我常听见人评我的文章太缴绕,而同时在我方病其太单简;又曾听见人批评《红楼梦辨》一书太不断,而同时在我方病其太不疑。人我两方的意见这般歧异,真令人有怅怅何之之感。'自悔其少作'这是我辈的常情。少作已经要不得了,而依照他们的估量偏又加上一重新的要不得。破笤帚可以掷在壁角落里完事。文字流布人间的,其掷却不如此的易易,奈何?我对于《红楼梦辨》有点修正的意见,在另一周刊上发布其一部分,希望过失不致因愈改削而愈多,其他更何所求呢。"[2]由此可很明白地看出：俞平伯首先是要主动地改正自己的错误,而且也深知文字已流布后,要彻底改过前失,是很不容易的了。还真被他不幸而言中,后来竟会掀起如此轩然大波来批判他,这恐怕是写这篇文章时所始料不及的。

俞平伯《咏红梦》手迹

1925年6月15日,俞平伯写了篇杂感,题为《雪耻与御侮——这是一番闲话而已》,发表在《语丝》周刊第32期上。文章指出,"被侮之责在人,我之耻小;自侮之责在我,我之耻大",年来国耻大于外辱,所以,主张必先"克己","先扫灭自己身上作寒作热的霉菌,然后去驱逐室内的鼬鼠,门外的豺狼"。这一观点显然是欠妥的,它引起了朋辈的注意与关心。郑振铎、叶圣陶、沈雁冰、王伯祥等出于关切,让郑振铎执笔,写文章批评俞平伯。俞平伯的可爱之处正在此等处,真诚坦率,认识了就是认识了;没认识到时还就是不认错,还写文章反驳。正是由于这样,郑振铎写了好几篇文章和他进行争论。过了三年,俞平伯为了"存此以见吾拙",仍将此文收入他的《杂拌儿》里了。又过了几十年,俞平伯回忆起这段往事曾说,五卅运动后,"我和郑振铎曾打过一段笔墨官司……我那时的看法,认为必先自强,然后能御侮;振铎之意恰相反,他认为以群众的武力来抵抗强暴才是当务之急,切要之图。现在想起来,当然,他是对的。他已认清了中国的敌人是帝国主义,而我其时正在逐渐地沉没在资产阶级学者们的迷魂阵里"[3]。当然,这篇文章标题写得明白,是一番闲话而已,本不必深究,但既已发表出来,就会造成一定的社会影响,而且俞平伯在"五四"时已崭露头角,是个有一定影响的人物,所以好朋友们当然要帮助他改正错误。由他仍然收入自己的文集"存此以见吾拙"来看,他的为人有多么耿直!一旦认识到了,就该永志不忘,自己做过的事决不赖账,让它永远载入史册。

中年郑振铎

这与1954年挨批评时他抱的态度也是一致的。1954年他之所以勇于痛快地承认错误,是因为"自传说"是他早已自己认识到的错误,并非这次批判时才被指出的错误。当然,他并没有在运动中为自己分辩,而是继续承认错误。

3.《红楼梦辨》札记十则之I

《红楼梦辨》之最后,附有札记十则,原用英文字母排列,所以第九则用的是I。这一则谈的是《红楼梦》用语,而又牵涉到一般人用语及俞平伯自己用语等不少问题。可以说,这是俞平伯一生使用文言与白话的一个基本态度。

红学才子
俞平伯

《红楼梦》用的是当时的纯粹京语,其口吻之流利,叙述描写之活现,真是无以复加。大观园诸女,虽各有其个性,但相差只在几微之间。因书中写的是女子,既无特异事实可言,只能在微异且类似的性格言语态度上着笔,这真是难之又难。《水浒》虽写了108个好汉,但究竟是有筋有骨的文字,可以着力写去。至于《红楼梦》则所叙的无非家庭琐事,闺阁闲情;若稍落板滞,便成了一本家用账簿。此书的好处,以我看来,在细而不纤,巧而不碎,腻而不黏,流而不滑,平淡而不觉其乏味,荡佚而不觉其过火;说得简单一点"恰到好处",说得 figurative 一点,是"秾不短纤不长"。此《红楼梦》所以能流传久远,雅俗共赏,且使读者反复玩阅百读不厌;真所谓文艺界的尤物,不托飞驰之势,而自至于千里之外的。古人所谓"桃李不言,下自成蹊",实至则名归,决不容其间有所假借。我们看了《红楼梦》,便知这话的不虚了。

现在的小说,虽是创作的,也受了很重的欧化;一方想来,原是一种好现象。因欧化的言语,较为精密些,层次多些,拿来作文学,容易引起深刻的印象。但在另一方面说,过分的欧化,也足以损害文学的感染性。且用之于描写口吻上,尤令人起一种"非真的"感想。因为人们平常说话——即使是我们——很少采用欧化的语法。为什么到了文学上,便无人不穿一身西服,这是什么道理?这所谓文艺界的"削趾适履",是用个人的心中偶像来变更事实的真相。我觉得现行的小说戏剧,至少有一部分,是受了欧化的束缚,遂使文艺的花,更与民众相隔绝,遂使那些消闲派的小说,得了再生的机会,而白日横行;遂使无尽藏的源泉,只会在一固定的提防中倾泻。这或者是我的过于周内,但这至少是原因之一个,却为我深信而不疑。

同样,我也反对用文艺来做推行国语统一的招牌。我觉得国语文学果然是重要,但方言文学仍旧应有他的位置。我们决不愿以文学来做国语统一的工具;虽然在实际上,国语文学盛行之后,国语的统一格外容易些,也是有的。譬如胡适之先生所说,因有《红楼梦》《水浒》等白话小说,然后才有现行的雏形普通话,这原不错。但我们试问,当初曹雪芹、施耐庵著书的时候,难道他们独创一种特别用语吗?决不是的!那么,我们可以说文学仍以当时通行的言语为本,不是制造言语的工场。譬如国语中夹用"伊"字,表第三位之女性代词,我就不以为然。因为活人的语言中并没有这么一回事。南方人有说"伊"的,但并不是专指女性;且南方人学习北方语的时候,依然把他们所用的"伊"完全抛弃了。这可见用这字入文,是一种虚设的想象,并非依据于事实的。在事实上,人称代词的语音,不能分性;至多只可以在字形上辨别。我本不赞成造新字的,但除此以外,却没有更好的法子可想。我总不相信文学家应有"唯我独尊"的威权,使天下人抛弃他们的语音,来服从一二人的意旨。

我因论及《红楼梦》,想起方言的、非欧化的作品,也自有他的价值,在现今文艺与民众隔绝的时候尤为需要;便不禁说了许多题外的话。读者只要看《红楼梦》的盛行,便知道文艺与民众接近,也不是全不可能的事。不过文艺在民众的心里,不免要另换一种颜色,成了消闲果子,这却是可忧虑的事。但我以为这是由于民众的缺乏知识和高尚的情趣,须得从教育普及与社会改造着手,不是从事文艺的人应负的全责。我们果然要努力,更要协同地努力。[4]

这篇文章可作为俞平伯一生使用语言文字的宗旨来看待。他一生所写文字存世的就有六七百万言,有极生动而大众化的,有极深奥而灵动多趣的,可谓十分多样化,但其行文的原则多不脱离本文所说的这些宗旨。

4. 任教上海大学

1923年7月末8月初,俞平伯约同朱自清一起去南京做四日游。他们游览了不少地方,但印象最深,最值得一说的当然是秦淮河。

秦淮河在南京素有"歌楼舞馆骈列两岸,画舫游艇纷集其间"的艳称,俞平伯、朱自清二人约同前往,自有其采风问俗之寓意。就此寓意,还相约各写同题文章一篇,即《桨声灯影里的秦淮河》。二人都是中国当代散文巨擘,各自风格不同,立义不同,两文正好互为补充,相得益彰。现在,俞平伯、朱自清二人的文集均已问世,两文固不必在此缀引。只见相同的题目,怎么有的说是俞平伯作,有的说是朱自清作,竟闹出笑话来。

俞平伯除写美文外,还写了一首诗,题目为《癸亥年偕佩弦秦淮泛舟》:

  来往灯船影似梭,与君良夜爱闻歌。
  柔波犹作胭脂晕,六代繁华逝水过[5]。

这首诗可与两篇美文合读,自可多有所悟。

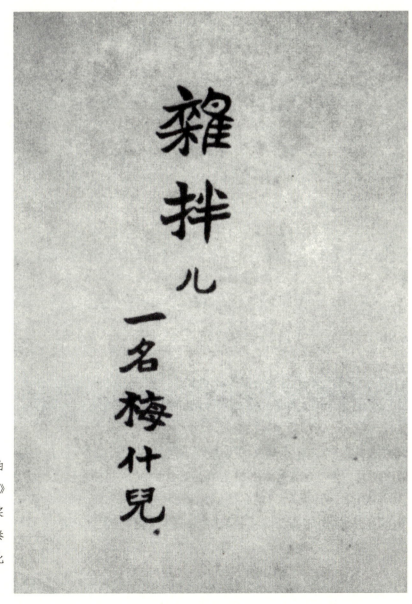

俞平伯著的《杂拌儿》一书书影,《桨声灯影里的秦淮河》收入此书中。

1923年9月,俞平伯到上海,出任上海大学教授,讲授《诗经》、小说等课程。与陈望道、田汉、沈雁冰、瞿秋白等人成了同事。他住在闸北永兴路,则又与王伯祥成了邻居。此时,俞平伯为自己的书房起了个斋名,叫做葺芷缭蘅室。

关于葺芷缭蘅室之何以起名,俞平伯并无专门说明,而曾请高心泉刻过一方长方白文印,十分喜人。那时代有些文章发表时,曾冠以"葺芷缭蘅室"字样,如《读诗札记序》、《关于〈儒林外史〉的回数问题》等。"葺"与"缭",皆有修缮整理的意思;"芷"与"蘅"都是香草名,是《诗经》、《楚辞》中常见的。起此名,当与那时讲授《诗经》、《楚辞》有关;也可以说明这时俞平伯的主要精力,是用在研究中国古诗方面的。《读诗札记》就是那时备课教学之所得,由此延展开去,所得至多,不一而可。

此后,俞平伯《读词偶得》、《清真词释》等著作的问世,都是这一门类的研究成果。

5. 与《浮生六记》一辈子的缘

俞平伯与《浮生六记》的渊源可谓不浅。他幼年在苏州即读过这部书,只觉得好,但印象不深。而后来却从再读到校读,到将它重印,并一再为之写序,真可谓结了一辈子的缘。

1923年10月20日,俞平伯写了一篇《拟重印〈浮生六记〉序》,发表在10月29日《时事新报·文学》周刊上,正式出版时,改题为《重印〈浮生六记〉序》(一);1924年2月27日又写了篇《〈浮生六记〉新序》,发表在同年8月18日的《时事新报·文学》周刊上,正式出版时即为序二,在收入《杂拌儿》时又改题为《重刊〈浮生六记〉序》,这篇序的一开头便说:

> 重印《浮生六记》的因缘,容我略说。幼年在苏州,曾读过此书,当时只觉得可爱而已。自移家北去后,不但诵读时的残趣久荡为云烟,即书的名字也难省忆。去秋在上海,与颉刚、伯祥两君结邻,偶然读起此书,我始茫茫然若有所领会。颉刚的《雁来红丛报》本,伯祥的《独悟斋丛钞》本,都被我借来了。既有这么一段前因,自然重读时更有滋味。且这书确也有炫人的力,我们想把这喜悦遍及于读者诸君,于是便把它校点重印。[6]

由此不难看出,他是怎么一步步由初读到精读到校读,由浅入深,由觉得可爱到必须把它重印以飨读者的。这部与《红楼梦》同时代,又同样残缺的小书,其感染力之深,却不在大书之下。它也是与俞平伯结下了一辈子的不解之缘的。直到晚年,德文译者马汉茂夫妇还专门访问了俞平伯。俞平伯热情接待,谈起《浮生六记》,则兴味益浓,更证明他爱《浮生六记》之深。这篇《德译本〈浮生六记〉序》堪称他晚年对《浮生六记》的总结性论述:

> 文章之妙出诸天然,现于人心。及心心相印,其流传遂远。沈氏此记,余垂髫爱诵,年少时标点印行之,影响甚微。60年后得重印而译本遍东西洋,良非始愿所及。由隐而显,此书之幸也。
>
> 沈复习幕经商,文学非其专业。今读其文,无端悲喜能移我情,家常言语,反若有胜于宏文巨制者,此无他,真与自然而已。言必由衷谓之真,称意而发谓之自然。虽曰两端,盖非二义。其闺房燕昵之情,触忤庭闱之由,生活艰虞之状,与夫旅逸朋游之乐,既各见于书,而个性自由与封建礼法之冲突,往往如实反映,跃然纸上,有似弦外微言,实题中之正义也。
>
> 夫自传非史,凡叙生平,终不免于己有所宽假。今于书中主人公之缺点曾不讳言(如憨园之事,二人并失,芸曲徇夫意,复之误为甚,即是一例),绰有余情,无惭直笔,斯则尤不可及也。以视安仁之悼亡,巢民之忆语,其婉转清新,尤觉后来居上。旷观文苑,应叹才难,域外流传,岂偶然哉!
>
> 唯德文译本,尚付阙如。顷者西德鲁尔大学教授马汉茂博士,以钱钟书先生之介,嘱序其新译本,自东京贻书。其夫人更译为华语,俾得快读聆教。俪情遥集,义不容辞,勉缀数言,聊充喤引。异日于两国文化之交流,或有些微之助,固所深企也。[7]

俞平伯的叙述言简而意赅,在这些论述中更可以看出文言文的可贵。《浮生六记》在俞平伯晚年得以传译东西方,堪称令人欣慰的一件大事。从1923年算起,直到1981年为德译本做序,前后将近60年,真可谓一辈子的缘。

6. 上虞、宁波讲学

1924年3月8日,俞平伯从上海乘船去宁波,第二天抵达上虞白马湖春晖中学。这次出行是应朱自清之邀,去春晖中学讲学的。俞平伯先听了朱自清的课,对朱自清严肃认真的讲课十分敬佩。由朱自清引见,他初识夏丏尊。当晚夏丏尊邀请俞平伯,由朱自清作陪,在家小酌,此时朱自清本就住在夏家隔壁。

3月10日晚,俞平伯应朱自清、夏丏尊的邀请,为春晖中学学生演讲,题目是《诗底方便》。演讲中首先谈到"诗是该写,还是该做"的问题,俞平伯认为"写和做本无优劣可言","一切事情的成功,本不必经过一条途辙的"。俞平伯接着分析了写与做的不同,"纯粹写出的作品虽然有,但果真是极好的,写的就有和做的一样的精美。纯粹做成的作品是很少(因为每每是冒牌的文艺);即使是有,只要极好,也应当和写出的有一样的自然。真的创作,实是具备这两种方法,是一半儿做,一半儿写的。草率粗直的不是诗,装腔作态的也不是诗。写是适合诗的机,做是充实诗的力。若换上两个名词,一个是天分,一个是功夫。这实在可以推及一般文艺,并可推到其他的事情"。

俞平伯与朱自清共同编辑的《我们的七月》丛刊

讲到做诗的诀窍,也即是讲题中的"方便",俞平伯说,"诗实无方便可言","诗的写和做是内心的自然而然的两条出路"。他还进一步指出,前提是要有"诗的素质"。归根结底他指出,"从无方便中想个方便,是从做人下手。能做一个好好的人,享受丰富的生活,他即不会做诗而自己就是一首诗。即使不是,其价值岂不尤胜于名为做诗的人"。

这篇演说对中学生的写作与学做人而言,都是极为有益的。

3月11日,俞平伯与朱自清同到宁波。12日,应宁波四中师范部的邀请,为三年级学生演讲,题目是《中国小说之概要》。演讲以后,他当天下午即登船回上海了。

在去上虞之前,俞平伯已开始创作诗剧《鬼劫》。在与朱自清同往宁波的火车上,他已将初稿拿给朱自清看。回上海的一早刚登上码头,他即直奔火车站回杭州了。当时钱塘江上无桥,上虞离杭州不远,但必须走宁波、上海兜圈子。3月底,俞平伯随岳父一家从城头巷搬到俞楼住。诗剧《鬼劫》,应该是定稿于俞楼,时为1924年4月17日。这是俞平伯一生中写的唯一的一部诗剧。《鬼劫》中出场的人物只有四个鬼和一个神,作者借用鬼与鬼的对话,神对鬼的讲话,来剖析人生,哲理颇深。诗剧中论到"三重关"——衣食住、名利、身后浮名,认为"凭你灵姿慧性也看不破,凭你志士仁人也跳不过"。又提到"痴"——"欲痴之烈烈的火,恋痴之韧韧的丝"。"这都是浪荡的芳年不作美,直到华发飘萧才来自解围。若果真悠然笑此当年我,又何妨万遍思量一味悔。"从而进一步说,"醉着的不能知酒味;睡着的不能知梦趣,你们痴着的怎能知痴的道理。你们想跳出痴丝织的银罗,却不认识织痴丝的蜘蛛"。还说,"众生即曰痴,而终非我痴。痴品累巨万,唯慧独生痴"。总之,多所茫然,感慨系之。明显看出,这是受了《好了歌》的影响而更有所提升、敷衍。《鬼劫》在俞平伯的著作中并非重要,但却是独具特色的诗剧。顾颉刚读到《鬼劫》以后,于5月15日写给俞平伯的信中说:"我以为必认事真,然后生活始有趣味。兄《鬼劫》中一节话,我总不以为然。我以为灵明要执著,痴愚要怨沮,欢欢喜喜要惆怅,哭哭啼啼要伤神。如此始有真意,始可轰轰烈烈的做一场。"由此可见,这两位挚友间互相关切之深。此后,俞平伯再也没有写过这类思想黯淡低沉的诗剧,足证他是听挚友规劝的。

1924年9月至10月间,军阀齐燮元、卢永祥之间开了战,史称"江浙战争",一时苏州、上海间不通火车。此时叶圣陶正好被困在苏州只能坐船到常熟,转乘船到江阴,再坐江轮走南通到上海。为此混战,叶圣陶着实生了不少闷气,他曾在给俞平伯的信中说,关心战报,并不是有避祸之心,只缘胸中有正义梗着,看了报纸后就不免生些闷气等。俞平伯读信后"大变常态,化沉默为哓哓然"。于是写了一篇题为《"义战"》的文章,分析了战争与正义的三种关系:"第一说,义非战,战非义;义中无战,而战中无义。""第二说,战非义,应战则义。""第三说,有战义,有战不义。就是说,有正当理由的战是义;反之,非义。"俞平伯认为义战是正当的战,除战争直接所生影响外,不发生其他残暴行为;他议论道:"我们不当妄拟一个绝对的善或义而拿来考核一切的事故。我们只可就现存的诸事实中,求出一个比较逼近绝对的善或义来。无论善恶,有一分的实,即给它一分的名。这不但应合名理上的当然,而且也是事实上的当然。"此等论述,不免脱离实际,颇有为论述而论述的味道,尽管他自己也承认,"这终究是书生之见,少实行的可能的"。此等泛论,于事无补,确实书生气太浓了。

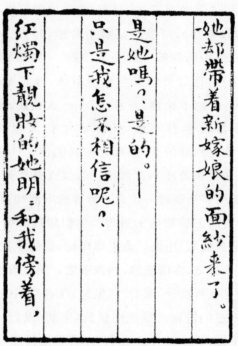

俞平伯新诗集《忆》的书影

当时的报刊上这类空论也正不少。朱自清真不愧是俞平伯真正的挚友,他读了这篇《"义战"》后,即在9月17日的日记中写下了他的批评意见:"前两日读《申报》时评及自由谈,总觉得他们对于战事,好似外国人一般,偏有许多闲情逸致,说些不关痛痒的,或准幸灾乐祸的话,我深以为恨。昨阅平伯《'义战'》一文,不幸也有这种态度!他文中颇有掉弄文笔之处,将两边一笔抹杀。抹杀原不要紧,但说话何徐徐尔!他所立义与不义的标准,虽有可议,但也非全无理由,而态度亦闲闲出之,遂觉说风凉话一般,毫不恳切,只增反感而已。我以为这种态度,亦缘各人秉性和环境,不可勉强;但同情之薄,则无待言。其故由于后天者尤多。因如平伯,幼娇养,罕接人事,自私之心遂有加无已,为人说话,自然就不切实了。我呢!年来牵于家累,也几有同感!所以'到民间去','到青年中去',现在在我们真是十分紧要的!若是真不能如此,我想亦有一法,便是'沉默'。虽有这种态度,而不向人言论,不以笔属文,庶不至引起人的反感,或使人转灰其进取之心;这是无论如何,现在的我们所能做的。"朱自清虽只是记于日记,却好比心中默默对挚友说悄悄话。后来俞平伯终于读到这段日记,真打心眼里感到亲切与温暖,并感叹像这样的诤友,实在是太少了啊!

1923年,上海朴社成立,俞平伯是成员之一。1924年9月,上海朴社解体,俞平伯与顾颉刚在北京邀请范文澜、潘家洵、吴维新、冯友兰等北京大学同学,又组织朴社,在上海的王伯祥、叶圣陶仍为朴社成员。朴社虽为纯学人的小集体,但就其所出的书来看,却是一个有一定影响的学术出版团体。在短短几年里,所出的书往往至今仍极具影响,为不可替代的优秀读物。例如俞平伯与叶圣陶的作品合集《剑鞘》,作为《霜枫文艺小丛书》第一辑中的一本,由霜枫社出版,即由朴社印行,书前有俞平伯的序,至今它已成为中国当代出版史上的珍贵版本。俞平伯的第三部新诗集《忆》,也由北京朴社出版。这本书无论装帧、设计、版面、开本等,都是十分新颖喜人的,加上正文是作者手迹影印,有丰子恺的精美插图、孙福熙的封面画,后有朱自清的跋……都使该书成为人见人爱的掌中清玩。

注释

[1] 俞平伯:《俞平伯全集》(第3卷),石家庄:花山文艺出版社2001年版,第565—566页。

[2] 同上书,第5卷,第283—284页。

[3] 同上书,第2卷,第790页。

[4] 同上书,第5卷,第279—280页。

[5] 同上书,第1卷,第542页。

[6] 同上书,第2卷,第97页。

[7] 同上书,第3卷,第488—489页。

四时皆可,而人道宜秋,聊以秋专荔,以荔颜亭。东窗下一长案,嫁时物也,今十余年矣。谚曰,好女勿穿嫁时衣。妻至今用之勿衰,其面有横裂,积久渐巨,呼匠氏锯一木掩之,不髹不漆,而茶痕墨渖复往往而有。此案盖亲见吾伏之之日少,拍之之日多也,性殆不可强耳。曾倩友人天行为治一玺曰,"秋荔亭拍曲",楷而不篆。石骨嫩而鬼斧瘴,崩一棱若数黍,山鬼胶之,坚如旧,于是更得全其为玺矣。以"曲谈"为"随笔"、"丛抄"之续,此亦遥远之事,若在今日,吾友偶读深闺之梦而笑,则亦足矣,是为记。

——俞平伯:《秋荔亭记》

红学才子
HONG XUE CAI ZI

俞平伯

1. 初到清华园

2. 谷音社

3. 词学著述及《遥夜闺思引》

4. 朱自清逝世

5. 长诗创作

第四章 先任教清华 后任教北大

1. 初到清华园

1928年8月,当时的国民政府决定,把清华学校改为国立清华大学,任命罗家伦为首任校长。10月,罗家伦聘请俞平伯到清华大学中国文学系任讲师。俞平伯初到清华园时,得诗一首,题即为《始来清华园》。

1934年,俞平伯与家人在清华园寓所秋荔亭留影。

骀荡风回枯树林，疏烟微日隔遥岑。

暮怀欲与沉沉下，知负春前烂漫心。

这首诗前三句似较灰暗，而第四句一转，颇多积极向上，亟盼奋进之意，正反映出俞平伯初到清华大学的一般心情。他又有《清华早春》一诗，当作于次年初。

余寒疏雪杏花丛，三月燕郊尚有风。

随意明眸芳草绿，春痕一点小桥东。

诗有原注云："所居南院门外即目。"此时俞平伯家在清华大学南院 7 号，住东屋。这时，他为东屋起了个书斋名，叫秋荔亭。他还曾写过一篇《秋荔亭记》的散文，后来收入上海良友图书印刷公司 1936 年 8 月版的《燕郊集》一书中。

池馆之在吾家旧矣，吾高祖则有印雪轩，吾曾祖则有茶香室，泽五世则风流宜尽，其若犹未者，偶然耳。何则？仆生猪年，秉鸠之性，既拙于手，又以懒为好，故毕半生不能营一室。弱岁负笈北都，自字直民而号屈斋，其形如弄而短，不屈不斋，时吾妻未来，一日褰予帘而目之，事犹昨日，而尘陋复若在眼。此所谓不登大雅之堂者也。若葺芷缭衡，一嵌字格，初无室也。若古槐，屋诚有之，自昔无槐，今无书矣，吾友玄君一呼之，遂百呼之尔，事别有说。若秋荔亭，则清华园南院之舍也。其次第为七，于南院为徧，而余居之，辛壬癸甲，五年不一迁，非好是居也。彼院虽南，吾屋自东，东屋必西向，西向必岁有西风，是不适于冬也，又必日有西阳，是不适于夏也。其南有窗者一室，秋荔亭也。曰，此蹩脚之洋房，那可亭之而无说，作《秋荔亭说》。夫古之亭殆非今之亭，如曰泗上亭，是不会有亭也，传唱旗亭，是不必有亭也，江亭以陶然名，是不见有亭也。亭之为言停也，观行者担者于亭午时分，争荫而息其脚，吾生其可不暂且停停耶，吾因之以亭吾亭。且夫清华今岂尚园哉，安得深责舍下之不亭乎？吾因之以亭吾亭。亦尝置身焉而语曰，"这不是一只纸叠的苍蝇笼么？"以洋房而如此其小，则上海人之所谓亭子间也，亭间今宜文士，吾因之以亭吾亭。右说秋荔亭讫，然而非也，如何而是，将语汝。西有户以通别室，他皆窗也，门一而窗三之，又尝谓曰，在伏里，安一藤床于室之中央，洞辟三窗，纳大野之凉，可傲羲皇，及夫陶渊明。意耳，无其语也，语耳，无是事也。遇暑必入城，一也。山妻怕冷，开窗一扇，中宵辄呼絮，奈何尽辟三窗以窘之乎。二也。然而自此左右相亭，竟无一不似亭,亭之为亭,于是乎大定。春秋亦多佳日,斜阳明焱,移动于方棂间,尽风情荔态于其中者影也,吾二人辄偎枕睨之而笑,或相唤残梦看之。小儿以之代上学之钟,天阴则大迷惘,作喃喃语不休。若侵晨即窹,初阳徐透玻璃,尚如玫瑰,而粉墙清浅,雨过天晴,觉飞霞梳裹,犹多尘凡想耳。薛荔曲环亭,春饶活意,红新绿嫩;盛夏当窗而暗,几席生寒碧;秋晚饱霜,萧萧飒飒,锦绣飘零,古艳至莫名其宝;冬最寥寂,略可负暄耳。四时皆可,而人道宜秋,聊以秋专荔,以荔颜亭。东窗下一长案,嫁时物也,今十余矣。谚曰,"好女勿穿嫁时衣,"妻至今用之勿衰,其面有横裂,积久渐巨,呼匠氏锯一木掩之,不髹不漆,而茶痕墨沈复往往而有。此案盖亲见吾伏之之日少,拍之之日多也,性殆不可强耳。曾倩友人天行为治一玺曰,"秋荔亭拍曲",楷而不篆。石骨嫩而鬼斧铦,崩一棱若数黍,山鬼胶之,坚如旧,于是更得全其为玺矣。以"曲谈"为"随笔""丛钞"之续,此亦遥远之事,若在今日,吾友偶读深闺之梦而笑,则亦足矣,是为记。甲戌清明,即二十三年之民族扫墓日。

1926年6月15日,俞平伯应朋友杨晶华之嘱,为他的诗文集《北河沿畔》做跋,跋不长。

序跋之类既异峻刻之批评,又非浮滥之赞誉,必语无溢美,方推合作。而杨晶华君嘱我为他的诗文集做序。我自知无此种评断力,只就见到想到的说几句话罢。

大凡行文固贵沉着,亦要空灵。以杜工部之推李太白,犹以"清新俊逸"许之。可见此境非易,而少年之作尤宜具此朝气。

此集大体颇可观,清新俊逸之气亦往往流露而不可掩。审其题材以写景抒情为多,论其风格则犹一翩翩浊世之佳公子也。

"清词丽句必为邻",吾为杨君诵之。异日所作愈富,必将更进于此。"后来者居上",吾亦为杨君诵之。

这篇跋言简而意赅,却把做序、跋的要领都交代得一清二楚,并以这篇跋本身为范例,达到了做序、跋的目的:"既异峻刻之批评,又非浮滥之赞誉,必语无溢美,方推合作。"这篇跋堪称为后人写序、跋立下样板。

同年10月25日,俞平伯又写了一篇《关于〈子恺漫画〉的几句话》。当时他俩还未曾见过面,但彼此心仪已久,各自都能坦诚地说出心里话。俞平伯在具体地分析几幅画后,总起来说:"偶然觉得以诗作画是不容易的。作者不但须明画中甘苦,并须兼知诗中甘苦。至于就古诗作画,处处替他人设想,犹八股文之代圣人立言,尤觉束缚。断章取义原无不可。唯新造解释总要不比旧的坏,方过得去。若差得太多,就没有多大意味了。至于以人间实事为题,则从吾性之所至,无施而不可。子恺以为如何?"尚未见过面的两位朋友,就能如此推心置腹地畅所欲言,是极为可贵的,这更是文艺批评必须遵从的准则。

红学才子
俞平伯

1935,俞平伯的父亲俞陛云在北京寓所。

从上面的一则跋,一则评论,就已不难看出,俞平伯从事文艺创作的基本态度有多么的严肃认真。这同样也是他一生为人处事的准则。

2. 谷音社

1930年以前,俞平伯仍在北京大学、燕京大学等大学兼课。1931年1月3日,俞平伯在清华园秋荔亭宴请浦江清、冯友兰、邹湘乔、杨武之等人,宴后还演唱了昆曲。俞平伯唱了《下山》与《惊梦》两段。家住清华大学的年代,俞平伯与夫人许宝驯十分热衷昆曲。就在这时,俞平伯请魏建功为他刻了方楷书朱文印"秋荔亭拍曲"。这方印可作为俞平伯夫妇在那个年代拍曲认真与频繁的见证。

1934年2月,教昆曲的师傅陈延甫第二次到北平来,他就住在清华大学附近,俞平伯与浦江清、唐佩金、汪健君、陈盛可、杨文辉等昆曲爱好者,都有机会跟曲师学唱昆曲。尤其是俞平伯,几乎天天拍曲,这样既增浓了兴趣,又扩大了曲目。

1935年3月17日,也就是农历二月十三,俞平伯与浦江清、唐佩金、汪健君、陈盛可、杨文辉、华粹深、许宝骎等人,在自己家召开了谷音社成立会,并把农历二月十五花朝日定为谷音社成立之日。社员有14人,后来加入的又有20人。这是很有名的一个昆曲社,它在清华大学校史上也将是占有一定地位的。谷音社还另聘校外曲友,和校内提倡昆曲者10人为名誉社员,还专门聘请吴梅作为导师。俞平伯被推选为社长,社员又一致推举俞平伯撰写了《谷音社社约》、《同期细则》和《介绍陈延甫指导昆曲酬例》等条例与文件。他在《谷音社社约·引言》中明确指出,谷音社的目的在于"发豪情于宫徵,飞逸兴于管弦"。俞平伯为谷音社倾注了很大精力,他对昆曲的爱好,是不下于文学与诗歌的。

1946年2月,俞平伯专门写了《忆清华园谷音社旧事》一文,追述了谷音社的始末。

> 久羁燕市,岑寂寡欢。昔赵景深兄在沪主编《戏曲》月刊,扶持雅奏,属写谷音社概况。而苦忆零星,不可重拾,譬之商飙起蘋末,履迹俄空焉。而欲以非童稚之心,渐远之年时,追寻其所以迹,事固稍难,意复甚痴也。无奈重违其命,为搜尘箧,勉赘燕词,而此刊旋停。顷《论语》有癖好专号,宠征及余,而寂寞穷居欢惊甚少,姑以此塞责。吾社旧侣各在天涯,或有寓目之缘,以之代缥缈鳞鸿,信编者之惠也。
>
> 欲书曲社之缘起,宜先明同人嗜曲之经由。昔既不能悉忆,今亦不可骤得,则仅可言吾一己之经由耳。然仆之事殆无足言者。余妻莹环之学曲,先于余者十六七载,犹在清之季世也,其所

习则殊不多。余于己卯北来，丙辰入学。丁巳秋成婚。偶闻音奏，摹其曲折，终不似也。后得问曲学于吴师瞿安，至巳未春（八年四月），师于课外借红楼中教室开一歌曲班，从之者不多，余仅习得《南吕宫》、《绣带儿》两支，且无是处，引吭发声，颇为特别，妻及许闲若弟常引以为笑也。其后萍踪江海，此调遂久置不弹。至甲子冬日重至京华，在蒋慰堂兄座上，识鸳湖陈延甫君，聘其拍曲。又获缔交于刘凤叔、汪棣卿诸耆宿，遂滥竽京中曲社者有年。己巳夏陈君南归。庚午秋移居西郊清华园，癸酉夏（廿二年）集三五同好延何经海君拍曲，历时甚暂，而兴会弥佳，异何旋病殁，犹忆其最后所授之曲为《双红记·青门》也。其时住清校南院七号，即后所谓秋荔亭者是也，闲若方肄业于斯，昕夕为侣。时来游者则浦江清、朱佩弦二兄，而唐佩金兄及其夫人汪胜之女士则住南院十一号，衡宇可望，时相过从焉。以何身后萧条，募赙送其孥归，是有公启，盖已具谷音社之雏形矣。文见《燕郊集》中，以概见何君之生平焉。

其年仲秋南归，至嘉兴访陈延甫，事见日记，亦存集中。至次年甲戌新正（廿三年），陈遂二次北来，住清校附近，浦唐汪陈及杨文辉兄均从之游。于春夏之交，发议结社，于某日夏晚在工字厅首次公开曲集，乙亥新正十四（廿四年）于同地二集，其时犹未有社之正式组织，而对外已用谷音社名义，以冀稍得学校之补助。二月十三日（廿四年三月十七日）在平寓所开成立会，作首一次同期。用二月十五为花朝之说，定为本社成立之日，以后每用旧历者以此。遂定社约，选职员，以平主其事，并通过同期细则，规模差具焉。其时社员十有四人，后来者二十，共三十四人。中有因事暂时离社者，实际曾在社度曲者二十有四人。

社约，"爱好昆曲者亦得入社"，以校中皆同事同学，又僻居西郊而嗜大调者不多，其限制不得过严也。是谷音社友不尽为曲家，与通常曲社稍异。复有名誉社员之目，以延致不在同地之曲友及校中之提倡昆曲者，凡十人，校外六，校内四。

成立之日即议聘吴瞿安先生为导师，同人校理曲谱每得就正。先生并寄赠手订《桃花扇·哭主》曲谱，于吾社颇致拳拳。二十五年夏，余返吴门，晋谒于蒲林巷之百嘉室。先生约余夫妇及吴中曲友数人宴饮小集，其时已缘喉疾不能歌而精神弥健，不谓数年间，关山戎马，遽病殁于云南之大姚，竟不获卮酒之奠，发蒿薤之音，人天缘阻，怅恨如何。

丁丑之夏，社侣云散，延甫亦于次年春南归，社事陈实终始之。其人未多学问而持身朴拙，至饶古意。能剧三百余折，余等所肄习仅三之一而弱。陈于吹笛以外，鼓板金奏尤熟而老，口讲指画原原本本，且于曲文之音读曾有所受，有些殆明清以来三百余年相传之旧读，尤为难得。壬午年闻南中消息，云仍在禾，已老病矣。

据社中记录，甲戌丁丑四年之间，在学校公开曲集凡七次，同期十八次，在公园水榭宴集一次，曲目凡九十三折，以《琵琶记》为最多，得十二折，《长生殿》十折次之，《还魂记》七折又次之。

卢沟变后，南迁社友曾在昆明西山王瞻岩处聚会，到者五人，浦君江清有《沁园春》，其词曰："漫客天涯，如何不归，归又何为。向华山昆水，暂留我住，碧鸡金马，住亦堪悲。惟遣高歌，欣逢旧雨，心逐梁尘相伴飞。忘情处，命玉龙哀笛，着意狂吹。古今多少情痴，想小玉丽娘信有之，叹销魂桥畔，牡丹亭侧，琅玕刻遍，谁曾相思。一曲霓裳，凄凉九转，劫后河山满眼非。承平梦，望吴宫燕阙，早感黍离。"

其居北平者仅六七人，全亦意趣阑珊，不再招集同期，曾有四绝句柬谷音同人曰："初按香檀拍未匀，酒边摭笛几辞频，谁知都似开天想，翻作淋铃夜雨新。鹤归城郭又如何，未必中年哀乐多。唱得《牡丹亭》一曲，寒花荒草总成窠（记社友谭君季龙语）。虹桥东望水溅溅，小屋西窗大道边，三五闲纵灯晚聚，撞金伐鼓共喧阗。自惜芹泥补垒痕，沙虫旷劫久难论。一从渡得桑乾后，烟树年年绿蓟门。"

沦陷期间，曲集亦间有之，而谷音不复作矣。余曾有《鹧鸪天》柬许士箴君，其潜盦曲集，余每从之游，亦可见当时之心情矣。"顿老铃调不复闻，马头别调散秋云，独教梁魏风流远，歌咏承平四百春。稀旧赏，倦芳尊，藕丝孔里息闲身。玉龙吹彻寒消未，红药花时又访君。"此词社友汪健君兄以为可作一部昆曲史读也。

一九四六年二月修订稿[1]

从这篇文章不难看出俞平伯于谷音社倾注心力的一斑。

3. 词学著述及《遥夜闺思引》

1933年9月9日至10月15日，俞平伯偕夫人许宝驯，带着儿子俞润民，从北京出发做了一次南下旅行。一路上凡出门，几乎皆遇雨，故堪称雨中游。他以日记体写了简明的游记，真是一部独具一格的记叙文。这部游记题名为《癸酉年南归日记》，后来这篇文章被收入

《燕郊集》。

俞平伯一家三人乘火车南下,头一站游的是泰山、岱庙。当时浦口、南京间无桥,必须摆渡。他们未游南京即到无锡,小游一日,再到苏州。苏州是俞平伯的出生地,自然就多了返里寻旧的雅兴。他独登北寺塔,临眺姑苏城,远望虎丘山,又约亲友同游近在咫尺的怡园等,都有幼时悭缘,这次回来补足之意。他们在苏州更多的还是会亲访友。经过上海时到开明书店,见叶圣陶、王伯祥、夏丏尊等人,自另有一番旧友重逢的雅趣。他在旅途偏犯牙疾,忍痛宴友于杏花楼,"乃被伯祥做了东去,可笑也"等,均极富深情厚谊。在去杭州的途中经过嘉兴,又小游鸳鸯湖,啜茗烟雨楼。到杭州,既是此游的最远点,又是归省的目的地,当然活动更为频繁。这时俞家已不住在俞楼,大画家申石伽住在那里。他们到俞楼既访友,又访老宅,此中情怀,虽不细言,已多拳拳之意。他们一路上拍曲、听曲不辍,在上海听仙霓社于大千世界,在杭州俞振飞处吹笛拍曲……真是雅兴不浅,眼福耳福大饱。俞平伯的《癸酉年南归日记》,既是朴实的记述,又是篇生动多趣的美文。总之,这是一次难得的旅游。俞平伯出生在小吴门,求学在京师,后定居于北京。这样的一次偕妻带子南归,确实是难以忘怀的。

红学才子 俞平伯

1934年11月,上海开明书店出版了俞平伯的《读词偶得》。这本书的写作,是由清华大学让他开诗词课引起的。他在备课讲义《词课示例》中曾讲了这么一段话:

> 清华大学属课诸生以作词之法,既诺而悔之,悔吾妄也。夫文心之细,细于牛毛,文事之难,难于累卵,余也何人,敢轻于一试?为诸生计,自抒怀感,斯其上也;效法前修,斯其次也;问道于盲,则策之下者耳。然既诺而悔之,奈功令何?悔不可追,悔弥甚焉。夫昔贤往矣,心事幽微,强作解人,毋乃好事。偶写拙作一二略附解释,以供初学隅反之资,亦野芹之贡耳。诗词自注尚不可,况自释乎?明知不登大雅之堂,不入高人之耳,聊复为之,窃自附于知其不可为而为之之义焉。[2]

这段话在《读词偶得·缘起》中又被全部引用。里面当然多有自谦的成分,然而说的也都是真心话。诗词欣赏与阅读,是继承与发扬祖国优秀文化传统不可或缺的一个内容,而诗词写作,在大学里也只是选修课而已,本不是人人必修的重要课程,而少数人来钻研这个学问,还真是不可缺少的。俞平伯应校方的约请,能接受这个任务,确实是功德无量的事;又在叶圣陶等人的督促下终于定稿成书,在开明书店出版,确实为词学研究与赏析做了件好事。后来这本书不断再版,证明了此言不虚。

俞平伯在北京大学上学时就听黄侃讲过《清真词》,老师推崇周邦彦(清真)为"词中之杜甫"。由此开始,他逐渐加深了对清真词的兴趣与爱好,终于完成了《清真词释》一书的写作。

俞平伯在《读词偶得》中,论释清真词有这样一段话:

> 我觉得宋人作词佳处在"细"、"密"。凡词境宛如蕉心,层层剥进,又层层翻出,谓之"细";篇无赘句,句无赘字,调格词意相当相对,如天成然不假斧削,谓之"密"。
>
> 但我并不以为作者当时先定了格局然后作词的,只是说有些好词,如分析其结构,精密有如此者。此仅可资欣赏者之谈助,不可以拿来死讲死摹的。凡文必有条理,佳文尤显明。但这种条理只随成熟的心灵自然呈露,不是心灵被纳入某种范畴而后成条理的。最好的感兴在心头,若把它捕捉住,何愁在纸上或口头不成文理呢。"风行水上,自然成文",此语妙确。文理何尝罕见,可贵者正在自然耳。[3]

这段话在《清真词释·序》中被全部引用,可以说是他写作这部书的契机所在。他在引用这段文字后又写道:"现在我还这般想,《清真词释》如此写出,亦应作如是观。"

俞平伯的这两部释词之作,既堪称姊妹篇,又是循序渐进的两部书,他至今仍是词学界不可多得的好书。

俞平伯向来有记梦的习惯。废名为他的《古槐梦遇》写的小引中的话可以为证:"平伯命我为他的《古槐梦遇》写一点开场白,我不要拿这些白日的话来煞风景才好。于是我就告诉你们曰,作者实是把他的枕边之物移在纸上,此话起初连我也不相信,因为我的文章都是睁开眼睛做的,有一天我看见他黎明即起,坐在位上,拿了一支笔,闪一般的闪,一会儿就给我一个梦看了,从此我才相信他的实话……"记梦固然不错,然而句句都是梦话,却也未必。总之,俞平伯记梦是实,《古槐梦遇》等著作又实实在在地摆在那里,不仅《古槐梦遇》,还有《槐屋梦寻》与《槐痕》,即所谓"三槐"都可以说是这样。

1931年9月28日早晨,俞平伯有感于国事,做《古槐梦遇》一则云:"革命党日少,侦缉队日多,后来所有的革命党都变为侦缉队了。可是革命党的文件呢,队中人语,'于我们大有用处'。"1933年3月27日至月末,他又写下了第2则至第19则。这年年内又写出了第20则至第60则,此后陆续写,还陆续发表。至1934年11月9日写迄,共101则,包括后记。就在这同一天,他开始写《槐屋梦寻》,一气写了12则。11月12日又写了《槐痕》小引。1935年1月31日,又写了《"三槐"序》。1936年1月,《古槐梦遇》由上海世界书局出版,除周作人的序与废名的小引外,还收入他自己的《"三槐"序》,封面书名则请魏建功题写。第一则之前还有他自己的一小段话:"梦醒之间,偶有所遇,遇则记之,初不辨醒耶梦耶,异日追寻,恐自己且茫茫然也,留作灯谜看耳。古槐者不必其地也,姑曰古槐耳。"这不妨看作是全书的宗旨。最妙处在第101则的后记中所说:"得师友之手迹可谓遇矣,奈何饶舌?容毕一语可乎?《古槐梦遇》百之九十九出于伪造也,非遇亦非梦,伪在何处,读者审之。"

第三"槐"终于未能写完,至少没能像第一"槐"那样写满100则。

1936年暑假,俞平伯偕夫人许宝驯又南下苏州、杭州,可惜他没有像三年前那样写游记。他这次在苏州,7月24日专访了吴梅于蒲林巷的寓所百嘉室。25日吴梅又专邀苏州曲家们宴饮小聚,俞平伯在小聚上唱了《牡丹亭》中的《拾画》、《惊梦》二折,俞夫人许宝驯唱了《牡丹亭》中的《游园》与《长生殿》中的《絮阁》。那时吴梅已患有喉症,不能唱曲了。这是此次专访老师的一大憾事,而这次去苏州的主要目的,也就是探望病中的老师。

27日,俞平伯夫妇就回到了北平。俞平伯作为考试委员之一,7月30日到清华大学图书馆,与朱自清、陈寅恪、杨树达、刘文典、闻一多、王力、浦江清、冯友兰、雷海宗等人一起,出席清华大学研究院文科研究所中国文学部为研究生何格恩举行的毕业考试。这是清华大学非常隆重的一次考试,更是为后人不断地提起。

8月,俞平伯的散文集《燕郊集》,由上海良友图书印刷公司作为《良友文学丛书》第28种精装出版。1940年又出版了普及本。

9月上旬,清华大学新学年开始,俞平伯与朱自清、浦江清、许维遹、余冠英、李嘉言等人一起,共同担任大学一年级国文读本、作文课程;又与闻一多、杨树达、刘文典一起共同担任大学二年级国学要籍课程;还开了一门选修课程散曲,讲授散曲概论及小令散套选本。同时,他还在清华大学研究院文科研究所中国文学部负责指导词的研究。不难看出,俞平伯在清华大学所任课程是相当繁重的。

俞平伯曾拟以《但恨多谬误》为题,为自己编一本文集,仅此题就不难看出,他是一位勇于承认错误并改正错误的人。他通过与郑振铎的辩论最终承认了错误,就已不难看出他是知错必改的。尽管因为种种原因,这部文集始终没编成,但他还特地让人用这五个字刻了块图章,并在求朋友指正的手稿上常常钤用。

1937年4月上旬,俞平伯侍奉双亲并偕夫人许宝驯同游青岛。为纪念此次清游,他特做五言长诗,题即为《丁丑青岛记游诗》。这首诗于1940年与1948年曾先后两次发表,但他自己还是把它弄丢了。"文革"以后,外甥徐家昌特地从天津图书馆查到,并抄寄给他,才得以保存下来。俞平伯在重新见到这首诗时写了《校识》:

1937年,俞平伯与家人在青岛留影。

此篇成于丁丑,佚于丙午,坠履遗簪,不复挂怀。又十余年,己未冬日,徐甥家昌在天津图书馆旧报中觅得之,抄寄京寓,开函怳然。稍加整理,删去二十字,得一百八十二韵。

予旧有长篇凡五,此其一也。虽无离题谰语之失,不免凡庸拖沓之病,似有韵之文,实非诗也。而记叙详尽,当时颇费心力,亦觉弃之可惜。且昔年先父赐评,有"横厉无前,仍复细腻熨帖"之誉。其秋即有卢沟桥之变,侍亲佳游遂成末次。存此佚篇,志吾永慕。

一九八零,二,一八,北京

这首诗既是最后一次侍奉父母亲出游的纪念;又是抗日战争爆发前最后一次出游,更是失之"文革"辗转复得的大好纪念。

七七事变北平首当其冲,北京大学、清华大学等校纷纷内迁,俞平伯家里还有老父亲、老母亲,确实难以举家内迁。1938年9月10日,俞平伯致书西南联合大学的清华大学校长梅贻琦,说明因侍奉老父母,加上自己身体也不好,只身做万里之游也有困难,只好向校长请长假。俞平伯一家在抗战八年中,是在沦陷的北平度过的。

俞平伯1942至1943年间,在敌伪统治下的北平写成了一首五言长诗,题为《遥夜闺思引》。诗前有一篇序做于1946年丙戌二月廿七日,1971年辛亥中秋后六日还又一次做了修改订正。这首诗由于是在敌伪统治下写的,所以写得相当艰涩难懂。写成后也未能及时出版,他自己反反复复抄写了好几份,有的就赠送给了朋友。前前后后共为这首长诗写过16篇跋,还专门为这些跋语抄成一本,后来为了付印,又写了一篇跋,所以也称17篇。在这些跋语中,或多或少有诠释诗意的内容,但都零零星星,所以一般人都认为诗意比较难懂,包括叶圣陶这样的老友在内,都认为这首诗难懂。

当时朱自清还在内地,他收到《遥夜闺思引》后给俞平伯的回信说:"全诗规模甚大,'所思渺西海'一语殆属关键所在,亦即所谓本事,就此而论,却极缠绵悱恻之致。篇中随处表见身世与怀抱,难在于本事打成一片。……诗第二段最为明豁,叙事宛切到家。首段以海天为背景为象征,亦与本事融合到恰好处。三四段反复零乱,似《离骚》,似《金荃》。然五言长篇如此者绝无仅有,此两段索解人似最难。""此诗自是工力甚深之作,但如三四段办法,在全用五言且多律句之情形下,是否与用参差句法者(如《离骚》、《金荃》)收效相同,似仍可讨论也。"朱自清真不愧为俞平伯的挚友,这段读后感,既具体又严密,而且提出了如何改写的参考意见,真是了不起。但连朱自清这样的大文豪都觉得难懂、晦涩,可见一般人要读懂它,那真是十分困难了。然而,这首《遥夜闺思引》真是俞平伯的力作,至少是他在敌伪占领北平时期的一部重要代表作。更何况,所谓"诗无达诂",别人看不懂是别人的事,看得懂的人中有各种不同的理解,这是完全允许的。

七七事变爆发时,俞平伯的父母亲已住在城里。7月10日他偕夫人许宝驯带着孩子,进城看望父母。此后多次往返于槐屋与清华大学之间。对战事的发展,谁也难于预测。很多人决定迁往内地,而俞平伯上有老,下有小,实在难以举家搬迁。清华大学既已决定内迁,俞平伯作为清华大学的教授,只得向校方请长假,将家人合住到城里,做与北平共存亡的打算。

8月11日,尚未内迁的朱自清来访,谈的是随清华大学南迁的事,那天朱自清的日记中记道:"访俞和王。俞认为目前南去并不明智,南方局势亦不平静。现难以找到工作。而且对人们说来,北平在不久的将来将是最安全处。他劝我等待与观察一段时间。王抱同感……"由此可见俞平伯当时的想法,已趋于以不变应万变。如果仗打大了,哪里又有一块真正绝对安宁的地方呢!

9月7日,俞平伯将清华大学秋荔亭的全部物件搬回到老君堂的古槐书屋。从此开始,俞平伯夫妇在此度过了整个抗日战争时期、解放战争时期、"文革"以前的岁月,直到他们夫妇双双下干校劳动为止。9月8日,俞平伯的女儿俞成、俞欣考上了济南齐鲁大学,21日送走两个女儿。同日朱自清来辞行,他次日即动身去长沙。10月16日,收到女儿从济南的来信,告诉他学校将继续南下,后来齐鲁大学并入西南联合大学,一直迁到了昆明。12月13日南京沦陷,俞平伯得知后思绪万千,写下了寄题南京莫愁湖一联:

依稀兰桨曾游,只而今草长莺飞,"寒艳不招春妒";

叹息胜棋难再,又何论龙盘虎踞,"伤心付与秋烟"。[4]

国民政府的首都陷落,正是日寇气焰万分嚣张的开头,这给全国百姓带来的自然是哀痛。从这副对联中,反映的当然是这类情绪。伤痛之深,不言而喻。

清华大学既已迁走,俞平伯又已请长假,当然也就沦入失业者的行列。生活拮据固不待言,授课备课的紧张也自然消失。如何打发这大量空闲的时间呢?除继续写写文章之外,他也只有拍曲学习昆曲了。

1938年7月22日,俞平伯收到周作人来信,他代黎子鹤邀请俞平伯去教诗词，俞平伯当即回信婉辞了。9月至10月间俞平伯在周作人家见到胡适自伦敦寄来的白话诗，内容是敦促周作人离开北平南下的，俞平伯看后对胡适表示"钦迟无极"。俞平伯总算在1938年得到了私立中国大学国学系的聘请，在那里教授《论语》和《清真词》。中国大学校址在西单大木仓的郑王府，交通也还算方便，这总比失业闲居在家好多了。

红学才子
俞平伯

俞平伯致周作人信的手迹

1939年1月7日,俞平伯收到周作人的信,请他去教燕京大学的现代散文课。此时周作人已有意接任伪职,俞平伯立即回信婉辞。1月11日周作人再次来信,俞平伯当即再次婉辞。俞平伯与周作人的私交非常深,介于师友之间,一向过从甚密,而一旦遇到大是大非问题,俞平伯却毫不含糊。周作人于1月12日接受了伪北京大学任命他为北京大学图书馆馆长的聘书,8月又出任伪北京大学教授兼文学院院长,正式当了被中华民族唾骂的汉奸。

从1938年始,直至1945年抗战胜利,俞平伯一直在私立中国大学教书。这期间,他还介绍清华大学学生常风也进校教书。

1945年9月3日,日寇正式签字无条件投降,中国人民坚持了八年的抗日战争胜利结束。9月24日,俞平伯正式将长诗《遥夜闺思引》书写一通,以表达郁积在胸中八年的苦闷方得一吐之快。11月28日,清华大学负责先头接管、复员工作的陈福田在东来顺宴请来自昆明的校长梅贻琦,俞平伯等人出席作陪。他即将《遥夜闺思引》的手稿交给梅贻琦,托他带交尚在昆明的朱自清。此后,他又陆续写了《遥夜闺思引》好几通。经多次书信往还,俞平伯接受吴小如为门弟子。吴小如则以小楷认真抄写了一份《遥夜闺思引》敬赠老师。12月2日,为吴小如抄本做跋。华粹深抄了一份《遥夜闺思引》,求俞平伯做跋,他当然应之。……此时,他为《遥夜闺思引》抄写了不少通,分赠亲友,又前后写了十余通跋,跋文的总量远远超过了诗的正文。这完全是抗日战争胜利后心情愉悦的一种表现。

1946年5月下旬,俞平伯应吴玉如的邀请,去了趟天津,在天津工商学院为文科学生做了题为《诗余闲评》的讲座,由吴玉如之子吴小如笔录。后稍加修改,发表在本年12月8日的天津《大公报·星期文艺》第9期上。在他整理出版《读词偶得》时,又把这篇文章收入,"以代本书之导论"。俞平伯在天津期间受到吴玉如的盛情款待,他为表谢意,离开天津前赋诗一首,题为《薄游津门,假寓清斋,承尊公厚款,口占律句求教》,从诗题的口气来看,是兼示贤乔梓的,所以在后来收入《俞平伯旧体诗钞》时,改题为《天津赠吴玉如先生》。

> 十载京尘永,今兹喜出游。
> 梅阴才入夏,客鬓屡经秋。
> 邂逅苔岑乐,萦纡家国忧。
> 深惭悬榻意,珍重为君留。[5]

这首短短的小诗,内涵却相当丰富。正是通过对长期抗战沦陷区生活的回顾,才反衬出此次出游津门的喜悦。由于沦陷,二人分住津、京两地,可说是近在咫尺,但也一直违隔难以谋面,此次见面,当然是感慨系之的。

4. 朱自清逝世

俞平伯的这次津门游,可以说是抗日战争胜利后一件值得高兴的事。而紧接着却发生了一件悲伤的事,那便是朱自清的过早去世。

朱自清于1946年10月7日由重庆回到北平,8日即走访俞平伯。这不止八年的长期违隔,对这对挚友来说,是多么的漫长啊!虽然通信不断,并且一直在互相切磋诗作,但终究是分隔两地。可惜这次重逢没有留下详细的文字记载,但二人的欣慰与激动却是不言而喻的。10月10日,复员后的北京大学正式开学,北平临时大学补习班结束,俞平伯从此又转任北京大学文学院教授。朱自清则仍任清华大学教授。当时北京大学在城里,清华大学在西郊,所以见面也还是不太容易,但他们通信则是更密了,当然见面的机会也很多。1947年5月7日,俞陛云八十大寿,朱自清当然登门拜贺。

红学才子
俞平伯

1948年8月12日,朱自清逝世。头一天,俞平伯还赶到医院去看望病重的他。对于他的逝世,俞平伯的心情是无比悲痛的。8月13日,俞平伯作为北京大学教授的代表,参加了在北京大学医院举行的朱自清大殓,并送灵到阜成门外广济寺下院。8月18日,朱自清的学生、《平明日报》记者萧离专门走访俞平伯,俞平伯详细介绍了与朱自清相识、相交的全过程。萧离后来根据采访所得的材料,写成了《俞平伯先生所认识的朱自清先生》一文,发表在8月26日的《平明日报》上。8月24日,俞平伯写了题为《诤友——朱佩弦兄遗念》的散文。后发表在9月5日《中建》半月刊第3卷第7期上。俞平伯从自己与朱自清的交往中,深切感受到"直谅之友胜于多闻之友,而辅仁之谊较如切如磋为更难"。文中举的实例是:"古诗十九首,我俩都爱读,我有些臆测为他所赞许。他却收集了许多旧说,允许我利用这些材料。我尝创议二人合编一《古史说》,他亦欣然,我只写了几个单篇,故迄无成书也。"

8月25日,俞平伯写了题为《忆白马湖宁波旧游——朱佩弦兄遗念》的散文发表在《文学杂志》月刊第3卷第5期上。8月26日上午,俞平伯到清华大学同方部参加朱自清追悼会,并送一副挽词:

　　　三益愧君多,讲舍殷勤,独溯流尘悲往事;
　　　卅年怜我久,家山寥落,谁损微力慰人群。

朱自清赠送给俞平伯的书籍及签名

此时，朱自清治丧委员会决定整理出版《朱自清全集》，俞平伯与浦江清、叶圣陶、郑振铎、吴晗、李广田、王瑶、余冠英、徐调孚、季镇淮，以及朱自清夫人陈竹隐，被推为全集编辑委员会成员。后来《朱自清全集》由上海开明书店出版，小32开4册，封面书名即由俞平伯题写。

8月27日，俞平伯写信给叶圣陶，内容自然主要是倾诉悲痛，信中说："来索稿者纷纷，以情怀伊郁，记述迷茫，实无法应付。"由此不难看出，那种既想多说说与朱自清的情谊，又不知从何说起的繁复心情。谢冰莹在《自清先生二三事》一文中，有一段事是说俞平伯的，从一个侧面概括得十分恰当,她写道:"俞平伯先生对于好友之死,感到莫大的痛心,他不能写文,甚至任何人提起朱先生,他就难过,当笔者会见俞平伯先生时,他除了不断地叹气说,'自清死得太早,连五十寿诞也不能过,这真是文坛的损失'外,什么话也没有。"读谢冰莹的这段话,不难想见俞平伯当时的那种神情。

1948年至1949年,俞平伯一直在北京大学教书。当时教授的生活水平,由一则日记的记载不难看出,1948年12月30日的日记记到当天领取大学的工资500元,而它到底值多少呢?"仅合棒子面50斤也"。如此清贫,难怪教授们要抗议了。1948年10月24日,北京大学82名教授发表"停教宣言",并于25日至27日停教三天,抗议因币制改革而冻结发薪,要求借薪两月,以维持家人的生活,俞平伯参加了这次斗争。11月4日,俞平伯与北平各院校教授金岳霖、朱光潜、许德珩、袁翰青、雷洁琼、钱伟长、费青、李广田等47人,联名在北平《新民报》上发表《我们对于政府压迫民盟的看法》,反对"政府突然宣布民主同盟为非法团体",准备用"'处置后方共党临时办法'加以处理"的做法。从俞平伯参加的这些活动不难看出,他一直是积极参与政治斗争的。11月8日,俞平伯还写了篇题为《忠君与爱国》的杂文,发表在11月20日的《中建》半月刊上,文章指出,当政者将封建的"忠君"思想变其名曰"爱国",而后打着"爱国"的旗号,行卖国之事。八年抗战中出现的汉奸,叫喊自己比"不汉奸还爱国"便是明证。他认为"近代政治有些观念,似非纲常名教所能范围"的。旧的纲常逐渐趋于幻灭,"新的什么也未曾建立,故'是非不明',是非既然不明,那一切的政刑都失了根据"。此等处都能看到俞平伯始终都是反封建,要求进步的。

红学才子 俞平伯

1949年1月26日,俞平伯与北平文化界民主人士,北京大学、北京师范大学等校教授许德珩、袁翰青、费青、闻家驷、储安平等32人发表对全面和平的书面意见,一致拥护毛泽东主席于本月14日提出的"和平八项主张"。此时俞平伯的政治态度更是鲜明而坚定,一心欢迎新中国的诞生。

5. 长诗创作

1949年1月26日,俞平伯到北京大学参加教授会例会,顺道走访了费青,受费青的启发,当晚开始写纪事长诗《寒夕凤城行》。1月31日,北平宣告和平解放。直至2月12日,农历己丑年正月十五,这首七言长诗《寒夕凤城行》全诗才脱稿。这是他继《遥夜闺思引》之后的又一力作。从题目就不难看出,这首诗是写他在建国前夕黑暗中的苦闷心情的。

2月15日,常风走访俞平伯,下午游国恩应邀访问俞平伯,他们都对长诗表示十分欣赏。2月22日,废名、费青先后走访俞平伯,费青不但要求俞平伯抄录长诗给他,还请俞平伯写个条幅。次日俞平伯即为费青写条幅,并抄诗相赠。

北平和平解放后,俞平伯顿时忙了起来。2月16日,中共文管会人员石会之登门拜访了俞平伯。2月27日,俞平伯又走访了中共代表徐冰。2月20日下午,俞平伯到北京饭店出席中共中央领导人对文化教育界人士的宴请,心情非常激动,会后还做了三章纪事诗,记述了参加盛宴的兴奋与喜悦。2月27日下午,俞平伯又应邀到前女子文理学院,参加第四野战军领导人谭政、陶铸召开的大中学校人士座谈会,商谈东北野战军招收南下工作团的事情。3月3日下午,俞平伯应邀到北京饭店参加华北政府文化艺术委员会及华北文艺界协会召开的座谈会,到会者共百余人,座谈会上听周扬介绍了解放区的文艺运动状况,俞平伯还做了简短的发言。他与郭沫若的初次见面,就是在这次座谈会上。老友茅盾、田汉等人,也在这次会上重逢。总之,这是一次使俞平伯十分兴奋的座谈会。3月20日,从上海绕道香港前来北平参加新政协会议的叶圣陶夫妇去俞平伯家,这是相隔约十年后的重逢,彼此感慨系之,"多年不见,共叹老苍"。俞平伯很兴奋地将《寒夜凤城行》的手稿给叶圣陶夫妇看,因为诗太长,叶圣陶只好带回宾馆慢慢细看。3月22日,俞平伯到北京饭店出席华北解放区和国统区的进步作家、艺术家联席会议,商讨召开中华全国文学艺术工作者代表大会筹备工作的事宜。会上组成了由郭沫若任主任,茅盾、周扬任副主任的37人筹委会,俞平伯被推选为全国文艺工作者代表大会筹委会成员。24日即召开筹委会第一次会议,俞平伯当然出席。4月6日召开第二次会议,讨论文协各部门人事调整问题。他又参加了华北文艺界协会暨华北文化艺术工作委员会谈话会,晚餐时与叶圣陶、柳亚子、卞之琳、臧克家等同席。这也是十分令人愉快的活动。

4月8日,北平文化界人士三百余人联名发表宣言,声讨国民党反动政府盗运文物的罪行。俞平伯是签名者之一。4月24日,俞平伯的舅兄、舅弟许宝驹、许宝骙设家宴款待宾客,招待柳亚子夫妇、李任潮、朱蕴山、王泽民、谭平山等三十余人,俞平伯也一起陪同出席。宴会上柳亚子做了答谢诗,俞平伯还和了诗,可惜这首诗未能留存于世。

5月3日,为纪念五四运动30周年,俞平伯接受《人民日报》记者柏生的专访。"五四"当天,俞平伯纪念"五四"的专题文章《回顾与前瞻》登载在《人民日报》上。此文后又被收入《"五四"30周年纪念专辑》,由上海新华书店在当年7月发行。俞平伯在文中认为,五四运动与全国解放,"这两个划时代的大转变,实只是一桩事情的延长引申","五四"时期所倡导的科学和民主、新民主主义以至共产主义,"现在被中共同志们艰苦卓绝地给做成了"。他认为今后"革命的前途,犹艰难而遥远",但是"光明在前,咱们从今不怕再迷失路途了"。俞平伯在当时就有如此精辟的看法,实属难能而可贵。5月5日,北京大学最高行政机构北京大学校务委员会宣告成立,由教授代表19人和讲师、助教及学生代表各二人组成,俞平伯是教授代表,他成了解放后第一任北京大学校务委员会委员。5月6日晚,俞平伯出席了校务委员会第一次会议。5月17日,俞平伯写了题为《新文学写作的一些问题》的文章,就"如何能写出为工农兵服务的文学"的问题,阐述了自己的看法。

6月5日上午,俞平伯到北京大学孑民纪念堂,参加北平各大学中文系课程改革谈话会。周扬、杨振声、顾随、杨晦、李广田、林庚、废名等都出席了谈话会。6月30日,中华全国文学艺术工作者代表大会举行预备会议,通过了由98人组成的大会主席团,俞平伯是主席团成员。

7月1日晚,在先农坛体育场,举行中国共产党建党28周年庆祝大会,文代会代表都应邀出席。那天正下着雨,大家都冒雨参加,而每人心里却都十分的热。会上朱德总司令致辞,毛泽东主席讲话,大家的心情都非常激动。会后又看文艺演出,等散会时,已是凌晨两点了。那晚俞平伯没睡好,又开始构思写新诗了。

七一大会给人们的鼓舞,是很不寻常的。俞平伯自2日至19日一直出席中华全国文学艺术工作者代表大会,身份是平津代表第二团代表。就在忙于开会的时候,他还赶在7月6日前完成了新诗《七月一日红旗的雨》。这是他一生中写的最后一首新诗:

  一个闷热的夏天,
  气象预报"有阵雨"的黄昏,
  永定门里偏西的广场,
  大家庆贺中国共产党28岁的生辰。

  这里,充满着感激的颜色,
  振动着和谐雄壮的歌声,
  大幅的红旗,圆圈招展,
  闪烁的银灯,断续照明,

1949年,俞平伯和夫人许宝驯在北京老君堂寓所。

马、恩、列、斯的巨像,
高标半空,
如伟大的导师们来临。

风来啦,雨来啦,
但风,吹不动期待的真心,
这雨浇不湿鼓舞的热情,
部队的兄弟们说"不怕"!
大家都不怕啊,
我们同在风雨之中,
歌唱,舞蹈,高呼,
整个儿的广场激动起来
跟无情的风雨斗争。

"风云转啦!"
红旗刮得花喇花喇的直响。
夕阳反映美丽的长虹,
浓云透出镰刀似的新生月亮。
雨快要歇了,
雨反而急了,
滴滴答答打在帽檐上,
水往下直淌,
更捎带着微微的红色,
洒遍人们浅淡的衣裳。

暴雨才过,
大会初开,
万口欢呼,
万人如海。

主席台上的扩音器,
把这盛大狂欢的晚会,
指挥到轻松如意,
仿佛在一间屋子里开小组会议。

都来听听这28年奋斗史吧!
可歌可泣,
怎么样从艰危里锻炼出坚贞,

红学才子
俞平伯

怎么样从苦难里孕育着光明,
我们不久将亲眼见到,
这中华人民新国的诞生。

电火骤然灭了,
我呆坐在看台的高处,
旁边的伙伴也静悄悄的,
疑惑在深山里,大野中,
抬头——唯有永远寂寞的星空。

明儿报上说有3万人,
有的说:"不止,不止!有4万,4万!"
这一忽儿,这几万人哪里去了?
原来他们都不则声,
都在耐心等待。

我深深体认到群众的庄严的秩序,
和那高度的觉醒。
虽是沉默啊!
比呼喊还要响哩,
确信"大时代"真快到了,
迈开了第一步的万里长征。

怎么会到如梦的会场来呢?
怎么会生活在全新的国度里呢?
这是一世纪来所没有的,
这是半世纪来所没有经识过的,
我不觉得,我还在这古老的北平。

一九四九,七,六。[6]

这首诗充分体现了俞平伯解放初期愉快与激动的心情,他是努力地走在新时代前列的。而或多或少地也流露出,他还有些不太适应。这首诗发表在7月11日的《人民日报》上。

7月6日,在中华全国文学艺术工作者代表大会上,俞平伯听了周恩来长达五个小时的报告和毛泽东的讲话。毛泽东说:"你们都是人民所需要的人,你们是人民的文学家、人民的艺术家,或者是人民的文学艺术工作的组织者,你们对于革命有好处,对于人民有好处。因为人民需要你们,我们就有理由欢迎你们。"7月7日下午,俞平伯又冒雨参加了七七事变12周年纪念大会。7月9日,俞平伯在第八天的大会上,朗读了他的新作《七月一日红旗的雨》,以代替发言。7月17日下午,俞平伯到东总布胡同22号,参加中华全国文学艺术工作者代表大会诗歌工作者座谈会,交流工作经验,商谈成立诗歌工作者的组织及出版全国性诗刊的问题等。7月19日,中华全国文学艺术联合会正式成立,俞平伯当选为全国委员会委员。7月21日下午,中共中央、中央军委共同招待全体代表,在北京饭店举行宴会,朱德、周恩来、陆定一、聂荣臻出席宴会,俞平伯也赴了宴。7月23日至24日,在中法大学礼堂召开中华全国文学工作者协会成立大会,俞平伯在会上被选为中华全国文学工作者协会全国委员会委员。24日的会上他还发了言,他说:"多年来没有写诗了,从这次大会中认识到,旧诗虽然不能说没有他的群众,但比起新诗来,真是不能相提并论的。新诗便于朗读,是为人民服务的最好的文学形式,今后愿在这方面向大家学习。"7月24日,中华全国文学工作者协会诗歌工作者联谊会成立,俞平伯被选为候补理事。在中华全国文学工作者协会里,俞平伯被推选为全国委员会常务委员会委员。

从1949年7月1日开始的这一系列活动中不难看出,俞平伯从中国共产党成立28周年诞辰到中华人民共和国成立的前前后后有多么的忙碌,心情是多么的兴奋,无论是作为文学家也好,作为诗人也好,是多么受重视。开会之外,仅仅是各报刊的约稿,就够他忙的。此时正是他半百前后,精力也旺盛,更主要的是他一心向往新社会,热爱新中国,把一切精力几乎全部投入到社会活动中,而一己之私事大都被抛在脑后,所以那首长诗《寒夕凤城行》,就没能像《遥夜闺思引》那样一再地抄,反复地抄,以致直到浩劫来临,竟无副稿留存,遂至亡佚于一旦。这是十分可惜的。幸亏他记忆力好,后来追忆了其中的一部分,所以现存的《寒夕凤城行》,只是残存的一小部分。

注释

[1] 俞平伯:《俞平伯全集》(第2卷),石家庄:花山文艺出版社2001年版,第687—690页。

[2] 同上书,第4卷,第373页。

[3] 同上书,第4卷,第80页。

[4] 同上书,第1卷,第627页。

[5] 同上书,第428—429页。

[6] 同上书,第370—373页。

> 我常怀着一个妄念,觉得所有货真价实的文艺,没有不是开明的,前进的,为人民服务的。反过来说,假如它不开明,不前进,不为人民,那必是冒牌。
>
> ——俞平伯:《祝北京市文代会》

红学才子

俞平伯

1. 开明的，前进的，为人民服务的

2. 红学著述

3. 运动

4. 一届人大二次会议

第五章 建国初期

1. 开明的,前进的,为人民服务的

1949年10月1日,中华人民共和国成立。10月2日至3日,中国人民保卫世界和平委员会成立大会在北京举行,俞平伯等140人当选为中国人民保卫世界和平委员会委员。10月10日下午,俞平伯出席中华全国文学工作者协会主办的座谈会,听苏联作家协会总书记、《青年近卫军》的作者法捷耶夫谈文艺问题。11月27日,文化部文物局局长郑振铎召开古典文学作品整理出版问题座谈会,俞平伯与林庚、钟敬文、黄药眠、魏建功、浦江清、赵万里等人参加了座谈会。

1950年5月25日,为了迎接北京市文学艺术工作者代表大会的召开,俞平伯写了一篇题为《祝北京市文代会》的随笔,他在文中写道:

> 我常怀着一个妄念,觉得所有货真价实的文艺,没有不是开明的,前进的,为人民服务的。反过来说,假如它不开明,不前进,不为人民,那必是冒牌。不过却有一层,即为真实的文艺,成分亦有种种差别,程度有深浅之别,表现有明暗之异,个性有强弱之分,所以我们必须用马列主义的观点批判地去接受它,一面找出在那时代的意义,同时也还它一个本来面目。这工作说来容易,做却很难。[1]

这既表达了他心情的愉悦,更说明他已感到文艺工作者肩上担子的重大。他虽然年已半百,积极向上之心却跃然纸上,这是多么难能可贵啊!此文后来发表在6月1日的《人民日报》上。

5月28日,俞平伯出席了北京市文学艺术工作者代表大会。为出席大会,他专门写文章表态,以"开明的,前进的,为人民服务的"工作态度作为自己奋斗的目标。如此真心向往新社会的旧知识分子,在当时是占多数的,俞平伯可以说是他们中的代表。

6月19日,正值农历五月初五,俞平伯做了首诗,题为《庚寅端阳重读佩弦兄遗文》。

窣地帘波绿间红,横枝花艳玉玲珑。
苔芜三径迷前迹,邻笛黄垆感叹同。[2]

红学才子
俞平伯

朱自清曾写过一篇题画的文章给俞平伯看,此时正值佳节,他重读此文,联想浮动,感慨万千,想起挚友不该如此早亡,顿时有闻邻笛、黄垆腹痛等感触……此诗看似简单、平淡,而伤痛至深。此后他曾多次为朱自清的早亡而感伤。尤其这时是在建国初期,全国各地蒸蒸日上,他当然更为朱自清未能赶上好日子而悲痛,如此过节读文的小事,也会引起他的悲痛,这完全可以证明他们情谊的深厚。要是朱自清此时此刻能与他一同参加建设新中国的事业,那该有多好啊!

7月10日,俞平伯写完了题为《民间的词》的论文,从题目即不难看出,论文旨在探讨词的真正根蒂,一开头就写道:"词是唐朝民间的乐调,它的作风本有两点,香艳和俚俗。转到了封建统治阶级所谓士大夫的手里,却渐渐地改变作风,性欲恋爱的抒写保存着,俚俗的成分却减少了,趋向于所谓雅化,甚至于名家的词稍近口语化一点,亦遭人批评。"俞平伯对词的文人化后脱离民间,是深深不以为然的。在文人化以后,词留有的民间原有的淳朴,反而被视作"淫风"等,真是颠倒黑白。俞平伯在展开论述后,对真正民间词的被湮没,十分惋惜,他在文章的最后写道:"民间的词,范围非常广博,可惜我们知道得实在太少。除掉词集里一些材料比较容易看到外,其他多半在词话、笔记、杂书里,得有耐烦去找。至于宋、元以来土话方言的解释当然更困难了。引录每不附解释,即偶附说解也不见得靠得住呵。所以这个研究工作也很艰难的,不过,却很有意思。若能够用上新观点来研究,自然可以有更多的发现,给词史以一个新生的面貌。"这篇论文后来发表在1951年的《民间文艺集刊》第一辑上。它充分表达了俞平伯愿还词的民间本色的真心实愿,与上述"开明的,前进的,为人民服务的"宗旨是完全一致的,并可称之为迈出实践的头一步。

这篇论文在发表时编者特地加了按语:"词的起源如何,其与劳动人民文学的血肉联系如何等,今天还都是值得探讨的问题。(我们现在所读到的词,大都是统治阶级的'正统文艺',或者商业都市的'游乐文艺'——露骨点说,就是供上层阶级消遣的'倡优文艺'。)对于这些问题,我们希望能够由于俞先生这篇文章而引起进一步的研究。"这个编者按中所说的,足以证明这篇论文对新的词学研究起到了推动与领先的作用。

1950年10月12日,俞平伯的父亲俞陛云去世,享年84岁。俞平伯十分悲恸,当时他已与文怀沙主持的棠棣出版社有成约,准备修订增补《红楼梦辨》出版。本因丁忧可以延缓交稿日期,但俞平伯因经济拮据,难以办周全丧事而不得不加紧完稿,并答应改书名为《红楼梦研究》,以适应时代潮流,也为了出版社的销路。要不是解放后出版这部《红楼梦研究》,1954年他还不一定会遭到如此猛烈的批判。为此,文怀沙后来在谈话中一再说,"我是始作俑者"。

11月5日上午,俞陛云开吊,叶圣陶、郑振铎、魏建功、傅彬然、宋云彬、王伯祥等都前往吊唁。在丁忧期间,俞平伯从未耽误过参与社会活动。11月16日,俞平伯出席了在京文学工作者抗美援朝座谈会,会上通过了《在京文学工作者宣言》,俞平伯还在上面签了名。11月28至30日,他又出席了九三学社全国工作会议预备会,分组讨论周恩来总理所做的时事报告。12月1至5日,他出席九三学社全国工作会议。会后进行分工,俞平伯担任九三学社宣传委员会委员。

这年的12月,俞平伯完成了《红楼梦研究·自序》,他在序中写道:

> 一九二一年四月到七月之间,我和顾颉刚先生通信讨论《红楼梦》,兴致很好。得到颉刚的鼓励,于次年二月至七月间陆续把这些材料整理写了出来,共三卷十七篇,名曰《红楼梦辨》,于一九二三年四月由上海亚东图书馆出版。经过了二十七个年头,这书并未再版,现在有些人偶尔要找这书,很不容易,连我自己也只剩得一本了。
>
> 这样说起来,这书的运道似乎很坏,却也不必尽然。它的绝版,我方且暗暗地欣幸着呢,因出版不久,我就发觉了若干的错误,假如让它再版三版下去,岂非谬种流传,如何是好。所以在《修正〈红楼梦〉的一个楔子》一文末尾说:"破笤帚可以掷在壁角落里完事。文字流布人间的,其掷却不如此的易易,奈何。"
>
> 读者当然要问,错误在什么地方?话说来很长,大约可分两部分:(一)本来的错误,(二)因发现新材料而证明出来的错

误。各举一事为例。第一个例:如中卷第八篇《〈红楼梦〉年表》曹雪芹的生卒年月必须改正不成问题,但原来的编制法根本就欠妥善,把曹雪芹的生平跟书中贾家的事情搅在一起,未免体例太差。《红楼梦》至多是自传性质的小说,不能把它径作为作者的传记行状看啊。第二个例:我在有正戚本评注中发现有所谓"后三十回的《红楼梦》",却想不到这就是散佚的原稿,误认为较早的续书。

那时候材料实在不够,我的看法或者可以原谅的,不过无论如何后来发现两个脂砚斋评本,已把我的错误给证明了。

错误当然要改正,但改正又谈何容易。我抱这个心愿已二十多年了。[3]

时隔二十多年,他早已发现了自己的错误,一旦有机会重新出版,当然要予以一一改正。而此时他毕竟刚刚接触新思想、新观点,当然不可能一下子全都改正,然而他的一片知错必改的心已跃然纸上。他又在序文的最后写道:"原名《红楼梦辨》,辨者辨伪之意,现改名《红楼梦研究》,取其较通行,非敢辄当研究之名,我的《红楼梦研究》也还没有起头呢。"这都是他的真心话,足证改书名却非他的本意,他本不愿意将自己的书命名为什么"研究",辨伪尚可,"研究"则不敢当,出于不得已,才勉强接受"研究"之名的,仅仅"取其较通行"而已,更多的是为了得稿费办丧事。此中苦衷不得不辨也。

2. 红学著述

建国以后,俞平伯的职业一直是北京大学教授,他的社会活动较之以往却是大大增加了。他不但积极参加大大小小的各种活动,在教课之余还抓紧时间写作。1951 年 3 月 2 日,俞平伯写了首题为《度辽》的七律:

幻眩鱼龙岛雾腥,连天兵气耿欃枪。
万家烟火真平壤,百姓流连去汉城。
为援邻封纾急难,须将群力卫和平。
骞空驾海无前迹,惭愧终童说请缨。[4]

这首诗在歌颂抗美援朝的重大意义中,更融入了自己已无力荷枪过鸭绿江的感慨,足见他对这个重大政治事件的积极支持与拥护,及其视卫国为己任的勇气。

3 月 20 日,俞平伯有感于新中国建设成就的巨大,写了七律《新邦》发表在《光明日报》上。

> 此后兴邦事可期,三年十载未云迟。
> 国修工艺开新面,野动耕锄改旧规。
> 鸡鹜繁滋蔬果绿,奢靡屏迹舶来稀。
> 树人本计为文教,炳烛还宜学习时。[5]

俞平伯积极向上,寄希望于教育下一代,自己虽年逾半百,炳烛余光,尤需加紧学习。对新中国的欣欣向荣如此欣慰,又将一己置身于大我之中,与新气象息息相通,真可谓急流勇进,颇具志在千里之意。

俞平伯和夫人许宝驯在老君堂寓所

这一时期,俞平伯还经常发表学术论文,如《漫谈〈孔雀东南飞〉古诗的技巧》、《古诗辞例举隅》(四则)、《说汉乐府诗〈羽林郎〉》、《杜律〈登兖州城楼〉》等。从这些文章完全可以看出他的研究工作一直是较全面的,始终没有局限于红学这一块阵地。流露他真情的毕竟更多的还是诗歌创作。1951年10月1日,俞平伯曾做七绝五首,题为《一九五一年国庆日纪事杂咏五章》,发表于 11 月 15 日的《九三社讯》第 7 期。作为诗人,改诗,不断推敲,乃常事。1953 年 10 月 1 日,俞平伯参加了国庆游行后,又触景生情,想起了当年"五四"参加请愿游行的情景,忽忽已是三十多年……于是将这五首诗改写,并改题为《一九五三年国庆日纪事》,发表在 1954 年 10 月 27 日香港《大公报》上,后来收入《俞平伯旧体诗钞》时,又有改动,题目中的"年"字与"日"字也都省去了,最后定稿为:

其　一

腰鼓渊渊不住声,神州新运保和平。
红旗招展西风里,轻燕飞车浴日明。

其　二

远友重洋异域人,工农群众大翻身。
都来京国冠裳会,五载经营气象新。

其　三

铙钹旌旗列队新,观台士女灿如云。
玉人亦在凭阑际,笑我风尘鞅掌身。

其　四

记得前游我似孩,为谁请愿洛阳街。
卅年弹指阴晴变,霜鬓欣然逐队来。

其　五

儿惊犹自未全销,露夕观灯又一遭。
金阙新妆珠贝细,恍如花炮闹元宵。[6]

俞平伯忆旧中兼有情感的激动,感喟一己之易老,忽忽三十多年前的事,今天历历如在眼前,更激起上进奋发之心,希望努力走在时代前列……虽似平淡无波,内心浪潮之翻滚,细心领会,依然能感觉得到。与初作这五首诗的同一天,1951 年 10 月 1 日,俞平伯还在《九三社讯》第 6 期上发表了题为《爱国精神的新生》一文,来庆祝中华人民共和国开国两周年。他从抗美援朝运动中所受的教育,谈到爱国精神的新内涵,真切而实在。

总之,俞平伯在建国之初,一直积极向上,从不耽误参加社会活动,而本职工作,包括写文章与做诗等,样样都不放松。这一时期,几乎看不到他外出、戏游的任何记载。

1952 年 10 月,人民文学出版社开始有计划地进行古典文学名著的校勘与重印出版的系列工作,俞平伯承担了《红楼梦》八十回本的整理校勘工作。当时俞平伯所能见到的本子,仅甲戌本、己卯本、庚辰本、甲辰本、郑振铎藏本,以及程甲本、程乙本而已,选定的底本又是有正书局本,即戚蓼生序本,他定的校勘原则又有"择善而从"一条。以他熟读与研究的功力为基础,定此原则是很好的,因为各抄本皆为抄胥的手笔,错别字甚多,均不足以为定本的依据,必须有真正的红学家来"择善而从"地校订。当然,校订者也仅是一家之言,要得到大家的认可,又非易易。当时俞平伯勇于承担此任,很值得敬佩。

1953年2月22日,北京大学文学研究所成立,郑振铎出任所长,何其芳出任副所长。俞平伯即从北京大学中文系调至文学研究所任古典文学研究室研究员,校勘《红楼梦》八十回本的工作便成了他的本职工作。同年秋,又将当年北京大学中文系毕业的王佩璋分配给俞平伯做助手。这部《红楼梦八十回校本》,1958年出版,凡四本,一二本为八十回正文,每本四十回,第三本最厚,是校字记,第四本为附录,即后四十回。王佩璋在书上用的是笔名"王惜时",落款是"俞平伯校订,王惜时参校"。若能细读俞平伯择定的八十回正文,同时仔细参读校字记,那对掌握各参校文本是很有好处的;若能更仔细品味俞平伯的择读,其良苦用心更是非同一般。其中王佩璋的功力也是不该轻没的。俞平伯与王佩璋在此书上下的功夫是十分深厚的,不失为善本,所以近年曾再版过。

因为《红楼梦八十回校本》只校勘整理了八十回正文,各本的脂评一概没有收入,所以俞平伯又专门辑录了各脂本的评语,成《脂砚斋红楼梦辑评》一书,也正是校勘过程中的副产品。这本书于1954年12月由上海文艺联合出版社出版,卷首有辑录者的长篇引言,其中第一节《脂评的情况》说:

> 整理古典文艺首先要具备正确的观点,其次便是整理材料,善于恰如其分地运用材料。自一九二七年以来关于《红楼梦》有一批材料陆续发现,虽屡见人零星片段地引用,却没有经过全面地辑录和校订的便是"脂砚斋评"(简称"脂评")。本编大部工作只是辑录,校订虽然有一些,却还差得多,所以只称为"辑评"。
>
> 所谓"脂砚斋评本",它的内容相当复杂,文字并非都出脂砚斋手,不过主要的、重要的是脂评罢了。这些批注(包括一些较晚的在内)是非常重要的。下面列举三点来说明:
>
> (一)以现存的材料来看,在一七九二年程排本以前,所有的旧抄本都附有批注。不但此也,甲戌本初行(一七五四年),曹雪芹还活着,那时《红楼梦》大约未必有八十回,已有评了,而且是

"再评""重评"。初评假如有,必更在一七五四年以前。说明白一点,《红楼梦》属稿的时候,即附评语。

(二)脂砚斋虽至今尚不能断定为何人,但"脂评"里有部分的批注,看他的情形口吻,可能是作者自己做的。又就各脂本看,批注常常与正文相混,有些地方几乎纠缠难辨。例如在第七十四回上有"为察奸情反得贼赃"八个字,我们至今不能定它为正文或批语。

(三)不算最早的脂评,即以较晚的评注,如近在山西发现的乾隆甲辰本,其时代亦早于刻本大概有十年。根据以上三点,我们要看未经程伟元、高鹗窜改的前八十回,要想接近曹雪芹原本的真面目,除研讨各脂本的正文以外,自然必须参考脂评。

红学才子
俞平伯

但是这些脂评并不这么容易看的:(1)各脂本皆海内孤本,尚未影印出来,备公众的阅览翻检。(2)各本情形,同中有异,或大同小异,参差不一。看了这本,丢了那本;找到那本,又忘了这本。(3)评语写法各式各样,正规的约有五种:开首总批,眉批,夹批,正文下双行批注,回末总批。非正规的又有:如上所说混入正文写作大字的批,如下引双行批注下的再双行批。用笔的颜色又有朱有墨。真是错综杂糅,必须仔细加以辨识。(4)评语中少数有署名兼记年时的,也有只署名的,也有只记年月的,大部分什么都不附,光头秃脑,颇难分出谁是谁来。(5)这些评语有时还不免矛盾冲突。有一个人自己批驳自己,也有两个人在那边吵嘴。(6)最大的毛病,这些抄本都出于后来过录,无论正文评注每每错得一塌糊涂,特别是脂砚斋庚辰本,到七十回以后,几乎大半讹谬,不堪卒读。

既有像上述这种情形,漫说脂本暂时没有得到机会公开阅览,即使能够这样,看来也很费劲。至于它们本身的价值如何,我想还有待大家作进一步的研究。但必须有人来做这初步汇抄的工作,使人一览可知。我不敢说能把这工作做好,但我希望多少有些用处,提供给研究工作者作为参考。[7]

这篇文字把各脂本的大致情况都简明地交待清楚了。尽管后来又陆续发现了几个本子,但大致情况八九不离十;尽管此后有红学家继续在脂评上下大功夫,而基本方法还是俞平伯开创的这些。所以这一本《脂砚斋红楼梦辑评》,至今仍不失为研究脂评的基本工具书。这篇引言的全文,初稿完稿于1953年10月30日,题为《辑录脂砚斋本红楼梦评注的经过》,1954年7月10日发表于《光明日报·文学遗产》

第 11 期。这篇引言后来略作修改,便作为书的引言使用了。1960 年 2 月,中华书局出版增订本时,又有所修订。1963 年 2 月上海出第二版时,再次作了修订,可见俞平伯推敲修订功夫之一斑。这辑录工作当时还非俞平伯莫属。他开始这一工作,是接受了启功的建议才去做的。书的内封的背面印有内容提要一则:

> 本书辑者鉴于"脂砚斋"评本有好几个,但很珍秘,人民大众不易看到。乃将五个本子的旧评汇辑起来加以校订,并附辑者所做长篇引言及批注存佚表。这些批注大都在乾隆刻本以前,诚为研治《红楼梦》者难得之参考书。

尽管当时俞平伯所见到的仅五个本子,后人已做了更全面更详尽的辑评工作,但这部《脂砚斋红楼梦辑评》仍不失为开山之作。

俞平伯和家人在北京老君堂寓所

俞平伯应香港《大公报》编辑部潘际坰之约,从1953年开始写《读红楼梦随笔》,陆续在《大公报·新野》副刊上发表。开卷头一篇即题为《〈红楼梦〉的传统性》,文章开篇的引言便指出:"《红楼梦》一名《石头记》,书只八十回没有写完,却不失为中国第一流长篇小说。它综合了古典文学,特别是古小说的特长,加上作者独特的才华,创辟的见解,发为沉博绝丽的文章。用口语来写小说到这样高的境界,可以说是空前的。书的开头说'真事隐去'仿佛有所影射,再说'假语村言'而所用笔法又深微隐曲,所以它出现于文坛,如万丈光芒的彗星一般,引起纷纷的议论,种种的猜详,大家戏呼为'红学'。这名称自然带一些玩笑性的。但为什么对别的小说都不发生,却对《红楼梦》便会有这样的附会呢?其中也必有些缘故。所以了解《红楼梦》,说明《红楼梦》都很不容易,在这儿好像通了,到那边又会碰壁。……"这堪称一篇开宗明义的文字,也是俞平伯研究《红楼梦》几十年的心得与体会。从此几乎有一发不可收的趋势,从传统性、独创性、著书的情况等开始,共写了38篇。从发表的年月来看,是1954年1月1日至4月23日,写作当开始于1953年末至1954年4月。这以后不久就开始了大批判,这部《读红楼梦随笔》始终没有机会出版单行本。直至俞平伯晚年编辑《俞平伯论〈红楼梦〉》时,才将它全个收入。所以一般读者很难得读其全貌。2005年8月,陕西师范大学出版社出版了此书,借此机会,辑者将俞平伯的有关单篇,也是一般不易见到的文章,一并收入,总算出版了单行本。这部书配上了清代孙温的画,又把书名改为《红楼心解》,如今已流行稍广。

红学才子
俞平伯

这部随笔的第38篇题为《再谈嘉庆本》。第36篇《记嘉庆甲子本评语》已详述这藤花榭本的方方面面,这篇故称"再谈"。从人与时代的问题等四方面论述后,在结束全文时特地指出:"用刻本或抄本混合的校理《红楼梦》这个方法,从19世纪初年直到现在,已有了一百五六十年的历史。最近的作家出版社新本,混合了程乙、亚东、有正各本加以校订,用的方法完全和前人相同。至于这综合的成绩,究竟如何,须看个别的情形,不能一概而论的。我这里不过指出这混合的校订法,在《红楼梦》是古已有之,并非新事而已。"之所以要如此指出,其原因大概是,当时有人对"择善而从"的综合法是不以为然的,而《红楼梦》却偏偏非用此法不可。因为根据哪个脂本做底本都欠妥,不是残缺,就是错别字过多。这样必须综合,必须"择善而从"。俞平伯在此特地找出了历史上的依据,看来这是《红楼梦》版本上所特有的问题。

1954年9月3日,一届全国人大代表名单公布,俞平伯的名字被列在浙江省人民代表中。9月15日至28日俞平伯参加了一届全国人大一次会议。在会上,他热情地参加了《中华人民共和国宪法草案》的讨论,并且庄严地表决通过这部宪法。10月3日,他还参加了九三学社中央常委会第18次扩大会议,会议号召全体社员努力学习《中华人民共和国宪法》及全国人大文件。这次通过的《中华人民共和国宪法》是新中国历史上的第一部宪法,当时全国人民学习讨论之认真,可谓空前。俞平伯参与讨论并举手通过,其心情的兴奋与激动,是可想而知的。《中华人民共和国宪法》规定了中华人民共和国公民的权利与义务,人民从此真正当家做了主人。

3. 运　动

1954年9月1日,山东大学《文史哲》月刊第九期发表了李希凡、蓝翎的文章《关于〈红楼梦简论〉及其他》,批评俞平伯在红楼梦研究中的唯心主义观点。认为"从《红楼梦研究》到《红楼梦简论》,俞平伯研究《红楼梦》的观点与方法基本上没有脱离旧红学家的窠臼,并在《红楼梦简论》一文中更进一步地加以发挥"。"把考证观点运用到艺术形象的分析上来了,其结果就是得出了这一系列的反现实主义的结论。"

9月30日,《文艺报》半月刊第18号将李希凡、蓝翎的这篇文章予以转载,主编冯雪峰还加了编者按:"作者是两个在开始研究中国古典文学的青年;他们试着从科学的观点对俞平伯先生在《红楼梦简论》一文中的论点提出了批评,我们觉得这是值得引起大家注意的。""作者的意见显然还有不够周密和不够全面的地方,但他们这样的去认识《红楼梦》,在基本上是正确的。"

10月10日,《光明日报·文学遗产》第24期发表了李希凡、蓝翎第二篇批评俞平伯的文章《评〈红楼梦研究〉》,文前加了编者按语。从此开始,一场轰轰烈烈的政治运动开始了。10月13日,俞平伯还去东总布胡同中国作家协会驻地出席与日本作家、东京大学名誉教授仓石武四郎的座谈会,参加者还有老舍、冰心、田汉、许广平、萧三、赵树理等人。会上就日本客人的提问,俞平伯谈了对中国传统文化的展望等问题。此时,他还尚未嗅出运动的味道来。

10月16日,毛泽东主席写了《关于红楼梦研究问题的信》,先只在中央领导人中间传阅。信中写道:"驳俞平伯的两篇文章附上,请一阅。这是三十多年以来向所谓红楼梦研究权威作家的错误观点的第一次认真的开火。""事情是两个'小人物'做起来的,而'大人物'往往不注意,并往往加以阻拦,他们同资产阶级作家在唯心论方面讲统一战线,甘心做资产阶级的俘虏,这同影片《清宫秘史》和《武训传》放映时候的情形几乎是相同的。被人称为爱国主义影片而实际是卖国主义影片的《清宫秘史》,在全国放映之后,至今没有被批判。《武训传》虽然批判了,却至今没有引出教训,又出现了容忍俞平伯唯心论和阻拦'小人物'的很有生气的批判文章的奇怪事情,这是值得我们注意的。""俞平伯这一类资产阶级知识分子,当然是应当对他们采取团结态度的,但应当批判他们的毒害青年的错误思想,不应当对他们投降。"此信在中央领导人中间传阅后,立即拉开了大批判运动的帷幕。运动中始终只透露了信的部分内容,所以运动的势头始终很猛。而俞平伯本人直到1967年5月27日《人民日报》发表时,才头一次读到这封信的全文。

红学才子 俞平伯

10月18日,中国作家协会党组开会,传达毛泽东主席《关于红楼梦研究问题的信》;10月23日《人民日报》发表钟洛的文章《应当重视对红楼梦研究重大错误观点的批判》;10月24日,《人民日报》发表李希凡、蓝翎第三篇批评俞平伯的文章《走什么样的路?——再评俞平伯先生关于红楼梦研究的错误观点》。就在10月24日同一天,俞平伯与助手王佩璋参加了中国作家协会古典文学部召开的关于红楼梦研究的讨论会,并做了发言。红楼梦研究工作者及各大学古典文学教授吴组缃、冯至、舒芜、钟敬文、王昆仑、老舍、吴恩裕、郑振铎、启功、杨晦、浦江清、何其芳等40余人应邀出席,另有各报纸杂志编辑约20人旁听。会上发言的大多数人指出,俞平伯的红楼梦研究方法,沿袭了胡适的资产阶级唯心主义和形式主义的观点、方法,从趣味出发,其结果必然抽掉《红楼梦》这一伟大的古典现实主义作品的巨大社会意义,陷入烦琐的考据之中。

10月28日,《人民日报》发表袁水拍的文章《质问〈文艺报〉编者》,文中指出:"长时期以来,我们的文艺界对胡适派资产阶级唯心论曾经表现了容忍麻痹的态度,任其占据古典文学研究领域的统治地位而没有给以些微冲撞;而当着文艺界以外的人首先发难,提出批驳以后,文艺界中就有人出来对于'权威学者'的资产阶级思想表示委曲求全,对于生气勃勃的马克思主义思想摆出老爷态度。""《文艺报》在转载李希凡、蓝翎《关于〈红楼梦简论〉及其他》一文时所加的编者按语,就流露了这种态度。"于是11月4日《人民日报》发表了《文艺报》主编冯雪峰的《检讨我在〈文艺报〉所犯的错误》,以表示接受袁水拍的批评,承认"编者按语是我写的"。文中还说,"在古典文学研究领域内胡适派资产阶级唯心论长期地统治着的事实,我就一向不加以注意,因而我一直没有认识这个事实和它的严重性"。"对于俞平伯研究《红楼梦》的一些著作,我仅只简单地把它们看成是一些考据的东西,而完全不去注意其中所宣扬的资产阶级唯心论的观点。"紧接着11月7日《光明日报·文学遗产》的编者在该刊第28期上也发表了题为《正视我们的错误,改正我们的缺点》的检讨文章,承认在第24期上发表李希凡、蓝翎第二篇批评俞平伯的文章《评〈红楼梦研究〉》一文前所加编者按是有错误的。这些批评与检讨文章陆续发表,运动遂向纵深发展。俞平伯自10月31日起,至12月8日止,先后八次参加中国文联和中国作协召开的批判红楼梦研究中资产阶级唯心论倾向和《文艺报》的错误的联席扩大会议,并做了发言。

11月8日,《光明日报》发表了郭沫若对该报记者的谈话,指出由俞平伯研究《红楼梦》的错误观点所引起的讨论,是当前文化艺术界的一个重大事件。"这不仅仅是对于俞平伯本人,或者对于有关红楼梦研究进行讨论和批判的问题,而应该看作是马克思、列宁主义思想与资产阶级唯心论思想的斗争。"他说:"这次写文章批判俞平伯错误思想的李希凡、蓝翎两位同志,他们的年龄都只有二十多岁,俞平伯研究《红楼梦》三十多年,当他开始进行研究时,李、蓝两位同志尚未出世,但他们勇敢地而且正确地揭露了俞平伯的错误。"郭沫若的这一谈话,于推动运动发展,也起了很大作用。

1954年11月11日与16日,俞平伯先后写了两封信给周扬。第一封信中还附了一份拟修订出版《红楼梦研究》新版的目录,请他阅览。信中说:"《红楼梦研究》于1953年底即嘱出版方面修订,删去《作者底态度》、《红楼梦底风格》两文,改用考证性文字两篇。因为出版方面机构变动,尚未出书。"第二封信里还附了他在北京大学文学研究所红楼梦研究问题座谈会上的发言稿送审。对以前得到的周扬"宝贵正确富有积极性的指示",表示"愿意诚恳地接受,不仅仅是感谢"。他还说,想将此前在中国文联的发言和拟在文学所的发言,两稿合并补充写成文章,请示周扬可否。他写道:"我近来逐渐认识了我的错误所在,心情比较愉快。"愿意听从周扬"随时用电话约谈"。这份送审稿退回后,俞平伯即按周扬的意见作了认真的修改。

在这八次参加大会发言检讨外,俞平伯在北京大学文学研究所当然也要作检讨,此外还在九三学社的基层等地方也作检讨。11月21日到九三学社北京分社沙滩支社的批判座谈会去作检讨,从立场、观点、方法三方面分析了自己在红楼梦研究中的错误,同时接受同志们的批评帮助。

11月25日,俞平伯在单位作了检讨后,当日又写信给周扬,附去中国人民大学中国语言文学系整理出来的俞平伯在本年6月的讲演《红楼梦的现实性》,也请他过目,信中说:"其中自然还有些错误的,不过可以看见较晚的见解而已。"真可谓推心置腹,和盘托出,诚心诚意接受党的批评教育。11月28日,《光明日报·文学遗产》第31期刊出了王佩璋题为《谈俞平伯先生在红楼梦研究工作中的错误态度》的文章,助手也站出来与导师划清了界线。12月1日,《教学与研究》月刊第11期发表了李希凡的文章《俞平伯先生怎样评价了〈红楼梦〉后四十回续书——对新红学派错误观点批判之四》。就是这样的,批判运动一步一步越来越扩大了。

12月2日,中国科学院院务会议和中国作家协会主席团举行联席会议,决定由两单位联合召开批判胡适思想的讨论会。12月8日,在中国文联主席团和中国作协主席团扩大联席会议上,通过了《关于〈文艺报〉的决议》,指出《文艺报》的主要错误,决定改组《文艺报》的编辑机构,重新成立编辑委员会,实施集体领导的原则。周扬在会上做了总结性的发言,题目为《我们必须战斗》,发言中指出:"我们正在进行的对俞平伯在《红楼梦研究》及其他著作中所表现的胡适派资产阶级唯心论观点的批判,是又一次反对资产阶级思想的严重斗争,同时也是反对资产阶级思想的可耻的投降主义的斗争。"他还说:"俞平伯先生是胡适派资产阶级唯心论在《红楼梦》研究方面的一个代表者。俞平伯的考证和评价《红楼梦》,也是有引导读者逃避革命的政治目的的。"从此运动更加上纲上线,批判更加猛烈。12月29日,中国科学院和中国作协联合在中国文联举行了《红楼梦》的人民性和艺术成就的专题讨论会,俞平伯参加了会议。也就在12月,俞平伯辑录的《脂砚斋红楼梦辑评》,由上海文艺联合出版社作为《中国古典文学研究丛刊》中的一种出版。也还就在这一年内,俞平伯将祖传的苏州马医科巷老宅——俞曲园构建的曲园捐献给了国家。

1955年1月10日,俞平伯完成了关于红楼梦研究的书面检讨的初稿。这份书面检讨几易其稿写成,并得到九三学社北京分社沙滩支社三次支委会的帮助:一次是讨论他写的检讨提纲,一次是讨论他的检讨草稿,第三次是对他检讨中的几个基本观点提出具体修改意见。组织上认真热情帮助,俞平伯本人更是认真深挖自己的错误根源。他不但依靠组织帮助,还主动请老友叶圣陶帮助,他曾多次向叶圣陶汇报书面检讨修改的情况,叶圣陶也认认真真地帮助他修改,并提出意见。2月5日,他和叶圣陶还为此专门见了面。就在2月份内,他的书面检讨终于最后定了稿,题目是《坚决与反动的胡适思想划清界线——关于有关个人红楼梦研究的初步检讨》,最后还提呈周扬审阅。这份检讨先发表于3月15日《文艺报》半月刊第5期上,后又发表在4月30日《九三社讯》第4号上刊载。1955年《新华月报》第4期也予以转载。作家出版社1955年6月版《红楼梦问题讨论集》第二辑也把它收入。

3月上旬,俞平伯不慎在家中摔了一跤,摔坏了右臂,一时竟不能拿笔写字。幸亏当时他才56岁,未满花甲,恢复得还算快,不久就又能提笔写字了。

5月26日,俞平伯以全国人大代表的身份,与胡愈之、沈兹九、林汉达等一行八人,到浙江杭州郊县进行考察,行前还填了一阕《蝶恋花》,题为《乙未四月初四倚装赠内》。

今日东城闲趁步,明日劳人,又向天涯去。陋巷蜗居频尔汝,廿年不到江南路。　灯侧离衷聊共语,料理征衫,细检还愁误。小别应怜湖上旅,与谁共听潇潇雨?[8]

词的末句后有自注云:"昔年在杭州,君有听雨之句。"如此短短的小别,就行前夫人许宝驯的为他治装,竟还引起了他吟咏之兴,可见他的诗人气质也是很难改的。

5月27日上午,俞平伯一行抵达杭州,下午即坐船去湖楼访旧,归舟中又得七绝一首,题曰《湖船怅望》。

南屏凄迥没浮屠,宝石婷婷倩影孤。
独有青山浑未改,湿云如梦画西湖。[9]

俞平伯当即把此诗抄寄夫人。6月2日他们到双林乡访问,6月4日又参观了和平、利华、崇裕三家丝厂。晚上,俞平伯在杭县双林乡拱宸桥国营麻纺厂宿舍又得诗一首,题即为《杭县双林乡》。

日行田坂少尘沙,松竹流泉处处嘉。
久客乡关同逆旅,还依北斗望京华。[10]

从5月26日离开北京到浙江杭州才短短几天离家的时间,俞平伯的思家之心已跃然纸上。他的这种诗人气质的频频流露,仿佛又大有难抑之势。6月8日晨他又在乘船的途中写了一首诗,题即为《塘栖舟中感旧》,诗云:

浮家一舸苏杭道,罗绮年光笑耍多。

重过长桥风景似,独将华发愧春波。[11]

这首诗的标题是《塘栖舟中感旧》,诗中不无感喟遗憾之情,景色依旧而人渐老去,虽已痛改前非,但不觉老之将至,这能不有愧吗!同日下午,俞平伯等人赴康桥访问社员,在返回住地的舟中,又填了一阕《鹧鸪天》,题为《杭县康家桥舟中作》。

学作新诗句未平,卧听柔橹泪波声。软红尘土成遥想,新绿畦塍快远情。　　收麦穗,插秧针,早中迟稻待秋登。不须明日愁泥足,却为田家问雨晴。[12]

这首词恬淡真切,关心农事,品味农家乐,返璞归真之情跃然纸上。

正是在俞平伯这次的考察中,6月9日,他的孙子俞李出生于天津。而他直至6月15日才从家信中得知此讯。听到这个好消息以后,他在杭州旅舍赋诗三首。

岁星在戌汝生年,
我泛行春桥外船。
今日杭州梅雨里,
又传喜气出幽燕。

耳长颐阔好肌肤,
得似而翁往昔无。
旧德先畴须尔力,
湖楼山馆任它芜。

迢遥百四十年事,
六叶传家迨汝身。
且誉佳儿都似玉,
敢期奕世诵清芬。[13]

这三首诗的总题为《李孙初生》,附小序云:"津书言润儿于四月十九举一子,于旅舍中为赋三绝句。"第二首首句乃借用他曾祖父旧句,故注云:"予生时曲园公赐诗。"孙子的诞生,对俞平伯来说无疑比考察游览更为高兴,让他在喜悦中沉浸了好久,这无疑是运动到来以后的特大喜事。

俞平伯作为全国人大代表赴江南视察时留影

4. 一届人大二次会议

1955年7月2日,俞平伯作为浙江省人民代表,出席了一届全国人大二次会议预备会议。7月5日至30日正式开会。俞平伯在27日的大会上作了发言,主要谈了对知识分子思想改造的认识。这个发言7月9日登载在《人民日报》上,7月31日又登在《光明日报》上。

会后,俞平伯与人大代表们一起,参观了官厅水库与正在建设的永定河官厅水电站,以及丰沙线的铁路工程。

8月1日至3日,九三学社中央常务委员会举行第27次扩大会议,俞平伯与茅以升、杨钟健、陈建功等以担任全国人大代表的社员身份,出席了会议。

1956年2月8日,俞平伯与金克木、茅以升、楼邦彦等,作为九三学社北京分社选出的代表,出席九三学社第一届全国社员代表大会预备会议,并与许德珩、梁希、茅以升、袁翰青、周培源等25人被选为大会主席团成员。2月9日至16日出席大会,会上被选为九三学社中央委员。会议期间,2月13日晚,中共中央统战部举行盛大酒会,招待各民主党派和无党派人士,九三学社第一届全国社员代表大会全体代表应邀出席,俞平伯自然与会。毛泽东、刘少奇、周恩来、陈毅、彭真、李维汉等人出席酒会,会上毛泽东主席还举杯"祝贺大家身体健康,工作顺利"。这是大会期间鼓舞人心的一页。

这次会后不久,传来了一个不幸的消息:俞平伯的北京大学同班老同学、几十年的挚友杨振声于3月7日去世。杨振声比俞平伯大10岁,他字金甫、今甫,山东蓬莱人。现代著名作家、教授。又与俞平伯都是九三学社的社员。噩耗传来,俞平伯悲痛不已。

4月25日,毛泽东主席在中共中央政治局扩大会议上做了《论十大关系》的报告。4月28日,毛泽东主席又在讨论报告的总结发言时,提出艺术问题上的"百花齐放",学术问题上的"百家争鸣",应该成为我们的方针。5月2日,毛泽东主席在最高国务会议上,正式提出了"百花齐放,百家争鸣"的方针。这个方针的提出,开创了一个活泼自由的政治局面。

5月5日,九三学社中央常务委员会举行会议,传达毛泽东主席与周恩来总理在最高国务会议上的指示。5月9日,九三学社中央常务委员会举行在京中央委员座谈会,对传达的上述指示进行了认真讨论,俞平伯出席会议并参加讨论。

1956年，俞平伯在杭州视察时留影。

5月26日，中共中央宣传部部长陆定一在中南海怀仁堂做了题为《百花齐放，百家争鸣》的报告，同年6月6日，这个报告修改后发表于6月13日的《人民日报》上。报告认为，在反对资产阶级唯心主义思想和开展学术批评的工作中,"基本是做得对的,在分寸的掌握上也大体是对的。但错误和缺点还是有的"。他以俞平伯为例,承认"他政治上是好人,只是犯了在文艺工作中、学术思想上的错误。对他在学术思想上的错误加以批判是必要的,当时确有一些批判俞先生的文章是写得好的。但是有一些文章则写得差一些,缺乏充分的说服力量,语调也过分激烈了一些"。这既是"双百"方针的正式全面推行,又是对俞平伯批判的一个小结。

俞平伯与儿子俞润民(右一)、外孙韦奈(右三)在一起

一届全国人大二次会议等会议后,俞平伯作为全国人大代表,于5月15日至6月12日,与邵力子、许宝驹、徐楚波、严景耀、梁希等人,同赴浙江、江苏地区视察。先到上海,游览了老城隍庙、九曲桥湖心亭等处,又去了文化俱乐部,即原来的法国总会,它坐落于淮海中路茂名南路口,原来一般人是没有机会进去的。5月17日下午到了杭州,下榻在大华饭店。当时正好北京大学校长马寅初也在大华饭店住,二人

很高兴地会了面。5月21日上午,俞平伯去右台山,为曾祖父俞曲园与父亲俞陛云扫了墓。次日又专程去了德清,不但回了老宅,还游览了县城,又出席了德清县长召集的座谈会,听他介绍了德清的情况。……后又去了苏州,在苏州市文化处处长范烟桥的陪同下,游览了怡园。5月30日下午,范烟桥又陪同到文化处参观苏州画师国画作品展。俞平伯又到马医科巷曲园旧居访了旧,看到曲园已破旧,次日即写信给苏州市文物管理会主任谢孝思,谈了曲园急需维修的事情,还附了一本长诗《遥夜闺思引》相赠。

6月9日上午,俞平伯在归途车上,得《鹧鸪天》一首,题为《丙申五月朔北上津浦车中》:

逗得双雏笑口开,灯前应共旅程猜。谁知爱夜无眠客,蓦过淮南电雨来。　　欣尔至,惬吾怀。江乡烟翠画亭台。欲寻旧梦迷前迹,惜未还将汝母偕。[14]

这是一阙写给儿子俞润民的词,"文革"中佚去。直至20世纪70年代末,才追忆得之,在收入《古槐书屋词》时加有附记:"一九五六年五月廿七日在上海,六月二日、三日在苏州与尔偕游,余九日北归时汝母于天津相待,途中得《鹧鸪天》一首,其稿久佚,顷忆录改写以寄润儿。一九七八年除夕。"这次南下视察,他能与儿子俞润民邂逅,确实是意外的高兴,遂至归途车中失眠,加上预知夫人许宝驯在津门等候,更是激动难抑,这些情绪全在词中流露出来了,所以丢了稿都还能追忆得起来。

注释

[1] 俞平伯:《俞平伯全集》(第2卷),石家庄:花山文艺出版社2001年版,第766页。

[2] 同上书,第1卷,第430页。

[3] 同上书,第5卷,第319—320页。

[4] 同上书,第1卷,第550页。

[5] 同上。

[6] 同上书,第433—434页。

[7] 同上书,第5卷,第540—542页。

[8] 同上书,第1卷,第655页。

[9] 同上书,第434页。

[10] 同上。

[11] 同上书,第435页。

[12] 同上书,第 655 页。

[13] 同上书,第 435 页。

[14] 同上书,第 655—656 页。

红 学 才 子

俞平伯

《红楼梦研究》于1953年年底,即嘱出版方面修订,删去《作者底态度》、《红楼梦底风格》两文,改用考证性文字两篇。因出版方面机构变动,尚未出书。

——俞平伯给周扬的信

红学才子
俞平伯

1. 交游零落似晨星

2. 北京昆曲研习社

3. 哀念郑振铎

4. 烟卷笔墨

5. 从"词选"到"词选释"

6. 感怀挚友

唐宋词
俞平伯选注

释选

丙午二月晦日春分节
平伯自存本戊午六月盛
暑中校改。

第六章 困难年代

1. 交游零落似晨星

一位现当代的著名文学家、诗人,全国人大代表,一挨批挨了三个月,弄得真是灰溜溜的。本来记者、读者、来访者,可谓络绎不绝,而今一下子真是门可罗雀了。

这自然不可责怪他们,谁不想划清界限呢?

而出于数十年交情,又深知俞平伯其为人的王伯祥,见到老友遭受如此不公正的打击,由衷地为他抱屈,更担心他因受不了这些而影响身体。于是就在大家避之唯恐不及的当口,什刹海岸边的白杨树叶早已落尽,一地的枯叶,在地上直打旋,似更增添了一股肃杀之气。王伯祥按捺不住对老友的关切,独自登门去宽慰俞平伯。俞平伯深感真正的友情在此时此刻有多么重要,它温暖人心,它排解孤寂,它给人以活下去的勇气……

为了谈得更畅适,也为活动一下腿脚,到户外去呼吸一点新鲜空气,王伯祥还约他同去赏菊,并到什刹海散散步。两位老人,一已年逾花甲,一亦早过半百,信步在行将结冻的海子岸上,似乎话也不多,似乎有很多话也不必一一说出,要的是无言的慰藉,求的是避开尘嚣的喧闹。漫步之余,就近小酌于烤肉季。但求在神经高度紧张不适之余,偷得半日的清闲。王伯祥当时正在日日伏案注释《史记选》,也正需劳逸结合。

不意此一寻常的交往,给俞平伯还真带来了欣慰与放松。回去后不久,他就欣然命笔,写了两首七绝赠王伯祥,并有小引,全文如下:

容庵吾兄惠顾荒斋,遂偕游海子看菊。步至银锭桥,兼承市楼招欣,燔炙犹毡酪遗风,归后偶占俚句,即录似吟教。甲午立冬后一日,弟平生识于京华。

交游零落似晨星,过客残晖又凤城。
借得临河楼小坐,悠然尊酒慰平生。

门巷萧萧落叶深,跫然客至快披襟。
凡情何似愁云暖,珍重寒天日暮心。[1]

1972年,俞平伯与顾颉刚(前右二)、王伯祥(前右一)、叶圣陶(后右三)、章元善(后右二)在一起。

俞平伯书赠王伯祥的七绝这一幅原迹,书写在一张黄色带木刻水印紫红梅花边框的旧笺纸上,底色套印的是浅绿色的木刻山水,极为别致,当是俞家旧藏的十分考究的珍品。他的下款仅用"平生"二字,这也是对最为知交的少数人才用的自称。小序下正好也当有余地,他便又钤上了朱白合璧的"俞平伯"三字印。末尾正式该打图章的地方,打的是许静庵为他刻的"知吾平生"四字白文印。这样的落款与用印,都是只有在极为知己的挚友间才用的,由此自可看出他此时心情的不一般。俞平伯写赠王伯祥的诗词作品,可谓多矣,都规规矩矩,认认真真,用端楷写在讲究的笺纸上,而唯独这两首诗用纸用称谓等,都有些特别,上款也特地用王伯祥最不常用的别号。这里既反映出情谊笃挚的非凡,也看出他心有余悸,怕因这两首诗给王伯祥带来什么牵连。

这两首诗俞平伯没有抄入《寒涧诗存》等集子中。直到他去世后,别人替他选诗全编时,才把它加上"赠王伯祥兄(二首)"的标题,作为零篇诗草之一,收入全编中正式发表。

就在"交游零落似晨星"的岁月中,俞平伯自然要不断地写检讨、思想检查等,还得应召去参加大大小小各种形式的批判会,会上还要作口头检讨与自我批判,如"不深刻"、"不彻底",还得进一步挨批……就是在这样的情况下,他的本职工作,即文学研究所交给他的科研课题——《红楼梦》八十回本的校勘,仍在继续进行。

尽管全书出版时凡四册,其中包括后四十回,而书名定为"红楼梦八十回校本",是因为脂评只有前八十回,历来红学家公认前八十回是曹雪芹的原著,后四十回是高鹗的续书。俞平伯在这校本上所下的功夫也是至深的。这一工作直到1956年5月才臻于完成,并写定了序言。这篇序言就在当日的《新建设》杂志上先行发表问世了。

鉴于《红楼梦》脂评本的校勘与以往其他古籍的校勘有很大的差异,因为所存各抄本全都残损,没有一部是全八十回的,只是残缺的多寡不同。而各残本中,有的又已据他本补配,有的抄本中正文与脂评又每有错误,等等,所以几乎难以选定一本为底本,用其他本子来参校,最后确定的校勘精神核心为"择善而从"。这也真是煞费苦心后不得已而为之的事,然而这一校法出于真正红学大家之手,至今看来,它的长处还是有的。它与现在通行的,以庚辰本为底本的《红楼梦》校本相比,从文字的通畅与优美而言,是远远胜出一筹的。庚辰本也是部残抄本,只是残缺相对少一些而已,它已多有补配。现在看来,基本按照庚辰本为底本的校勘,毛病也是很多的。由于甲辰本的文字与各种抄本的文字出入已很大,而与活字排印的程甲本反而较为接近,俞平伯称它"是抄本跟刻本间的连锁"。它的入校,造成校勘的分量大大增加。

这样的安排有它的合理性,既突出了曹雪芹的原著,并集中了各抄本的精华,而仍未拆散一百二十回。读者在阅读时既十分明确,却又予以高鹗续本应有的地位,保持固有的完整性与内在联系。而这部书受到俞平伯挨批的影响,发行量极为有限,读到这个校本的人极少。近日这部《红楼梦八十回校本》又一次再版重印,正说明有不少真正的《红楼梦》爱好者还没有忘记它。

2. 北京昆曲研习社

1956年初,眼看《红楼梦八十回校本》的工作已接近杀青,俞平伯向文学研究所领导又提出了研究李白的计划,领导也已完全同意了这一计划。后来俞平伯在李白研究方面做出了不少成果,先后在报刊发表了极有分量的文章,它们是《李白〈清平调〉三章的解释》[2]、《再谈〈清平调〉答任、罗两先生》[3]、《李白的姓氏籍贯种族的问题》[4]、《李白〈古风〉第一首解析》[5]、《今传李太白词的真伪问题》[6]。这些著述在1983年10月上海古籍出版社出版的俞平伯著《论诗词曲杂著》中,也均已收入。这说明,俞平伯此时已颇想从红学研究的范畴中解脱出来。

红学才子 俞平伯

本来,俞平伯在读"红"研"红"与写出《红楼梦辨》的前前后后,在中国古典文学研究中,所涉及的门类与方面是极为广泛的,上自《诗经》、《楚辞》,下至清人的诗词都广为涉猎之外,就诗的理论而言,早年就写过《诗底进化底还原论》,后来又写过《〈周词订律〉评》、《词曲同异浅说》、《论作曲》等文章。此外又有《读词偶得》、《清真词释》等专著。他是并不想把自己囿于红学这一小范围之内的。

早年,俞平伯的《红楼梦辨》一书杀青前后,王伯祥、郑振铎等人偶尔与他开玩笑说:"平伯这一下可成红学家了。"

俞平伯不但并不感到什么自豪,正相反,他还觉得很不高兴,怎么能被《红楼梦》这一部小说捆住了自己的手脚呢?经过这难以忘怀的1954年,他更是想从这个"红学家"的头衔下彻底摆脱出来。然而就是这样主动地提出研究李白,并在已做出一定成绩的情况下,要真的彻底摆脱它,却又谈何容易!

就在《红楼梦八十回校本》脱稿的1956年,俞平伯创办了北京昆曲研习社。8月19日,在他家老君堂老屋,北京昆曲研习社召开了成立大会。

◎ 俞平伯是北京昆曲研习社的创始人

北京不仅是北方昆曲集中地之一,当昆剧成为国剧以后,它当然也就成了国剧的中心地。"家家'收拾起',户户'不提防'"是对昆剧普及到家家户户的典型反映,其实并不是对昆山、苏州等昆曲发祥地的特有描写。自魏良辅创立水磨调,逐步走入宫廷以来,直到乾隆年间徽班进京后,在这一漫长的历史进程中,昆曲始终可以说扎根在北京。就是到了京剧逐步替代昆剧,占领国剧的地位后,也并非把昆剧拒之于门外,而且尊之为祖宗,奉之为圭臬。几乎所有的京剧大师,都必须具有坚实的昆曲底子,京剧中不少曲目都直接导源于昆剧,有的甚至囫囵照搬,尤其在高雅文人中,都认为京剧太白,唱词粗俗,不够精美。他们在书斋里,在案头上,继续拍着唱着的,仍然还是昆曲。昆曲有带工尺谱的本子,在知识分子书斋中上架,书案上翻阅,而后起的皮黄,就是在梨园行中,也多为师徒口耳相传,脚本上记载着精确唱腔曲谱的却至为少见。后来虽也有"大戏考"之类的出现,为普及与提高京剧起过一定作用,但也多停留在《缀白裘》的水平上,多为有词无谱的唱词汇编。而只有昆曲,它虽被众多的舞台排挤了出来,但由于有书面的较为精确的曲谱在文人雅士的小圈子中传播,所以到了最萧条最冷落的时代,仍可不绝如缕。

俞家是世代高雅文人,俞夫人许宝驯的家庭也是世代书香。他们两家是几世多次联姻的通家世交,他们都是从小听昆曲看昆戏长大的,世世代代与昆剧都结了不解之缘。尤其是俞夫人许宝驯,嗓音又好,拍起曲子来字正腔圆自然不在话下,还能填词度曲,即为曲词配上曲谱——作曲,或用传统成曲填上新词。俞平伯的嗓子不如夫人,似乎还爱跑调,甚至五音不全,但他拍起曲子来,板眼特别认真,神情特别严肃。他还喜欢自击檀板,那击板打鼓的样子,就更是一丝不苟,至今仍在人们脑海里留有不可磨灭的印象。

20世纪50年代末,33转等的密纹唱片刚在逐步普及。欧阳予倩当时年事已高,出于抢救的性质,中国唱片公司为他灌制了几张昆剧唱片,唱片上就特地标明着"俞平伯司鼓"。两个大名并列放在显赫的位置上,足见俞平伯为昆曲司鼓的水平有多么高超。

红学才子 俞平伯

北京昆曲研习社的成立,完全出于昆曲爱好者的自愿,组织机构也由社员来公推产生,有社务委员会来主持日常工作,诸如安排传习时间,确定同期的日期与地点,适当时候让社员登台演出等。社务委员会的主任委员,大家自然是推选俞平伯来担任。

在1956年到1964年这八年时间里,北京昆曲研习社在俞平伯认认真真的领导下,对昆曲的研究、传习起了良好的作用。不少专业剧团都不问津的几乎濒于绝迹的曲目,却在俞平伯手下恢复了青春。就是像《牡丹亭》这样永垂不朽的名著,由于原剧过于冗长,也已难于适应时代的步伐,在俞平伯亲自主持与倡议下,经过精心的整理改编,终于又以全剧的形式,恢复了它的舞台生命。这个改编并压缩的可以适应现代演出的剧本,是俞平伯与华粹深二人合作的。经过曲社草创一年的努力,全体社员的通力合作,居然在1957年10月15日举行试排,1958年1月22日就推上舞台试演了。为纪念汤显祖逝世340周年,10月2日在北京王府大街中国文联大楼礼堂试演了一场。演出开始之前,俞平伯登台做了简短的讲话,中间有这样一句话:"要纪念汤显祖,最好就是演出他的代表作《牡丹亭》。"那次演出与会者甚多,礼堂坐满了人。周恩来、陈叔通、郑振铎、叶圣陶、张奚若等人也都莅临观看了演出。

俞平伯除了领导并积极参与北京昆曲研习社的各种活动外,他对北方昆剧院的排练与演出,也十分关心。1958年8月,他观看了北方昆剧院新编的昆剧《红霞》后,还特地写了评论文章,题为《〈红霞〉演得很成功》,发表在8月31日的《文汇报》上。

　　1957年11月2日,周恩来总理和其他领导人观看北京昆曲研习社彩排后与演职员合影。

　　1957年2月初,俞平伯看了北方昆曲代表团在北京的汇报演出后,很快就写出了《看了北京昆剧的感想》一文,同月11日即在《人民日报》上发表了。

　　《牡丹亭》改编本公演后,在社会上产生了一定的影响,尤其受到昆曲爱好者的普遍欢迎。于是昆曲研习社在1959年10月,作为建国10周年的献礼,经过两年的反复排练提高,又一次演出了全本《牡丹亭》。10月3日与8日,在西单长安戏院连演两场,受到普遍欢迎与重视。演出后,俞平伯与华粹深这两位改编者登台,与主要演员合影留念。这在昆剧演出史上是应该特书一笔的盛事。

　　1960年初,北京昆曲研习社准备排演《西游记·胖姑》一折,俞平伯又仔细地亲自校订剧本。5月,为此还写了《校订〈西游记·胖姑〉折书后》一文。

　　从1956年至1964年这八年间,北京昆曲研习社除了内部的排练、传习,与举办同期、公期外,公开演出的次数也真不少。除了发掘传统曲目外,还自己改编、创作了不少新戏,以反映新时代。为了更好地普及昆腔,让昆腔也能为社会主义建设服务,在俞平伯亲自主持与审订下,谱写了昆曲《人民公社好》《红旗插到东南角》等,可供曲友们合唱。

《红楼梦》的乾隆抄本中有极重要的一种,即舒元炜本,上面有他的兄弟舒元炳的题词《沁园春》一首。俞夫人许宝驯就用这首著名的题词谱写了昆曲工尺谱,俞平伯一再修改润色,并作了详注。1963年北京正隆重纪念曹雪芹逝世200周年,7月7日北京昆曲研习社在南河沿政协文化俱乐部,举行了纪念曹雪芹逝世200周年的曲会。与会者达86人之多,俞平伯主任委员致词。最后一个节目即合唱俞平伯夫妇合作的这首《沁园春》,参加合唱者达22人。这次活动,是昆曲史与红学史上的一个交接点。俞平伯研究《红楼梦》挨批后依然放不下《红楼梦》,仍在关心与研读《红楼梦》。

3. 哀念郑振铎

1957年5月14日,《学习》杂志社编辑部召集座谈会,听取高级知识分子对马列主义理论教育工作的意见。会上俞平伯首先发言,发言的主要内容为两点:第一,理论学习一定要自觉自愿;第二,联系实际才能反对教条主义。《学习》杂志半月刊,是中共中央宣传部的机关刊物,专门指导马列主义理论学习工作。俞平伯的这一发言,今天看来也依然是切中时弊的。

1958年11月28至12月3日,俞平伯出席了九三学社第二届全国社员代表大会,会上他当选为第五届中央委员。

1959年4月14日,俞平伯为纪念五四运动40周年,写了《"五四"忆往——谈〈诗〉杂志》一文,后发表在同年5月《文学知识》第5期上。

1960年2月,俞平伯出席了九三学社第五届中央委员会第二次(扩大)会议。同年7月22日至8月13日,俞平伯出席了中国文学艺术工作者第三次代表大会。

1964年12月21日至1965年1月4日,俞平伯作为浙江省人大代表,出席了三届全国人大一次会议。

从俞平伯这些重要政治活动看,俞平伯在挨批后,仍然是积极向上的,是能一步步地跟上形势的,是能按党的要求认真去做的。

1958年10月17日,中国科学院文学研究所所长、俞平伯的老友,当时又是他的直接领导的郑振铎,因飞机失事逝世了。这次郑振铎的出访是以中国文化代表团团长的身份,准备前去阿联(即埃及与叙利亚,当时叫阿拉伯联合共和国)、阿富汗的,结果连莫斯科都还没飞到,在苏联楚瓦什上空失事而遇难。

当时,文学界正在轰轰烈烈地展开"拔白旗"运动。郑振铎上飞机前夕,还在文学研究所的大会上向全所动员,号召来"拔"自己这面"白旗",不料次日一上飞机就出事。他的逝世对中国文化界,尤其对文学研究所的同志们来说,真是桩万分悲痛的事。俞平伯与郑振铎的私交已近四十年,他们之间的友谊实非一般可比,这一毫无思想准备的永别,其痛切真是难以言传的。俞平伯回思一昨之联袂,遥望蓝天,悲自难抑,只能用血与泪,哭出了一副挽联:

两杯清茗,列坐并长筵,会后分襟成永别;

一角小园,同车曾暂赏,风前挥涕望重云。[7]

郑振铎与俞平伯的友谊,此短短一联自然不能全部包容进去,而俞平伯心中始终十分感激而不能忘怀的,还有一件十分特别的事。早在1925年6月15日,俞平伯曾写过《雪耻与御侮》一文,发表在该月22日《语丝》周刊第32期上,郑振铎则代表几个老友连续写文章对他进行了批评。为了保存这一段历史,三年后俞平伯整理自己的散文,出版集子《杂拌儿》,还是收进了这篇《雪耻与御侮》,并说意在"存此以见吾拙"。他们之间的友谊,就是这样的直率而又认真,知错不但必改,而且还要存之以示不忘,不怕袒露己拙。俞平伯在挽联中自然很难明指这段历史,而他们两人间的真挚情愫,仍不难从寥寥32个字中披露出来。

1958年11月13日,俞平伯还专门写了篇悼念郑振铎的文章,题为《哀念郑振铎同志》,文中写道:

郑振铎同志的死,为中国和国际文化界人士所同声惋叹,原不仅仅他的朋友们;但在他熟朋友中间,更觉得这是无可弥补的损失。

他死得这样突然,我听到这坏消息,只觉心头受了重重的一击。说悲、恐、惊,都还不太恰当。

一般说来,总该是震惊沉痛罢。人生是这样的有缺陷。你有了惊恐悲哀,若不借语言文字表现出来,就好像心里缺少点什么,又好像少做了一件对得起人的事情;但是如把它表现出来,那么,你的真情有时就会被这表情达意的工具所限制住了,不能期望读者都来了解言外之意。我虽写这一篇短文,不得不为之踌躇。

当然,人生另有比这大得多的缺陷,古语所谓"彩云易散琉璃脆"。像振铎这样兴高采烈,活泼前进,对一切人和事都严肃认真,却又胸无芥蒂的大孩子,谁想得到会有这样不幸的遭遇。比之乐曲,在旋律上是极端不调和的。如深思力索下去,真会叫你发痴。他比我整大了一岁;看起来却至少比我年轻两三岁;换句话说,他虽整整活了六十岁,只差两个月,实在还是个青年哩。光风霁月的神情,海阔天空的襟怀,将永远活在凡认识他的,无论新知旧友的记忆里。人却一去不复返了!

　　以振铎的生平,难道没有可叙述的?我们正不必替他夸张,他在中国文艺界和文化界总有过不小的贡献,留待将来的论定。我深深感觉着,最难得的是他的天真。所谓"阅世渐深,天真愈减",虽不必是一个公式,至少,一个人大概不免这样。振铎亦花甲年华了,却老是这样的天真。他心里的青春和他面貌上的青春,一般的可爱。他也有不少的缺点。其中有些,果然是真的。其另一些,一半由于天真所造成的,但在人世里,不能不说它是缺点罢了。举个例子来说,如他有点轻易许人,又似嫉恶过严,好像轻率,又好像感情用事,意气用事。随你怎样说他都行。但不可埋没的,是他爱人的真心。唯其爱人深切,所以容易为他们欢欣,也容易为他们生气了。这在朋友中间,比较容易理解的。

　　对我来说,他比我先进,也是我的畏友之一。在二十年代中,为了爱国运动,我们之间曾有过一阵争辩。当然,那时候大家都是孩子气,他却比我早认透了帝国主义凶恶的面貌,而革命的第一步就是"反帝"。他接触人民革命的实践也比我早,也比我积极。1952年以后,在文学研究所,他应当是我的领导人,大家还和从前一样,老朋友般地相处着。他过于信任我了,有时我不免辜负他的期待,至今歉然。我有好处,他不放过赞美我的机会,我有缺点,他也不客气地对我说。如他常说:"平伯,你不能这样子。"记得今年春天,在他的黄化门寓所茗话,虽只短短的一会儿,对我却是永远不能,也是不该忘记的。[8]

　　这里除了谈到该如何评价郑振铎,亲切地指出他的优缺点外,还在论说他俩交谊的一段中,特地提到20世纪20年代中他们的"一阵争辩",进一步肯定了郑振铎的先进,"他却比我早认透了帝国主义凶恶的面貌,而革命的第一步就是'反帝'"。俞平伯还生动地讲述到郑振铎:"他过于信任我了,有时我不免辜负他的期待,至今歉然。我有好处,他不放过赞美我的机会;我有缺点,他也不客气地对我说。如他常说:'平伯,你不能这样子。'"

　　关于写给郑振铎的挽联,俞平伯自己做了一点注释,那都是有关最后两次与他见面的实情追忆,分别是在10月8日与13日,而17日郑振铎即遇难,注释的原文是:

上联是：文学所开会，大都拼着许多长条案，上面铺着白布。所里只供白开水。振铎喜欢吃茶，常带着一小匣茶叶。他喜欢和老朋友们坐在一起，往往把他携来的叶子放一点点在我们的茶杯里。十三日我在所里，时间比平日略早些。振铎也就来了，遂在他的办公室小坐。他沏了两杯茶，开会的时刻也就到了，茶还没有喝什么，觉得很可惜。我们便各人携了一只茶杯，一个茶碟，上楼去开会，仍旧并坐在一排。我因那日下午还有教课，先走了一步。会尚未散，也没有能够向他握别，谁知道这是最后的一面！只有天知道。

下联是：比这次稍早一点的上星期三，也一样的开会，一样的并坐吃茶，却有伯祥。会散后一同搭乘铎兄的车回城。他要顺途到他的宝禅寺街的新居看看，我们也跟了去。这是所老房子，相当大，池廊亭榭都有，却黯淡了。里边正搬进了许许多多的书籍。有的地方，书架排得这样挤，人要扁着身子才能勉强通过。有一位同志，在那招呼。厅很宽敞，前面伸出一大方块暗廊沿，大约叫抱厦罢。振铎还说，这里可以借你们昆曲社作曲会。又说，不久他们就要搬家，等他从国外回来，就到新房子里来了。这大屋，他大概一天也没有住过，我想。[9]

上下联所述的郑振铎那最后两个星期三，王伯祥也都是在场的，他也曾多次痛心地追叙过。只是10月13日那天下午俞平伯早退了，郑振铎的慷慨陈词，让大家都来"拔"他这面"白旗"的话他没听见。郑振铎这样正当英年却过早地被青天白云卷去了生命，在老友的心头造成的创痛，真是永远无法医治。俞平伯自然不能例外。他的挽联、文章，表面上虽那么平淡，而穿透纸背的内心隐痛，至今依然在感染着广大读者。

4. 烟卷笔墨

俞平伯的老友顾颉刚，1954年8月自沪举家迁京，住在东城区的干面胡同，离俞平伯所住的老君堂（后改名北竹竿胡同）并不远。搬家的事尚未忙完，他也不得不应命参加批判俞平伯红楼梦研究的运动。

俞平伯的《红楼梦辨》是以他与顾颉刚讨论《红楼梦》的通信为主干编写起来的，只是此后顾颉刚便很少研究《红楼梦》了，不过《红楼梦辨》的序还是顾颉刚写的。

红学才子 俞平伯

◎ 晚年顾颉刚

  顾颉刚在举家北迁前夕,于苏州来青阁购得一部顾禄所著《桐桥倚棹录》,是专门记述苏州虎丘山塘一带风土人情的书,这部书很有价值,而已成孤本。1961年,顾颉刚将此孤本两册,出示于俞平伯。一读之下,俞平伯感受颇深,得益很多,勾起了他对幼年时苏州往事的回忆且不说,书中卷十一《工作》,于虎丘当时塑真,即俗呼"捏相"一则,叙述详细而生动,一下子又勾起了俞平伯对《红楼梦》中薛蟠去虎丘捏了相带回荣国府,妹妹对百物土宜均不感兴趣,唯独对他哥哥的这捏相看得频频含笑等描写的联想,深感这部《桐桥倚棹录》的不凡,竟一气为之题了18首七绝,还做了序,总题为《题顾颉刚藏〈桐桥倚棹录〉兼感吴下旧惊并序》。

  著者顾禄,字总之,一字铁卿,苏州吴县人。是书刊于清道光二十二年壬寅,以十余年后苏地即遭兵灾,故传世极稀,亦未见著录。其名"桐桥倚棹"者,桐桥一名胜安桥,在山塘,跨桐溪,兼采唐人诗句"春风倚棹阊闾城"也。顾氏别有《清嘉录》,纪吴中岁时风俗。此书则略仿虎丘旧志之例,专记山塘一带之山水、名胜、寺院、祠宇、第宅、古迹等凡十二卷。其卷十至十二,备记市廛、工作、舟楫、园圃、市荡、药产、田畴，多有关人民生计，堪补志乘所未详，固不仅以孤本见珍也。项荷颉刚兄惠示，并嘱为题句。眼日披寻，辄漫永俚言，以尘诸友笑睐云尔。时夏历辛丑岁秋八月也。古槐居士平伯识于京华东城寓斋。[10]

这寥寥数语，却已将顾禄其人其书，及其精华所在，均已简明铺陈，行文的精练与畅适，诚属佳构。18首诗中，首首均有注释，所以单订成册，也颇为可观。下面是第九首和注文：

物玩虽微亦化工，苏州巧手最玲珑。
潇湘陨涕颦芫笑，都在传神阿堵中。

注：《红楼梦》其六十七回"见土仪颦卿思故里"，说到薛蟠从苏归，携来虎丘诸玩具，如"自行人"、"酒令儿"、"水银灌的打金斗的小小子"、"沙子灯"，俱见本书第十一、十二两卷中，可作补注材料。《石头记》又云："又有在虎丘山上泥捏的薛蟠的小像，与薛蟠毫无相差。宝钗见了，别的都不理论，倒是薛蟠的小像，拿着细看了一看，又看他哥哥，不禁笑了起来。"虽着墨无多，而彼时山塘工匠传真之妙，手艺之精，俱不待言而可知矣。[11]

俞平伯真是位大红学家，读"红"之细，研"红"之深，实非一般人所能比。他小时候虽长住苏州城里，但却很少出游，而且当时虎丘一带这"捏相"的精湛技艺已失传绝迹。未见《桐桥倚棹录》此则记载之前，或以为《红楼梦》书中所写乃夸饰之词，得此一证，非常明确，此等处却以实写为多。

俞平伯就是这样事事认真，老友出示珍本嘱题，自然格外认真，要不是认真细读此书，要不是研"红"之深，是写不出这样具有学术价值的精彩诗句来的。其余18首，也在在有妙语，注文多具真情实感。

当时正值"自然灾害"困难年，俞平伯虽被评为一级研究员，基本的物质供应也一样成问题。那年头已有患浮肿病的，一些从事医疗卫生工作的人大代表、政协委员提了议案，指出国人历来不能或缺荪类后，对高级知识分子开始有一些照顾，予以一些"特殊供应"。当时民间戏称之为"糖豆干部"与"蛋肉干部"等，就是在一般百姓供应外，对高级知识分子额外加发一些糖与豆制品。更高一级的则在糖、豆制品外再加发蛋票与肉票，或特供证件，凭它可到专供点去购买。俞平伯、王伯祥幸而都属这更高一级的。当然，这一级上面的高干还有更特殊的。在"蛋肉"这一档次的，凭票或凭特供卡、本之类，尚有高级烟的供应,俞平伯的烟瘾甚大,按规定所供尚嫌不足,而王伯祥烟量较小,尚有富余,每可"接济"于他,至今尚保存着不少短信或明信片,是俞平伯写给王伯祥的,内容不多,一般问候之余,主要是来求索香烟的:

伯翁:

　　近日起居如何,为念!昨日中夜忽得短篇亦颇自喜,然不足为外人道也,另纸录博一笑。弟连日赴所,亦殊鹿鹿。本月烟卷,尊处如不用,弟拟购一条,可否,祈酌。琐渎并歉!匆候

　　近安

弟平　顿首

俞平伯的来信概不写年份,有时竟连月、日也不写,此即其一,但有"烟卷"的事,则必在困难年代无疑。

伯祥吾兄:

　　又多日未晤,天气渐寒,起居如何,为念。本月香烟未识尊处有敷余否?如有盼为留存,当备款往取。《文成公主·远行》一折,工谱已脱稿,日后有机会,当为演奏俟正。匆上,候

　　近安

弟平　顿首　十一,三,夕

这封信应该比上封信稍晚。

伯祥吾兄:

　　新岁以来维起居佳胜。世兄来寓携致烟卷感荷感荷,款若干迟当奉缴。奉访未值为怅。有暇再趋诣。天气寒甚不及一月即交春,阳和在望矣。诸维

　　珍重,不一

弟平　顿首　十二日

这封信已与上封信跨年,"十二日"当系元月。

伯祥吾兄:

　　日前茶集,弟畏寒未能往,闻有钱宝琮先生参加。元善兄顷当已赴西安矣。弟以近患重伤风,今日闻所中(或系科学院)在"首都"有干部大会,亦未克出席,不知兄得到通知否?一月份烟卷如有可以为弟存留者,乞为留一(牌子不拘)条,至荷至荷!年岁匆匆,又届岁除。维

　　起居珍宜,不一

弟平　顿首　十二,二八[12]

困难年代产生的这"烟卷荒",让俞平伯一次次地为此事形诸笔墨,这也是特殊年代令他无奈的事。

5. 从"词选"到"词选释"

20世纪50年代末,俞平伯在文学研究所担任的主要科研课题是注释《唐宋词选》。原先拟选释唐五代词,后扩大为唐宋词。

俞平伯《唐宋词选释》等著作书影

俞平伯对词有至深的爱好,词的论文与专著均很多。早在1934年11月,他的论词专著《读词偶得》,就由上海开明书店出版。同年9月他写的《〈读词偶得〉缘起》中是这样说的:

> 我不想说什么开场白,但把这本小书突兀地送给读者,似乎有一点冒昧,现在先转录当年在《中学生》杂志刊载的起首两节,一字不易,以存其真。

> 年来做了一件"低能"的事,教人做词。自己尚不懂得怎样做而去教人,一可笑也;有什么方法使人能做,二可笑也;这个年头,也不知是什么年头——有做词的必要吗?三可笑

也。积此三可笑,以某种关系只得干下去,四可笑也。于是在清华大学有"词课示例"之作。本不堪为人所见,乃住在上海的故人读而善之,且促我为本志亦撰一说词的文章。这桩事情倒的确使我惭愧,使我为难。

我对于一切并不见得缺乏真诚,只因在文字上喜欢胡说,似颇以"趣味"、"幽默"……为人所知,这是很悲哀的。在这篇文章里,我想力矫前失。就词说词,以现在的状况论,非但不必希望有人学做,并且不必希望许多人能了解。我的意思并不是说只要时代改变了,什么都可以踢开;我只是说古今异宜,有些古代的作品与其体性,不但不容易做,甚至于不容易懂(真真能懂得的意思)。而且,不懂也一点不要紧,懂也没有什么好处;虽然懂懂也不妨。以下我所以敢对诸君随意说话,即是本于这"懂懂也不妨"的观念。若有人以为的确"有妨",有妨于诸君将来的大业,我唯有惭愧而已。

红学才子
俞平伯

时光过得快,已是三年前的话了。三年前后有什么不同呢?自然不同。但怎样不同,便不很好说,这就不说。——总之,是从《词课示例》引来的葛藤,为便于读者打破砂锅问到底起见,索性将该文小引亦剪贴之。可惜不是大众语,但恕不改译,以存其真。

清华大学嘱课诸生以做词之法,既诺而悔之,悔吾妄也。夫文心之细,细于牛毛,文事之难,难于累卵,余也何人,敢轻于一试。为诸生计,自抒怀感,斯其上也,效法前修,斯其次也;问道于盲,则策之下者耳。然既诺而悔之,奈功令何?悔不可追,悔弥甚焉。夫昔贤往矣,心事幽微,强作解人,毋乃好事。偶写拙作一二略附解释,以供初学隅反之资,亦野芹之贡耳。诗词自注尚不可,况自释乎?明知不登大雅之堂,不入高人之耳,聊复为之,窃自附于知其不可而为之之义焉。

一九三○年十月一日

有如"昔贤往矣,心事幽微,强作解人,毋乃好事",骂得真痛快,不免戏台也来喝一回彩。吾知这十六个字必为此书他日之定评矣。

本来还想多说几句,但为什么要做,做了又怎样,都已交代清爽,就此打住要紧。所谓"得罢手时且罢手",否则万一弄到下笔不能自休的地步,那又是篆子。

　　三四年来频频得圣陶兄的催促与鼓励,我虽几番想歇手,而居然做完上半部,譬如朝顶进香,爬到一重山头,回望来路,暗暗叫了声惭愧。开明书店今日惠然地肯来承印,也令我十分感激。是正传还是套话,总之瞒不过明眼看官的。如曰不然,请看下文。您看得下去,看不下去,我反正也管不着,总之,我不再说了。

一九三四年九月[13]

　　这篇颇具幽默与趣味的妙文,结构也非常严密。从这个"缘起"看,确实在自谦与幽默以外,还真有"悔不可追"及自责"强作解人"的成分在内。而就是在那个时代,也确实有请专家来讲解、引导赏析中国旧词尤其是宋词的必要。要让旧体诗词作为中国瑰宝之一,代代流传下去,就必须出版这一类的书。清华大学之所以请俞平伯开这门课也正因为这样,开明书店愿为俞平伯承印此书还是因为这样。

　　后来俞平伯对宋代大词家周邦彦的词又写了赏析性专著,即有名的《清真词释》,这部书也非常受欢迎。词本身就是感情细密的艺术品,如不加以细致品味,是很难领会其真谛的。俞平伯在《读词偶得》也好,在《清真词释》以及其他论文中也好,都能做到探幽入微,凡对词感兴趣的人,读俞平伯的著述,常常有顿开茅塞之感。

　　20世纪50年代末,文学研究所安排由俞平伯来选释一本唐宋词,也是顺应社会的需求。

　　1962年上半年,《唐宋词选》基本脱稿。7月1日,他写完了《〈唐宋词选〉前言》。这篇前言的文风与《〈读词偶得〉缘起》已大不相同,它完全摆脱了幽默与趣味,而是严肃认真地进行理论阐述。前言一开头便说:

　　这里想略谈我对于词的发展的看法和唐宋词中一些具体的情况,即作为这个选本的说明。

　　有两个论点,过去在词坛上广泛地流传着,虽也反映了若干实际,却含有错误的成分在内:(一)词为诗余,比诗要狭小一些;(二)所谓"正""变"——以某某为正,以某某为变。这里只简单地把它提出来,在后文将要讲到。

　　首先应当说,词的可能的、应有的发展和历史上已然存在的情况,本是两回事。一般的文学史自然只能就已有的成绩来做结论,不能多牵扯到它可能怎样,应当怎么样。但这实在是个具有基本性质的问题,我们今天需要讨论的,以下分为三个部分来说明。[14]

接下来,又分两部分进行阐述,标题分别是:

一、词以乐府代兴,在当时应有"新诗"的资格

二、词的发展的方向

在第一部分中,罗列了变革的三种因由:第一,随着语言的发展而不得不变;第二,随着音乐的发展而不得不变;第三,就诗体本身来说。正由于这样,诗歌到了唐代,却有极盛难继之势。

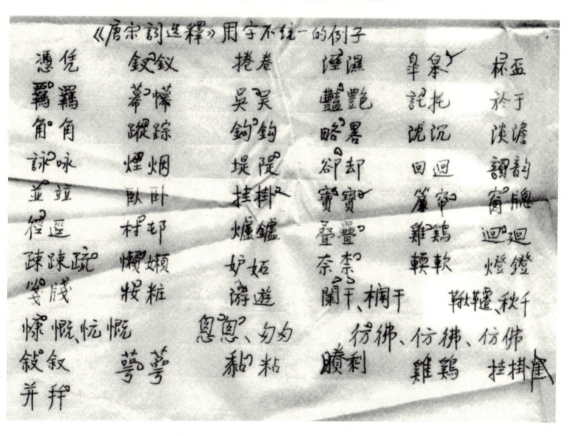

俞平伯为《唐宋词选释》做的更正

总之,这部《唐宋词选》应视为俞平伯花甲之年的力作之一。这篇前言在《文学评论》1962年第五期中首先单独发表,它在学术研究上是十分过硬的。全书由文学研究所印成油印本,为的是广泛征求意见。这本来是件好事,为了使质量进一步提高,尽量少出现些错误。而征求意见后,却迟迟不正式出书,直拖了很久很久,最后又来了个"内部发行",并且只印300册。连王伯祥这样的老朋友都不能亲赠一册,只说是所内同组同事都会分到一册的。他给王伯祥的信写道:

容翁吾兄:

多日未晤为念。《唐宋词选》顷始内部发行,据所中通知,古

代组同人均得一册,不知已赠我兄否？企待指正也。匆上,候安！

弟平　顿首　三,十二[15]

这是一张明信片,上面邮戳日期为"1966,3,11,21",可证俞平伯自己写的日期不确切,当为1966年3月11日,或许特地落第二日的款。

在此之前,尚有两信提及此书,一处云"弟忙于草写宋词注释,今日之会亦未能赴",这时大概是书稿将杀青;一处云"词选注释恐尚多殊漏,至盼校正",这大概是在油印稿分发给同事以后。

这以后的13年,浩劫已过,幸而俞平伯亲手修改的底本失而复得,这部书才有可能重新出版,而此时王伯祥也早已谢世。1979年10月《唐宋词选》加了个"释"字,改成《唐宋词选释》,由人民文学出版社出版。这样拖了二十多年以后,这部书终于得以出版了。出版时前言已作了大量的修改,而仍落"一九六二年七月一日,北京"的款,后面又加了则附记：

> 前编《唐宋词选》有试印本,至今已十六年。近人民文学出版社同志来,说要正式出版,文学研究所也表示赞同。起初我还很踌躇;为了贯彻"百花齐放,百家争鸣"的方针,响应党的号召,经过思考,也就同意了。但旧本的缺点需要修整,我勉力从事,做得很慢。
>
> 现改名《唐宋词选释》,除删去存疑的两首,余未动,虽经修订,仍未必完善。如内容形式过于陈旧,解说文白杂用,繁简不均,深入未能浅出等等;且或不免有其他的错误,请读者指正。
>
> 编写之中,承友人与出版社同志殷勤相助,深表感谢。
>
> 一九七八年十月[16]

这时俞平伯已79岁高龄,按中国传统的虚岁算法,已是80岁了。"文化大革命"已过,出版社与文学研究所也都同意正式出版,而俞平伯心头的余悸,依然在隐隐作响——他是"为了贯彻'百花齐放、百家争鸣'的方针,响应党的号召,经过思考",才同意了的。换句话说,岂不是再要批判的话,也管不得许多了,就算是"百家"中该批的错误的"一家"吧！好在还有出版社与文学研究所两家领导的赞同在前面撑着挡着。其用心之良苦,在字里行间不难让人体味出来。

6. 感怀挚友

1959年春天,全国人大、全国政协联合组织人大代表与政协委员到外地视察工作,参观访问。俞平伯一向自称是半个苏州人,因为他祖籍浙江德清,而出生地是苏州,从小在苏州长大,能操吴语。叶圣陶、顾颉刚、王伯祥,则都是真苏州人。他们又都是早年就熟稔的老朋友,一有去外地的机会,他便与叶圣陶、王伯祥二人相约同选一条路线,以便结伴同行,并同回苏州老家看看。他们三人3月18日离开北京,先到南京,再到扬州、高邮、宝应、淮安、淮阴等地。按原来安排的路线,是在苏北还要再走几个地方,最后到南通过长江去苏州的,而且三人相约的主要目的地是故乡苏州。但到了淮阴后,俞平伯却变卦了,非要径返南京而放弃苏州不去了。

俞平伯青年时代留学英国,结果连路程未满三月即返回了,友朋多有不解,还往往误解他是离不开夫人,因为他俩伉俪之笃,是闻名遐迩的。这次刚出门没几天,他又急匆匆地要回家,叶圣陶、王伯祥口里虽不言,心中也不无对他恋家之诮。

红学才子 俞平伯

俞平伯独自话别叶圣陶、王伯祥,放弃去苏州,到底是干什么去了呢?一时谁都不知道。而这个谜,直到两年以后,才让人恍然大悟。原来是俞平伯憋在心里追念亡友朱自清的情思突然萌发,非要独自到南京鸡鸣寺,追怀当年与朱自清同赴秦淮河的往事,而发之于韵语不可。旧体的赋,俞平伯也很少写,而这次他却写出了一篇感情至为缠绵的赋《重游鸡鸣寺感旧赋》。其实他一直在追怀朱自清,一到扬州他就写了首小诗追念朱自清。

> 昔年闲话维扬胜,城郭垂杨想望中。
> 迟暮来游称过客,黄垆思旧与君同。[17]

这首诗的题目为《初至扬州追怀佩兄示同游》,这"同游"当指叶圣陶、王伯祥二人,想必当时他俩都已看过此诗。在扬州过夜,叶圣陶还因咏扬州夜市得句,希望俞平伯补成一律,王伯祥又做了末二句,于是又联句成一首:

> 勤业无游惰,扬州夜市新。(俞平伯)
> 繁华殊本质。振奋动全民。(叶圣陶)
> 夙愿今兹慰,相随气谊真。(俞平伯)
> 励精期共勖,乐赞太平春。(王伯祥)[18]

俞平伯在收入他的集子时为此联句加了题目,叫做《与友人联句》,缀以小引:

> 圣陶咏扬州夜市句,属补为诗。伯祥又赋末韵,遂成联句格

局。交谊数十年所未有也。

的确,这三位几十年的老知交,坐在一起联句,还真是平生头一遭。他们一路上兴致极高,对俞平伯突然改变主意,非要独自提前回北京,无不感到突然。

而这首《重游鸡鸣寺感旧赋》写得还真慢,经他一再修改推敲,直至两年后,1961年庚子岁的除夕,才初步写定而拿给叶圣陶、王伯祥二人看。王伯祥一读之下,才恍然大悟,就让王湜华抄录了一个副本,并在他的原本上题了跋:

辛丑岁初,平伯见过,以近作《感旧赋》相示。缠绵悱恻,一往情深。而典赡修洁,洵擅鲍、庾之神。雒诵数四,渊渊乎六朝遗音矣!忆己亥(1959年)之春,君及圣陶诸公偕予同游淮扬,将就道南通渡江返吴,一观故乡风物,兼瞻建设新猷,君乃辞谢先归,若有事迫不及待者。予与圣陶初甚讶之,今读兹赋,始恍然于君与佩弦交契之笃,倦倦昔游,不忍避腹痛之戚,特回车以过黄垆耳。宜其情文并茂,读之令人低徊如是也。是固与寻常吊古念逝殊其轨迹,敬服无斁,爰命三儿湜华谨录副本,用资时讽,示矜式焉。人日清晨识卷尾以归之,自谓所度不甚远,则相观而笑不亦可乎?伯祥记于京寓小雅一廛,时年七十又二。

王伯祥的猜度确实无误,此赋之所以如此富有感染力,全因真情实感倾注于其中。俞平伯要不是十多年来怀念朱自清心切,一心就想独自去旧地凭吊的话,是不会匆匆握别叶圣陶、王伯祥,而只身遄返南京的。而这两年的酝酿,尤显出了他感情之深切蕴藉。

王伯祥在王湜华的录副本后,也写了简略的题记,在归还原稿时,一并交呈俞平伯。俞平伯不但为王湜华的副本题了跋,还专门做了15条补注。

赋稿初就正于圣陶、伯祥两兄,顷缘会集,与伯翁同车,出三世兄移录本相示,兼翁自写跋语,宠荷拂拭,为之颜汗。岂以爱我厚遂不觉辞之溢美欤!忆日前曾题是篇云:"效姿颦于邻里,渐非时世之妆。失行步而归来,难博流传之笑。"今幸得贤乔梓手迹,如聆跫然之音。适新春始和,辄欣欣多生意,固知昔语之小失也。爰附识归之,更增补注数条,不避尘陋,或可备湜华君暇日循讽之助,而发趋庭时之一笑乎?时辛丑(1961年)新春廿有五日。俞平伯同旅京师。

俞平伯在 15 条补注的前面,还有一则小记:

> 前人有作,例不自注。而晚近诵读古籍者,已视昔为寡。若犹拘于成规,似觉无谓。且作者附书,不费多少工夫;而他人寻讨,则事倍而功半。为节省读者之心力。当以有注为便。若见呵于明达,固勿辞也。

俞平伯在原赋已多有夹注的情况下,还特地做了补注,如此循循善诱的长者之风,真令人感激涕零。这篇赋在很长一段时间里,俞平伯一直只在极小范围内的知交手中略一传阅,并没有拿给报刊公开发表。为什么?其中自然有怕因宣扬"四旧"挨批的成分,似也不尽然,看来更多的却是珍视此赋,遂想把它琢磨得更加完美后再发表,决不可急急问世。一晃,又过了十一二年,正值俞平伯夫妇从干校回北京后,住在永安南里的"空闲"年代。而此稿在"文革"中又幸而未失,所以又拿出旧稿来作再一次的大修订,除序文多有增补外,原文中的双行夹注,一律用注号,而注文全部集中在文后,量也多有增加,与后来正式发表的本子,已无多异。一日,王湜华去拜访他,他兴冲冲地拿着这新稿给王湜华看。王湜华当即将稿借归,另外临抄了一遍,与前抄合订成一册,以存他推敲修订认真之一斑。新稿还有一特点,即所有的注被称为附篇,注前有小引,内容与十多年前为王湜华做补注的小引大致相仿,而也多增订,就中更可见他的认真作风。

红学才子
俞平伯

> 前人所作,例不自注。然今古情殊,晚近读古籍者已视昔为寡,仍局于成规,似觉无谓。且作者附书,不费多少工夫;而他人寻讨,则事倍功半。为节省读者之心力,当以有注为便。若见呵明达,因弗辞也。又交游踪迹见于篇者,既非笺不明,而其时零星杂感,苟不自言,人何由知之,亦附见焉。辛丑(1961年)正月晦平伯书。[19]

有趣的是,辛丑正月晦在草稿上修订后,到誊清稿即给王湜华看的这一新稿,又已相隔两年。在这新的 24 条注文后面,俞平伯又写了一则简要的后记:

> 前虽漫题辛丑正月作注,乃浮沉纸堆中,越两载始录出,知余懒是真也。癸卯(1963年)岁十二月廿二日交甲辰(1964年)春,平伯记。

他真的是懒吗?不!从 1961 年到 1964 年这三年间,正是俞平伯忙于注释《唐宋词选》的几年,另外这几年写的文章与其他作品也不少,如写散文《忆振铎兄》,为影印甲戌本《脂砚斋重评石头记》做后记,写论文《〈红楼梦〉中关于"十二钗"的描写》,为顾颉刚藏《桐桥倚棹录》题18首绝句,为清人舒元炳题词、夫人许宝驯作曲的《红楼梦题词》做注等,也都是在这几年中完成的,这首《重游鸡鸣寺感旧赋》初创、修改、修订、再修订,只能说明俞平伯对朱自清早逝的痛惋之深,做赋追怀时心情的沉重,所以一遇他事,总是把它先放下,造成了一拖再拖的现象。他自称"懒",实为幽默之笔,这正是他一贯的文风。

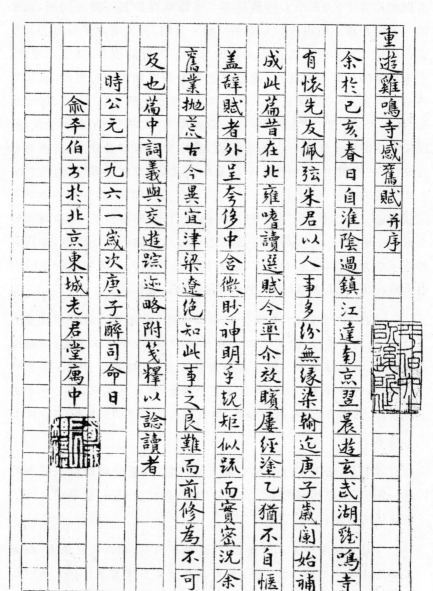

俞平伯《重游鸡鸣寺感旧赋》手迹

《重游鸡鸣寺感旧赋并序》的正文倒不算太长,而自注却比赋文加序要长得多得多,可见他对后学者的切实关爱。序是这样写的:

> 余于己亥春日,自淮阴过镇江达南京。翌晨游玄武湖,遂登鸡鸣寺豁蒙楼。时雨中岑寂,其地宛如初至,又若梦里曾来,盖距癸亥偕先友朱君佩弦同游,三十六载矣。拟倩子墨,念我故人,而世缘多纷,难得静虑,及庚子岁阑始补成此篇。忆昔在北雍,嗜读选赋,今兹率尔操觚,屡加点涂,弥感不足。盖辞赋者,外呈夸侈,中含微眇,神明乎规矩,似疏而实密。刻余旧业都荒,徒心存炳烛,而古今异宜,津梁辽绝。效姿颦于邻里,惭非时世之妆;磋行步而归来,难博流传之笑。怅若人之不见,知来者其云何。岂所谓情有理无,抑损多而益寡者欤。[20]

红学才子 俞平伯

这篇序中,"效姿颦"等四句是王湜华当年所抄第一稿中所没有的,而在为他题的跋中曾题到过"忆日前曾题是篇云"的那四句,正是此。跋中又认为"知昔语之小失",而最后定稿又将这四句正式纳入序中,其中思想几经变化之复杂而又多趣,只有一些有心人,才能慢慢去体会了。赋的正文是这样的:

> 驰一日之单车,自淮左以涉江。零星雨而闲闲,登鸡笼之高冈,寺门阒其寂寥,践涵虚之回廊。地仿佛其曾莅,如色丝之褪黄;人萧索以无偶,似钟哑而不锽。无茶烟之缭绕,无香烛之荧煌,讵年时之诚邈,异喧默乎僧房。步楼空以踌躇,瞻古佛之金装。推窗一望,绿了垂杨,台城草碧,玄武湖光。观河面改,思旧神怆。翱翔文囿,角逐词场,于喁煦沫,鸡黍范张。君趋滇蜀,我羁朔方,讶还京而颜悴,辞嗟来之敌粮。失际会夫昌期,凋夏绿于秋霜。心淳竺以行耿介,体消沉而清风长。曾南都之同舟,初邂逅于浙杭。来瀚海兮残羽,迷旧巷乎斜阳。当莺花之三月,嗟杂卉之徒芳。想烟扉其无焰,痛桃叶之门荒。问秦淮之流水,何灯影之茫茫。同爝火以明灭,固败寇而成王。吊六朝于胭粉,增瑇井之名狂。彼龙蟠兮虎踞,亦何预乎兴亡。[21]

这篇感情深厚而层次繁多的小赋,只要是对俞平伯与朱自清二人交谊深笃有一定了解的人,读来无不为之感动,而且每读一遍,总会有新的感受。但正因为文浓意密,如果不加自注,不去细研注文,真难以领会其真切与细密。"问秦淮之流水,何灯影之茫茫"二句,俞平伯的实注是当年二人以同一题目各自写散文一篇,其题目即《桨声灯影里的秦淮河》。两人风格各异,而情趣皆佳绝,遂成佳话流传于文坛,一时竟成为几乎尽人皆知的事情。俞平伯几乎每两句必有一注,而对这两句,注文付缺。

像这样一篇感情细腻真切,结构茂密,章法不凡,内涵宏富的小赋,虽出于今人之手,如果置于六朝小赋当中,也决不逊色,而是更胜一筹。真是非俞平伯这样的大手笔,实无能写出的啊!

朱自清谢世后,俞平伯为他编纂《朱自清文集》四卷本,由开明书店出版,并亲自题签。1959年他又特地独登鸡笼山,花了十多年的心力写出这样精彩的一篇小赋,他俩间的友谊,真值得世人效法。后来叶圣陶有感而写《兰陵王》一词"猛悲切",也来追怀朱自清。为写这首词他好几个月坐不安席,眠不宁枕,逐字逐句与俞平伯切磋推敲,这是又一段佳话。

注释

[1]　俞平伯:《俞平伯全集》(第1卷),石家庄:花山文艺出版社2001年版,第522页。

[2]　载1957年2月24日《光明日报》第145期《文学遗产》。

[3]　载1957年6月2日《光明日报》。

[4]　载《文学研究》1957年第2期。

[5]　载《文学遗产增刊》1959年12月第7辑。

[6]　载《文学研究》1957年第1期。

[7]　俞平伯:《俞平伯全集》(第1卷),石家庄:花山文艺出版社2001年版,第625页。

[8]　同上书,第2卷,第785—786页。

[9]　同上书,第787页。

[10]　同上书,第1卷,第518页。

[11]　同上书,第1卷,第521页。

[12]　同上书,第8卷,第6—7页。

[13]　同上书,第4卷,第3—5页。

[14]　同上书,第4卷,第145页。

[15]　同上书,第8卷。

[16]　同上书,第4卷,第162页。

[17]　同上书,第1卷,第436页。

[18]　同上。

[19] 同上书,第 464 页。
[20] 同上书,第 461 页。
[21] 同上书,第 461—463 页。

红 学 才 子
俞平伯

> 1969年岁在己酉,寄居包信小学西向一茅屋中。12月25日晨9时,独往东岳集听报告,旷野茫茫,并不识路,闻人云一直往西可耳。天气阴冷,历数村落,近午方达,会罢即归,遇雨,泥淖难行,幸借得一伞,中途又得人扶掖,勉及寓所,已晚6时矣。
>
> ——俞平伯:《至日》诗小引

红学才子

俞平伯

1. "文革"开始

2. 干校生活

3. 诗怀

4. 家书

第七章 干校

1. "文革"开始

1965年4月,同济大学著名教授陈从周旧藏梁启超集宋人词句为联,写赠徐志摩的一副对联,原迹已成为国家级文物。他决定将原联捐献给国家,并请同乡前辈俞平伯为他题诗,俞平伯为此颇有感触,题写了七绝一首:

> 金针飞渡初无迹,寄与情遥绝妙词。
> 想见诗人英隽态,丁香如雪夜阑时。[1]

俞平伯又在诗后写了自注:

> 曾闻志摩在社坛(中山公园)丁香林中竟夕流连,梁翁此联题记云"在法源寺",盖传闻之异,而当时之逸兴可想也。[2]

徐志摩诗人气质浓郁,情怀感彻了梁启超。为了描摹他的诗情,梁启超特地集了六位宋代大词人的六句词,做成了一副对联:

> 临流可奈清癯,第四桥边,放棹过环碧;
> 此意平生飞动,海棠花下,吹笛到天明。

梁启超这副对联工整与否且不论,仅其寓意之贴切,勾勒诗人情状之细腻,真可谓妙绝,尤其是末两句,读来一幅诗人彻夜赏花吟唱的图景,顿显目前。至于是在法源寺,还是在中山公园,还是在两处都赏过丁香,已不再重要,俞平伯以"寄与情遥绝妙词"来寄怀已逝的两位前贤,本身也堪称"绝妙词"啊!

1966年,岁次丙午,正月廿九之夜,俞平伯枕上得句,题为《蕲梦》。

> 梧桐苍干接新枝,春梦无凭亦纪之。
> 何待重寻山馆路,夜披荒草款于祠。[3]

俞平伯自撰注文:

> 西湖于忠肃公祠祈梦有验屡见记载,其地即在三台山,距右台仙馆故址甚近。儿时送先曾祖之葬初至杭州,曾一往谒,祠屋荒冷而庙貌犹新也。[4]

俞平伯向来有记梦的习惯,常常梦醒后亟起做记,这可能是受明人张岱《陶庵梦忆》的影响。

俞平伯《临江仙》手迹

早在1934年11月9日,俞平伯就写完了《古槐梦遇》100则,随即又开始写《槐屋梦寻》,并陆续在1935年的《人间世》半月刊上发表。他的计划是《槐屋梦寻》写完后,再写《槐痕》,合称"三槐"。1935年1月31日,他就先写好了一篇《"三槐"序》:

> 舍下无槐(洋槐不算),而今三之。曰"古槐书屋",自昔勿槐,今无书。屋固有之,然弃而不居者又五年,值归省、乍一瞻其尘封耳。庭中有树,居其半,荫及门;而宜近远之见,本胡同人呼以"大宙(yú)",不知其为榆也,也不知其为俞也。榆也,谓之槐,其理由

是不识。长忆垂发读《左传》，至"不能辨菽麦故不可立"而为之一吓，直不暇替古人担忧，盖自己先不得了也。然则今日触槐而招笑，非独事理之宜，抑近谶矣。榆则有钱，槐有钱乎？固未之前闻也。是辨菽麦难而辨榆槐易也，是不辨菽麦者不必不辨槐榆也，而竟若终不能辨，则其中乌得无天！又谁知畴昔之戏言，点点花飞在眼，而又过之耶！此譬如大英阿丽思小姐之本不想为媚步儿而忽然变为猪小儿也。"孤始愿不及此，虽及此，岂非天乎。"疑其兄平居之言而周子述之也。不然，记人之失也。且夫三槐者，高门积善之征也，小生不姓王，彼三榆出何典哉？大槐者梦邻也，曰"古榆梦遇""榆屋梦寻"则不词矣。不典不词，其为世所哂将弥甚于今也，其为凡猥不又将下于此日万万也。与其为猪，无宁为媚步，此固不必忙待通入之教者也。何况伦敦之酒不曰榆痕，则吾人解嘲之具，且方兴而未有艾，绰绰乎其有容也，泛泛乎未有所止也，譬彼舟流，不知所届已。且稍容与而序吾书。夫《三槐》个别之义既各有说矣，不书不槐不古之屋而师友同说之，彬矣郁矣。难复请矣，而《三槐》之所以为三槐者，唯虚耳，于是乎序。

二十三年除夕前三日[5]

这篇序最先在1935年4月5日《文饭小品》月刊第3期上发表，后来收入上海世界书局1936年1月出版的《古槐梦遇》，又收入《燕郊集》，真堪比张岱更为精洁神妙之笔。只是"三槐"的后"二槐"迟迟未能编出，这篇序遂成为序全而文残的"孤序"，因其自身的文趣韵味而早已独立于"三槐"之外。看来俞平伯本人也非常欣赏此序，十分独有所钟。1986年6月，孙玉蓉编选的《俞平伯序跋集》也收有此序。从20世纪30年代的记梦、写《古槐梦遇》、《"三槐"序》，还可追溯到1926年校点《陶庵梦忆》并做跋，直到1966年初的做《蕲梦》诗，正可看出俞平伯一生与"梦"结下的不解之缘。

在《蕲梦》以后，到史无前例的"文化大革命"兴起，俞平伯还在这年的立秋日做了首与"梦"也不无关系的诗，遂成他的《寒涧诗存》的压轴之作，诗题似小序，较长，即《丙午六月二十二日晨立秋，夜雨新凉，解暑枕上，诵白石诗"人生难得秋前雨"，戏袭用之，兼次其韵，固不足言诗也，存之聊记一夕之兴》。

> 人老无惊谢管弦，雁书疏阔不相便。
> 一生几值交秋雨，冰簟忪凉胜似眠。[6]

这首久暑喜获凉爽的小诗，不无欣喜若梦醒之意，而又有谁知此欣喜之余，竟迅即出现了破坏性极大的急风狂雨呢？

《寒涧诗存》是在俞平伯60岁前的旧体诗作八卷的基础上，陆续收存60岁后之作的"续集"，谁知"文革"浩劫中，那自辑的《古槐书屋诗》手稿八卷，竟毁于一旦，同时焚灭的东西当然还很多，诗作中的长诗《寒夕凤城行》也一起遭毁，今存者为残稿，是俞平伯后来自己追忆补记下来的。遂至"续集"倒侥幸存留了下来，徒似强弩之末。若是没有这场浩劫的话，他的《俞平伯诗全编》肯定还要厚得多。

1966年夏日，从6月1日的第一张大字报开始，一场轰轰烈烈的"文化大革命"，铺天盖地般来到了人间，北京当然首当其冲。"一定要把无产阶级文化大革命进行到底"的巨响就从北京向全国发出。北京的红卫兵小将首先上街贴大字报，砸商店招牌，砸碎知识分子的眼镜，剪去"资产阶级臭小姐"的烫发、长辫。大街小巷不时传来锣鼓声、口号声，那是小将们在抄家，在打、砸、抢……

红学才子
俞平伯

像俞平伯这样早在12年前就已被批臭了的大名鼎鼎的"臭知识分子"，又怎能在这场灾难中幸免？他不但本人受到无礼的人身攻击、污辱，还连累了夫人许宝驯，直至他的高堂老母许之仙，都不可避免地遭到了这场浩劫的"洗礼"。

翻阅俞平伯的所有资料，不论是书信，还是日记，这1966年、1967年，均付阙如。这倒并非俞平伯一个人如此，它几乎成了人之常情。又有谁会在天天带了牙刷、毛巾去上班，临走与家人交待可能会回不来的年代里，去记日记，记下如何被坐"喷气式"；去写信致他人，告诉自己如何挨打被斗呢？任何形诸笔墨的东西，都可能被视为反攻倒算的黑材料，作为反革命的罪证。就是在事后，又有几个人会去追记那段"往事"，有几个人会去打听，谁当年是怎样横遭灭绝人性的人生污辱的呢？

据辗转传闻，小将们上门抄家，抢走了俞平伯家的藏书、手稿、字画等藏品外，还给他及夫人许宝驯，乃至高堂老母都带上了高帽子，在院子里批斗。俞夫人许宝驯还被剃了阴阳头，对老太太则更是有所发明，让她穿上了寿衣，还命令儿子、儿媳妇向她跪拜。小将们则在围观时高喊："打倒封建孝子贤孙！""横扫一切牛鬼蛇神！"……是否还拉到胡同里、大街上去游斗了，则不知其确。现在尚有"案"可稽的有孙玉蓉编的《俞平伯生平大事记》与《俞平伯传略》两份书面材料，关于1966年、1967年、1968年三年的记载也都相当简单，在此全文引录：

　　一九六六年（丙午）　　六十七岁

　　夏，"文化大革命"运动爆发。被抄家，藏书、著作全部被洗劫一空。待出版的《古槐书屋诗》八卷手稿(收系从民国初年到1959年所作的全部旧体诗)和《古槐书屋词》二卷的清本均下落不明。还被当做"牛鬼蛇神"关进了"牛棚",每天打扫厕所,随时挨批斗。

一九六七年(丁未)　　六十八岁

本年,在所里参加"文化大革命"运动,继续接受批判。

一九六八年(戊申)　　六十九岁

年内,母亲许之仙夫人逝世。

本年,在所里参加"文化大革命"运动,继读接受批判。

…………

一九六六年夏开始的"文化大革命",把俞平伯的书斋洗劫一空,本人遭受严重迫害。

抄俞平伯家的确切日子已弄不清了,连他外孙韦奈(木示)所写的《俞平伯的晚年生活》中,也没有写确切的日期。时过境迁,这日期确切不确切本来也早已不重要,反正是在那年代的某一天,俞平伯前半生的心血、著述,以及积攒的资料,都毁之于一旦了。

韦奈(木示)的《俞平伯的晚年生活》一文记载:

> 红卫兵抄家,是在1966年夏的一个夜晚。那天,淅淅沥沥的雨下个不停,仿佛是在为那场中华民族的悲剧哭泣,又像是电影中渲染不祥气氛的一个镜头。然而,那却不是电影,红卫兵一声紧过一声的敲门、吼叫声,打碎了宁静的夜,那所古老的住宅从此不复存在。"浩劫"揭开了序幕。
>
> 那年代的红卫兵五花八门,工人农民、机关干部、中学生、老百姓……凡能被列为"红五类"的人,都有幸加入那个"纯种血统"的组织,他们要做的是把"黑五类踩翻在地,再踏上一只脚"!那围在臂上的红袖章代替了法律,象征着权力,是一张畅通无阻的通行证。俞平伯这样的人,自是"黑五类"无疑!
>
> 据说,若由本单位干部组织起来的红卫兵抄家,情况会好一些,因为他们"懂政策"。而那晚闯进俞宅的,却偏是由街道百姓和中学生拼凑起来的一群乌合之众,他们的狂暴、残忍,至今想起来仍令人发指。
>
> "俞平伯出来!""打倒牛鬼蛇神!"的吼声不断。这样一群暴徒,先是把房间翻了个底朝天,所有的东西都被抛在地上,扔在院子里,俞氏家族几代人的藏书,地毯般厚一层层铺在地上,任"千万只脚"在上面踩踏。令红卫兵们失望的是,在他们心目中的这

个大户人家里,未能翻出金银财宝,"这怎么可能呢?"于是,这也成了一条"不老实交待"的罪状。当然,他们无法知道,被他们毁掉的一切,具有何等的价值。

那晚,俞平伯和他的夫人许宝驯,被人群围在院子中间,被推压着接受批判,俞夫人的头发早已被剪得乱七八糟。红卫兵要他们交待罪行,他们只得不停地说着:"我有罪。"有什么罪呢?却说不出。更为可怜的是俞老的母亲,红卫兵不仅毁掉了那近八十岁老人留存的一口寿材,还把收在箱子里的寿衣翻出来,穿在她身上,并让俞平伯夫妇跪在她面前,令他们做出号哭的样子。他们哪敢抗争,只有任其侮辱、摆布。侥幸的是他们没有像有些人那样,活活被打死。从此,他们终日提心吊胆,随时会被闯入的红卫兵揪出来批斗。可贵的是,在这样一种从未经历过的折磨中,他和夫人以一种同生死、共患难的信念相互安慰、支撑着。他们之间的深厚感情,以及俞平伯豁达的天性,在此刻起了决定性作用。

红学才子 俞平伯

不久,他们被撵出了原住房,被指令搬到跨院三间北房内。不允许搬床,只有一个棕绷床屉,用四把旧式木椅支起来。至今,这四把木椅还摆放在俞老的客厅里。那时他们的生活十分艰苦,每月只发给四十元生活费,而一切家务均要由俞夫人操持,她既要照顾婆母,又要照顾对生活琐事一窍不通的丈夫。幸喜有一位老友张茂莹女士常来帮忙,否则更不堪设想了。他子女们的家庭,无一幸免,俞平伯的孙辈几乎全部"上山下乡",到后来俞平伯夫妇下放"五七"干校,在他赠外孙韦奈的诗中便有"祖孙两地学农田"句,他的全家变成了农民。[7]

从"文革"开始,直到俞平伯夫妇去"五七"干校,中间还遭逢老母谢世,现在关于如何送终,如何办后事等的资料,也知之不详了。韦奈(木示)文中有关这些事情的叙述也极简单,大概因为当时他本人在务农,所以知道的也不多吧。

自"抄家"后,他家真可说是"门前冷落车马稀",他的亲朋好友各个自顾不暇,很难顾及到他们。不久俞老的母亲病逝,丧事草草,骨灰直到很久以后才安葬。他和夫人住在那三间北房里,直至去河南"干校"。[8]

这场浩劫,真是史无前例,把祖国的优秀文化几乎扫荡一空。俞平伯的家,只从俞曲园算起,上面的几代姑且不论的话,到俞平伯这一代已经是第四代,他家厚积的传统文化,可谓跨越清代、"中华民国",直到中华人民共和国,长达近两个世纪文化积淀中的一个有特色有影响的部分。然而,它竟在1966年夏一个淅淅沥沥的雨夜,毁之一"夕"。后来追回来的强弩之末是多么可怜,这是永远不可弥补的重大损失。这一切给俞平伯心灵上带来的创伤,真是难以言传。事后一直没有给他一吐心曲的机会,并且他也倦于再来言谈了。随韦奈(木示)这篇《俞平伯的晚年生活》刊登了一幅俞平伯的手迹,所书乃"历历前尘吾倦说,方知四纪阻华年"七言两句,所书年月为"丁卯阳历七夕",即1987年7月7日。这已在为他彻底平反的一年半后,也就是在抄家后的21年,这时他确实已提不起任何心力,再去诉说那些令他心碎的前尘往事了。写这幅字时他已是望九高龄,1954年时他才五十几岁,这四纪之华年若不被阻隔,俞平伯的后半生将会做出怎样的成就来呢?这一损失已不属于他个人,而是中国文化学术事业不可弥补的重大损失!

2. 干校生活

1969年11月15日,俞平伯同夫人许宝驯一起下放到了河南信阳的"五七"干校。本来这次下放干校并没有要求夫人一同去,而是她主动要跟着俞平伯一同下放的。

俞平伯伉俪情深,也堪称典范。他俩不但从小青梅竹马,结婚后六十多年的共同生活中,据说是也从未红过一回脸,更没吵过一回架。早年俞平伯留学英国,匆匆返回,据挚友们的观察,重要原因之一,也是因为伉俪之情奉为拱璧。俞夫人许宝驯虽然也是高级知识分子,为文、做诗、填词的高雅,拍曲、作曲等的精微细致,乃至写得一手好字,并颇似俞平伯不说,她更比俞平伯还多一门技艺,就是能做画。像这样的才女,别说现当今少有,就是在古代又能有几人呢?而她为了照顾俞平伯,保证让他有充足的弄翰时光,家务事都是自己一手操持。所以俞平伯文词虽美,而且幽默多趣,但要讲到一般基本的生活能力,可谓极差极差,如果要让他单独下放干校,去住集体宿舍,他肯定会出不少"洋相"。因此,俞夫人许宝驯坚决要随同俞平伯一同下放,甚至还是主动向领导申请,一定要同走"五七"道路。

俞夫人许宝驯要是不同去,而是留在女儿外孙身边,或者去天津儿子家住,在生活上都是不成问题的,而她毅然决然地要同去。要知道,俞夫人许宝驯比俞平伯还大4岁,那年俞平伯整70岁,她则已74岁高龄了啊!她便拿出一定要相依为命一辈子的精神来,以保证俞平伯远离大城市过劳动生活时的基本条件。

中国科学院哲学社会科学部的干校先是设在罗山,但由于无地可耕,刚刚草草安顿下来才一个多月,又从罗山搬到了息县的东岳。所以连刚下火车住招待所等待安排都算上,一共不知搬了多少回"家"。这"家"其实也只不过是几只箱子、几个提包、一卷铺盖的事,但麻雀虽小,五脏俱全,每到一处都必须全部打开使用;一声令下要搬家,又必须归还复位到几箱几包一铺盖,虽有干校热心人的帮忙照顾,但"里里外外一把手"的任务,又势必落在俞夫人许宝驯的身上。这位74岁高龄的干瘦老太太,在当时是怎么支撑过来的,今天真是太难想象了。

到了息县干校,总算"定居"下来了,俞平伯夫妇住的是一间长仅2米、宽不足1.5米的茅草房,而且四壁透风。而此时他俩临时住招待所不算,已住过罗山的丁洼、息县的包信集,两个月竟搬了四次"家"啊!这间小屋有门无窗,只是在后来将后墙凿了一个一尺见方的小洞,聊备通风、走走烟气。门也是柴草芦席所制,连关都关不上。他们老两口,就在这间斗室里度过了一年多的岁月。"定居"后,俞平伯先被安排在菜园班劳动,后来又安排他去捻麻绳,这些都是干校领导的特别照顾。干校除了上劳动课以外,更主要的任务,自然是政治学习,接受贫下中农的再教育。学习与再教育中为首的,自然又是阶级斗争。像俞平伯这样的"反动学术权威"、"满脑子资产阶级反动思想"的人,当然是首当其冲的批斗对象。其中的一些事情在日记中他做了简要记录,其实也不是一天记一篇的日记,而是摘要记一些备忘录,有的就好几天,甚或中间又隔了些天,记下一些事情来。

红学才子 俞平伯

十二月廿四日,因买柴事,会上有批判。

一九七〇年元月十日,因看《水经注》会上有批判,十二日交检查,次日退回。十六日六时半至东岳开会(九时半至十一时),返寓一点三刻,廿日又交检查。[9]

时已届冬至数九寒天,俞平伯夫妇住在这四面透风的茅草屋中,又没有窗户,只有冷气在不停地往里灌,却没有一丝阳光能够射入,取暖配给的一点点煤柴等又怎么够用!俞平伯在集市上看到有卖秸秆的,便买了些回家,以便烧得开水并暖暖屋子。老乡看他年迈,步履维艰,其实秸秆也没多少,只是或背或拿也都不易,老乡好心帮他送了回来。这却被"五七"战士们看见,可惹来不小的麻烦。身为"五七"干校的学生,是来接受贫下中农再教育的,不但不接受教育,还让贫下中农送柴上门!这岂不是倒行逆施?这便带来了"因买柴事,会上有批判"。

在干校不读红宝书,竟仍念念不忘"四旧",还读什么《水经注》,这发生在"买柴事件"以后,岂不成了屡教不改?他成了死抱住封建毒素不放的残渣余孽,他不受批判又有待何日!批判还不够,必须写检讨;检讨不深刻,退回去重写。在那个年代,写检讨一次便能通过的,可谓鲜矣!

当年作下放干校的动员,各单位想必大致相仿,既要下定走一辈子"五七"道路的伟大决心,又要做好永远扎根农村的充分准备。俞平伯又在一连串的批判中朝前走,其滋味自是更加可想而知了。

日记中记的9时半至11时的会,他却必须6时半就出发,也就是说单程要走3个小时,或许稍少一点,大概是怕迟到了也要挨批吧!回程则走了两小时零45分,这是不是归心似箭?按说一早吃了早饭出发,到下午近两点还在饿着肚子走,该走不动了吧!此时的俞平伯,其毅力之强,克服重重从未遇到过的困难决心之大,也真是世所罕见。这或许该归功于夫妇间的共勉,该归功于他俩性情的豁达,并磨炼出了一副铮铮铁骨。

俞平伯在干校生活,看来劳动是属于最轻松自在的项目了。到校部去开会只是走的路多,只要不刮风下雨倒也没什么,但一遇到雨雪,那他的艰辛与狼狈可真是不堪设想。至今重读他当时寥寥数笔的简单记述,仍令人心情难安:

> 廿五日步往东岳听报告,九时行,六时返。归途遇雨,幸有人招呼,狼狈抵达,已昏黑矣。廿八日交检查一。卅日分得煤三百斤(价六元六角),室内始笼火炉。
>
> 七〇年元月三日东岳开肃清"516"分子大会,薛作报告。晨六时三刻行,九时五分到,时间恰好。后又有班会。十二时一刻行。二时三十分抵寓,天阴寒未雨。四日风雪甚寒,是晚室内温度F-28°,盆水结碎冰。廿八日小雨,路泞而滑,晚间赴读报会,连跌二次,上了大路稍好,遇李荒芜,知会停开,仍由李伴归。[10]

看来读报会是小组的会,大概路还不算太远,俞平伯竟已连跌两次,幸而没有发生扭筋折骨的事,真算是不幸中的大幸。当时已年逾古稀的俞平伯,每次开会的路又那么远,今日想来,这真是不堪回首。而他却挺过来了,也堪称"文革"中的一大奇迹。

3. 诗 怀

俞平伯真是位典型的诗人,他不管遇上什么样的不顺遂,总能设法自我慰藉,有时似乎还必须借诗来表达。好像一寓于吟咏,百虑顿可全消。1969年12月25日冬至日,就在上面所说的干校开会的那天,他竟做了首十分传神的五律。四年后的同一月同一天,他还将这首诗修改一遍,即题名曰《至日》,并加了段小引:

> 一九六九年岁在己酉,寄居包信小学西向一茅屋中。十二月廿五日晨九时,独往东岳集听报告,旷野茫茫,并不识路。闻人云一直往西可耳。天气阴冷,历数村落,近午方达,会罢即归,遇雨泥淖难行,幸假得一伞,中途又得人扶掖,勉及寓所已六时矣。曾纪以诗,顷为改写,瞬逾四载。一九七三年同月日。

当时在雨中,俞平伯的棉衣已淋湿沉重无比,又遇不上熟人相助,这会是什么样子呢?如果一跤滑下去站不起来,腹中又饥肠辘辘,连人带棉袄冻成冰坨的可能不是没有。那时叫天不应,叫地不灵,这又将是个什么样子?而俞平伯,也只有俞平伯,才能写出诗来宽慰自己:

红学才子
俞平伯

> 至日易曛黑,灯青望眼赊。
> 泥途云半舍,苞信一何遐。
> 已湿棉衣重,空将油伞遮。
> 风斜兼雨细,得伴始还家。[11]

这"伴"真成了他的救命恩人啊!天已全黑,不见人归,其时俞夫人许宝驯的焦急,又该用什么语言来形容呢?

俞平伯夫妇在干校相依为命,也可以诗为证,今录《戏效辘轳体三首,赠内子》:

其 一
人生七十古来稀,幸及邦新见旭晖。
四度移家唯仗尔,梦名"伯玉"要知非。

其 二
头白鸳鸯得并飞,"休言七十古来稀"。
自嗟身世多歧误,欲倩柔纤撑我归。

其 三
泥他双宿与双飞,传道邻村燕子归。
犹似丁年花烛夜,"休言七十古来稀"。[12]

一对年逾古稀的老人,在干校这样的环境下,能达观到令人难以想象的程度,这可真不是一般人所能做得到的啊!

1954年的批判运动搞到后来,有些"批判"已经不知是批什么了。干校附近的老乡们,只知这儿来了个"大人物",也不知姓什么叫什么,只知是当年毛泽东主席支持"小人物"批过的"大人物",有的则知道就是批过的那个"红楼梦",一传十,十传百,大家争相来观看这位"红楼梦"。这间斗室一时竟成了比演戏的草台更引人注目的地方,围观者几乎日夜不绝。当然,看久了便也觉得没有什么好看的,不过是一个老头子、一个老太婆而已。老乡的淳朴与真诚,才是他们最本质最重要也是最可爱的一面。很快,老乡的围观、看热闹变成了友好的串门,他们渐渐都来帮助老头、老太太,这种照顾都是非常实际的。两位老人自然也由衷感激。本来,帮助是可以相互的,一旦建起了互相沟通的真正感情后,彼此都将是无私的。这种与农民间的真正感情,俞平伯也往往流露在他的诗篇中,他对这些诗还都十分珍惜,也一样改了又改。那首《邻娃问字》,便是其中一首:

当年漫说屠龙技,讹谬传流逝水同。

惭愧邻娃来问字,可留些字益贫农。

这首诗在收入《俞平伯诗全编》时,已作了多处修改:

昔年漫学屠龙技,讹谬流传逝水同。

惭愧邻娃来问字,可留些子益贫农?[13]

从这首诗中可以清晰地看到,当时俞平伯对贫下中农的感情是深厚的;从这修改中还可看出,他的这种感情,在回到北京若干年后,不但没有淡漠,而是始终保留着,并且还有增无减。

俞平伯在干校住了一年有零,要离开回北京时,当地老乡还真舍不得;同样,俞平伯夫妇也怀有深深的惜别之情,有诗为证,题曰《将离东岳与农民话别》。

落户安家事可怀,自憎暮景况非材。

农民送别殷勤甚,惜我他年不管来。[14]

就是从俞平伯以斗室为题材,题为《陋室》的诗来看,对这陋室不无幽默,却依然不难看出,也是极富情致的:

其　一

炉灰飘坠又飞扬,清早黄昏要扫床。

猪矢气熏柴火味,者般陋室叫"延芳"。

其　二

螺蛳壳里且盘桓,墙罅西风透骨寒。

出水双鱼相煦活,者般陋室叫"犹欢"。[15]

这两首诗堪称俞平伯干校生活的实录写照,丝毫没有夸张与诋毁,而且其中寓意深切,一股身处逆境、竟犹向上的气势,至今光耀照人。他在干校一年多的诗作不少,而这两首可谓干校诗中的代表作。他自己和他的学生刘叶秋、吴小如等人都也十分喜欢这两首诗。刘叶秋后来取第一首中的末句,还专门为俞平伯刻了方白文印。而此时俞平伯已在1975年10月中风以后,刘叶秋与此相配的朱文印,印文就是"平伯乙卯岁病后所作"。

俞平伯在干校,后来的较长时间都是从事搓捻麻绳的劳动。这是轻活儿,属于副业,安排他干这样的活,当然是领导对他的照顾。一不用走远路,可以就在家里干;二不是田间的农活儿,劳动量轻。他心中十分感激,也很喜欢这种劳动,表现在他的劳动态度上,也是一丝不苟的。他从1970年6月3日,到1971年1月2日的搓绳成绩,在日记中有一小段总结性的记录:

红学才子 俞平伯

> 共绩麻绳一百五十三卷(内九、十两个月停工待料),每卷三丈二尺。宝驯绩十七卷,又粗麻辫二根。[16]

这样的成果,对一位世代只会握笔撰文写诗的文人学者来说,对一位已年逾古稀的老人来说,该有多么不容易啊!粗算算,五个月,搓出近五百丈的麻绳,即平均每月一千尺,要是没有对技术的钻研精神,要是不认真掌握一定的技巧,是不可能干出这成绩的!

这劳动真的触及了俞平伯的灵魂,从他曾祖父俞曲园那一代开始,算是从务农的家庭开始转为仕宦之家,传到俞平伯这一代,已算是第四代,所以这次他下放干校,是抱有一种还原思想的。正如他写《诗底进化的还原论》一般,认为人是应该还原到本质的体力劳动中来的。他不仅真具有这一思想,还用诗写出了这一思想:

> 脱离劳动逾三世,回到农村学绩麻。
> 鹅鸭池塘看新绿,依稀风景似归家。[17]

从这首诗中不难看出,俞平伯当时的思想非常开朗,比1954年挨批时要好得多。诗中表达感情是真切的,没有丝毫的弄虚作假。他对搓麻绳的劳动环境情绪,也同样是真感受的流露。水塘虽小,由于有鹅鸭在那里游凫,确实充满了生机。在池畔稳坐绩麻,他心情舒畅,感到不亚于苏州、杭州的所谓"天堂"。

到干校探望过外公、外婆的韦奈曾说:"诗中所提到的'池',只不过是邻屋的一个小水塘,除一棵开紫色小花的楝树外,并没有什么景物可言。然而,在俞平伯的笔下,它却成为一景,且经常在他的诗中被提到。"这棵树本是极不起眼的树,楝花是二十四番花信风中开在最后的一种花,花不香不美,实无用不能吃。但曹雪芹的祖父曹寅,却把重要的一个字号叫做楝亭。他编的丛书叫做《楝亭十二种》还不算,他的文集还叫做《楝亭集》,还有那更为有名的《楝亭图卷》等。大概与此不无关系吧,俞平伯对池边的这棵楝树也一片真情,还写了两首七绝,题为《楝花》。

  天气清和四月中,门前吹到楝花风。
  南来初识亭亭树,淡紫英繁小叶浓。

  此树婆娑近浅塘,花开飘落似丁香。
  绿阴庭院休回首,应许他乡胜故乡。[18]

  俞平伯此时此地,此情此景,还真是想认他乡做故乡,并一心一意由城市还原回乡村啊!

  在干校的那个端午节,俞平伯夫妇过得也是别有风味的,淳朴的农家为有这样两位稀客在他们家过节,也是倍感亲切的。由他的两首题为《端午节》的小诗,不难看出其间融融之情,更可看出俞平伯感愧交识的怀抱:

  晨兴才启户,艾叶拂人头。
  知是天中近,邻居为我留。

  清润端阳节,茅檐插艾新。
  分尝初刈麦,惭荷对农民。[19]

  这样的心情,可谓是永志不忘的。后来俞平伯在一首《无题》诗中又写道:

  茅檐极低小,一载住农家。
  侧影西塘水,贪看日易斜。[20]

  虽只短短20个字,内容却至多。回忆起干校那难忘的一年多光阴,又回忆起那小水塘,自然也联想起那株亭亭的楝树。别有一般滋味在心头,用来状俞平伯的干校情怀,似颇切中。

4. 家 书

  俞平伯老两口远离绕膝的儿女孙曾,来到河南非常艰苦的农村,既负载着政治压力,批斗频频;又要扎根广阔天地,在那里"大有作为",而要让他们真正忘怀世情,那岂不成了出家皈依?要说根本不想亲幼,那又纯属自欺欺人。再说,儿孙们又怎能不记挂二老,彼此间各报平安的书信总是要写的吧!年已逾古稀,前说后忘,为了帮助回忆,记一些比流水账更简单的日记,也总还是必要的吧!儿孙们也各自下放的下放,插队的插队,自顾不及,但与老人通通信,问候问候,关心关心也总不可或免吧!但毕竟各自东西,牵肠挂肚。从老辈对晚辈的关心与爱护来说,总是要更浓重些,想得要更细致些。

这一年多俞平伯夫妇在干校,除收到儿孙来信,甚慰别情之外,最令二老高兴的自然是儿子俞润民与外孙韦奈去干校探亲了。

1986年,俞平伯和外孙韦奈(右四)、外孙女韦梅(右一)在一起。

1970年7月,外孙韦奈当时在北京东郊的农村劳动,去探望外公、外婆得请假获准后,才能有那么短短的几天时间。而这时俞平伯夫妇已在干校生活了半年多。那些一月连搬四次"家",走泥泞道淋雨摔跤之类的事早已过去,正是在一丝不苟安心绩麻的时候。韦奈(木示)在那篇《俞平伯的晚年生活》中写道:

> 尽管他发现,他们(俞平伯夫妇)的处境,比想象中还要糟,但二老竟能那么平静坦然地对待所发生的一切,并能在极其困难的情况下,开辟了他们自认为很不错的新生活,这使他很感动。从此他对外祖父有了更进一步的了解,祖孙之间的感情变得更为深厚。[21]

韦奈在东岳的那间陋室中,陪伴外公、外婆住了七天,二老兴致勃勃地把他们生活中琐琐碎碎的事操演给他看。看他们怎样用一个薄铁板制成的小炉子来烧开水,看外婆怎么一步三斜地顺坡下到水塘旁洗衣服。他被外公、外婆的这种非凡的随遇而安的精神深深感动着。他读了很多外公给他的信,都说生活很好,现在亲眼看到了,他俩还说新生活过得很不错,但与读信所产生的印象相比,差得实在太远了。这里比韦奈所在的北京东郊农村要差得多得多。

韦奈这七天可贵的时间,自然要尽全力来为外公、外婆做些切实有益的事,从拆洗被褥,到收拾屋子,陪同老人去赶集买菜……给老人带来的天伦之乐,比在北京好像要高出不知多少倍。傍晚收工后,外公还陪他坐在水塘旁聊天,聊叙阔别似乎并非主要,主要的倒是尽享世外桃源的佳境。

这次令人至为激动的探亲,在俞平伯的日记中,反映得却甚为平淡:

> 七月十一日午外孙韦奈自京来省亲。
> 十五日晨六时奈偕同往工地,至经济所听报告,奈先归。
> 十七日七时韦奈回京。[22]

俞平伯不愧是位大诗人。日记记得虽简,真性灵却还能流露在诗句中。他为外孙的省亲,做了三首诗,一首为《东岳集偕奈小坐玩月》:

> 落日红霞映水邨,西塘小坐似公园。
> 晚凉更对柴门月,一岁情惊共讲论。

这首诗在收入《俞平伯诗全编》时,也作了修改:

> 落日明霞映水鲜,西塘小坐似公园。
> 晚凉更对门前月,亲戚情惊话去年。[23]

"柴门月"是写实,诗情画意似更浓郁,但俞平伯改成了"门前月",

为什么？是否怕被再次扣上污蔑干校的帽子？"一岁情惊"也十分真切，阔别半年多，但已跨了年度，祖孙叙谈，自然多集中在别后一年的话题上。但俞平伯偏要改"一岁"为"亲戚"，宁肯做一条注，这又是为什么？

俞平伯另两首诗为《喜外孙韦奈来省视》：

祖孙两处事农田，北国中原路几千。
知汝远来应有意，欲陈新力起衰年。

韩湘会造逡巡醖，又解诗题顷刻花。
知汝远来应有意，文公南去也夸他。[24]

红学才子
俞平伯

俞平伯祖孙阻隔两地，各自务农，又远在千里之外，来作短暂的探视，实非易事。他却并不那么儿女情长，虽赋之以诗，寓意却在鼓励外孙韦奈英年当有为，并更愿在外孙新力的感召下，他自己的衰落之年还图更有起色啊！

同年12月，儿子俞润民在孙女俞华栋的陪同下，也去干校探亲。这时俞平伯夫妇已在干校生活了整一年，他从干校给儿子去信不算多，却也已超过20封，大致平均半个月一封吧。幸好这些信未遇上第二次"文革"。如若真照"文革"需几年来一次的指示去办，那么今天大概什么文章也不必写也无法写了。俞润民选编的《俞平伯家书》现已由开明出版社出版。全部手迹也一封不缺地得到珍藏，这些往事尚可让世人都能查到。俞润民一直在天津工作，他得知父母亲都要下放干校的消息后，立即赶到北京。见母亲正在整治行李，父亲的心情很平静。俞平伯还对儿子说："我们家原本世代务农，我这次去农村也算是返本吧。"

俞平伯对北京也已没有什么留恋之情，对去河南农村也就没有什么畏惧。对儿子说的话，绝非一味的宽慰，这"返本"思想确确实实是他当时的真实想法。他到干校写给儿子的信中，从未流露过半点沮丧不悦之情，也可以说是真真切切的。这些信是他自述干校生活最好的第一手材料，在此引录以见其真：

润民览：

自罗山丁洼干校寄信到津谅已收到。我曾于十一月三十日（星期日）步行至罗山县，约不足十五里，逾冈子数重始达，七时去，八时三刻到。在彼买一熟鸡，较北京的为佳。吃面一碗，又吃面裹鱼块汤。去时有伴，归时失侣，独自归来，行原野中，别有趣味,颇虞失道,幸只一条通路,无甚歧岔,于十二时半回寓。此事前信未提及,今补叙之。你闻之亦必有兴味。我们于十一日(前信云十二,系误记)上午九时半乘 bus 启行,过罗山、息县,逾淮水而北,有公路桥,于十二时三刻抵包信集。同人分住三处:(1)医院,(2)小学,(3)中学。我的住居分配在小学。茅屋三间,孙剑冰家占二间,我们只一间,中间腰隔一下,总算分为两家。地甚简陋窄小,汝母初到亦稍感不悦,我却能安之。其室虽陋,而四周环境颇佳,非常清旷。饭食暂时包伙,饮水(井水)亦可对付。带来各件均无遗失。煤炉迄未能用,以无煤,室内打洞安管亦不甚便。此处亦未必常居,仍须俟领导上安排。包信通电,但小学无之,故照明仍需煤油、蜡烛。十二日上午汝母在室内整理各物。我十时半外出"赶集"买笤帚、油条而归。此间有邮局,通信及寄包裹均便,我们现不需要何物,要什么当告你。来信可书:河南息县包信集包信小学转俞收即可。十三日上午开始"天天读",即在邻室孙处,只此两家的人,由我主持,有汝母参加(八——九时),亦前所未有也。此间逢旧历双日有集,殆犹古风,我住北京五十余年未移迁,而此一月之中三迁其居,北京——信阳——罗山——息县。住信阳十二日,住罗山丁洼十四日,到包信四日矣。去住之缘,诚不可知。南来匝月,除初到信阳时遇雪外,皆晴,未值雨。在小学打伙食,亦尚好。亦有烧肥肠肚块、羊肉之类。用饭票,非包月。蔬菜较罗山为少。"集"临柏油马路,通驻马店、信阳均有公车。驻马店较信阳为近,闻有公车直达。如我住在此,你将来来看我们,并不费事,但总是以后的事了。(此间可上、下车,却无购票站也。)昨日下午,我们到街上散步,打些煤油,买酱牛肉,往返只一小时耳。今日有"集",拟去看看。所住室内温度,约在摄氏零度上下,亦不过冷,唯手觉僵冷耳。

有粉红条纹里子的丝绸被一条,不知你带津否?如在你处,可为保存,你母说她要的。复信告知。

估计你当有信在途中,因往赶集,即寄此书。即问你们都好。

十二月十四日(星期日)上午　父书[25]

这封信是刚到包信集住在小学,当未最后"定住"到东岳那陋室时写的。那时的干校生活与北京的生活自然无法相比,而俞平伯仍能泰然处之。尤其在信中,他更多的是记叙生活中有趣与值得欣慰的一面。俞夫人许宝驯是直接与生活琐碎日夜打交道的人,对住地窄小,也只不过是稍感不悦。他们老两口,就是从北京大四合院,一轰而进跨院三间北房,再轰而到农村一间小屋子里,这样一步步人往低处走而能安然对待,不能不让人惊叹俞平伯夫妇生活适应环境能力之强。他们所作的思想准备是否要比其他人更"充分"？他们是否从1954年就已有过朦胧的准备？是否"文革"中抄家批斗后,他们对一切身外之物都已看得淡而又淡,即便再往低处走也能逆来顺受？比自己生命更宝贵的作品都能在浩劫中顷刻间当着面看它化为灰烬,那么一己之体肤,经历些磨难又有什么呢？更何况俞平伯还心甘情愿要"返本"于农村呢？

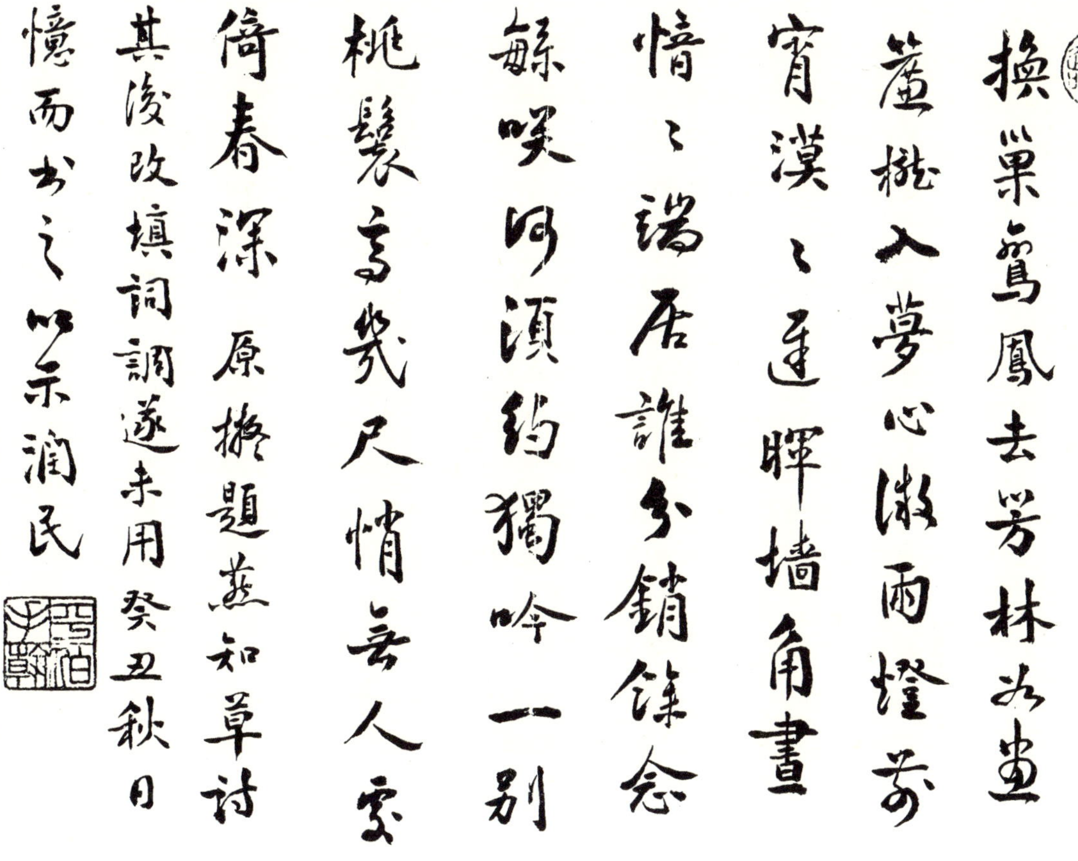

换巢鸾凤去芳林杪尽
芦桃入梦心潇雨灯斜
宵漠漠连晖墙角画
惜惜瑞店谁分销铄念
鲦嘆何须约独吟一别
桃鬟高卧尺情等人云
倚春深原搁题燕知草诗
其浚改填词调遂未用癸丑秋日
忆而书之以系润民

俞平伯给儿子俞润民的小诗手迹

这是一封写给儿子的流露欣喜之情更多的信：

润民览：

十四日信谅已收到。是日赶集购得活鲫鱼和虾,只用二角。鸡子三枚,每个七分。鱼虾以火酒烹食之,虾有一大碗之多,南来第一次尝鲜。鱼虾等固价廉,开水却很贵。我打了一瓶的水,费五分,实系上了当。一角买四个牌子,可打四瓶。零卖则每瓶三分。即此亦很贵。以此间煤价高也。"集"为自由市场,讨价还价,我们不这样做,领导上如此嘱咐。十五日罗山续有人搬来,住中学校,云有十家之多。转到栋栋来信,略知汝在工地近况。十六、十七日天气均和暖,达 40°F,闻本地人云,最冷不过摄氏零下六七度,则比京津暖多。十七日晚得你十四日书,知到工地情况甚好,且比我处为优。栋栋写信有父风,亦很有趣。十八日天气稍冷,室内 34°F。此间伙食,早粥,午面条,晚馒头。菜则豆腐、萝卜、羊肉,亦颇好。用饭票,我们吃得不多,亦很省。知每星期尾可回家,信自可寄津寓。工地详址亦告知。南来已逾一月,箱子方全部打开,前信所云汝母之丝绵被已找着了。此间有煤油,买一角钱的小灯燃之。汝母又用"速溶咖啡"的小盒盛油,上开三孔安捻亦可以温菜。又在西墙穿孔安管,小炉已装好,只是缺煤。廿日在集上购麻秆(四分一斤)一捆,价一元七角,可以对付烧些热水。

十八日上午收到汝十五日信,只有四天,并不很慢。胶鞋我有两双,一为胶皮的,一为布面(有带)胶底,大约也够了。长的马靴,暂时不需要。现在所内人员分住两处:一东岳集(主要是干部),二包信集(主要是家属),非常分散。罗山据点是否撤离完了,亦不得知。说要盖房,亦不知何时能建成。我住小学内,非常清静,甚闲,一切听其自然。睡眠之佳,前所未有,大约七时左右即灭灯安寝(大家也睡了)直至次晨六时起来。同事住此者,只有孙剑冰一家(孙常在东岳劳动,家中只孙太太和两个小孩),其他多住别处。旁人或不喜这样生活,我却很喜欢的。所谓包信集,事实上只有一条南北长街,约半里许。有些小店,依我所知,有杂货店(打煤油)、理发、卖牛肉、卖纸张、卖茶水等等。店铺无招牌,一般不容易看出。二日一集,有蔬菜、鱼虾、肉类。卖油条(以羊油炸之)、卖燃料等等,人甚拥挤。街之东头有公共汽车,通往新蔡、信阳等处,却并无车站,只有一木牌为记。车到后由车上人下来售票(要排队)。

以后信件书"包信集、包信小学转"即可。以此间实无所谓"五七"干校也。我浮寄此间,生活虽尚好,心中亦不安定。汝母亦每日忙碌,身体勉支。节候即交冬至,以后气候总要冷些。余不多书,即问你们都好。

十二月廿一日　父书[26]

随着时间的推移,也可能此时干校领导忙于搬迁安顿等事,似乎批斗的事暂时少了些,也或许有,而俞平伯却没写入家书。但生活方面至少管得不那么严了。所以赶集买鱼虾吃,也就成了南来一乐,成了他家书中的重要内容之一。幸而当时他脚力尚健,赶了附近的集后,开会学习传达文件等走上来回五六个小时的路还能对付。集上能买到些美味解解馋,好像已是天大的满足。下放过干校的人读到这些信,当体味更深,透过纸背的个中滋味,至今并不依稀,而是历历如在眼前。一位世代书香的大文豪,并且已年逾古稀,能一下子适应这么大的生活变化,还能乐在其中,这种勇于克服重重困难的决心,实在值得仰佩。

润民览:

廿五日发信后,即在中学集合,步行往东岳集,路很远,有十五里。(从丁洼至罗山十二里)却都是平路,没有冈陵。路亦径直,往西一直走就到了。九时行,至十一时一刻方到。在那里吃点中饭。初办食堂,比丁洼的更为简陋。下午听贫下中农的报告。时间不长,至三时许即散会。是日上午天阴,午后一直有小雨。我未带雨具,幸借得一伞,冒风雨而归。道路泥泞,十分难走,幸有同志数人沿途招呼,才勉勉强强于六时余抵寓,其时天已昏黑,棉鞋、棉裤、棉大衣无一不湿,泥污不堪。次日汝母收拾了一个上午尚未完毕。我身体倒还好,即此就算不易了。两个据点相距辽远,是个麻烦,但亦必须克服也。廿六日,风寒,雨倒不下了。室内仍 36°F。

我们在小学搭伙,自己烹煮食物,或吃带来之食品,并无妨碍。罐头南来后已打开七个:信阳二,罗山二,包信三。所余亦不多了。带来炉子,烧麻秆,管子一拔,一烘即过,并不适用,只是对付而已。

东岳集住居情况,还不及这里。许多人借住农家,食堂亦较远,天雨路泞,行步亦很困难。对外交通亦不如此地方便。廿五日去后,所见情形如此。说那边要建房屋,却不知何年何月方能造好。所闻此间本缺乏砖瓦木材,而运输紧张,造房是很困难的。

小学伙食,晚上有荤的,总是羊肉。廿六日忽有猪肉,肉较老,但亦算很不错了。饭食总不成问题。

廿七日气候较冷,室内摄氏零度。居然弄得末煤(要和水和泥)五十斤,总算不易。如何烧法尚不可知。这是所内用卡车由信阳运来的,每人配给一筐。带来炉子总算用上了。

这封信到正值新年。即问你们都好。

十二月二十七日下午　父书 [27]

俞平伯在这封信中所述的去听报告,接受贫下中农再教育,路途的一些小艰难,对他这个七十老翁来说,确实已很不简单。总算俞夫人许宝驯不属于干校学生,可以免去,而为淋雨泥污做清洁卫生工作,花了整整半天却还没弄完。幸而他们带去炉子,干校领导也还真关心学生,特地派车去运煤。而学生要用这少许煤末来取暖,又谈何容易!真所谓学到老学不了。这等烦琐事务,可真是难为了两位老人啊!

注释

[1] 俞平伯:《俞平伯全集》(第1卷),石家庄:花山文艺出版社2001年版,第536页。

[2] 同上。

[3] 同上书,第1卷,第536—537页。

[4] 同上书,第536页。

[5] 同上书,第2卷,第344—345页。

[6] 同上书,第1卷,第537页。

[7] 《新文学史料》1990年第4期。

[8] 同上。

[9] 俞平伯:《俞平伯全集》(第10卷),石家庄:花山文艺出版社2001年版,第377—378页。

[10] 同上。

[11] 俞平伯:《俞平伯全集》(第1卷),石家庄:花山文艺出版社2001年版,第557—558页。

[12] 同上书,第1卷,第559页。

[13] 同上书,第1卷,第563页,题已改为《农民问字》。

[14] 同上书,第1卷,第565页。

[15] 同上书,第1卷,第562页。

[16] 《新文学史料》1990年第4期。

[17] 俞平伯:《俞平伯全集》(第1卷),石家庄:花山文艺出版社2001年版,第560页。

[18] 同上书,第1卷,第561页。

[19] 同上。

[20] 同上书,第1卷,第569页。

[21] 《新文学史料》1990年第4期。

[22] 同上。

[23] 俞平伯:《俞平伯全集》(第1卷),石家庄:花山文艺出版社2001

年版,第562页,改题为《偕索西塘小坐》。

[24] 同上书,第561—562页。

[25] 同上书,第10卷,第3—4页。

[26] 同上书,第5—6页。

[27] 同上书,第7—8页。

虽然记了近一个月,事实上只震了一天,而社会扰攘,群情惶骇,以今思之似不可解。……记了将近一个月以后,有身上一松之感。其实闲居无事,却有一种恐慌的空气紧紧包围着我们,要时时和它奋斗,不知来从何处,总是从各方面汇合来的罢。常说,身劳心逸,而今恰恰相反。

——俞平伯:《地震日记·跋语》

HONG XUE CAI ZI
红学才子
俞平伯

1. 发还家珍　兴奋难抑

2. 今日阿谁孚众望

3. 地震

4. 晚来非晚借灯明

5. "两地书"和《重圆花烛歌》

6. 重印《古槐书屋词》

7. 欣慰的1980年

第八章　晚来非晚借灯明

1. 发还家珍　兴奋难抑

1971年1月,在周恩来总理的特别关照下,俞平伯夫妇与其他10位著名学者,先于一般"五七"战士离校返回北京。有关这一段可直接读他的日记:

> 十一日上午十时乘吉普车到中心点开座谈会,由黄同志、王平凡主持宣布回京十一人。我们四人(何其芳、吴世昌、孙楷第、俞平伯)。其他历史、民族、哲学、语言所。一时归,发津电。
>
> 十六日八时半乘有篷之卡车行过息县逾淮河到罗山,停甚久。下午一时三刻到信阳第三招待所。
>
> 十七日阴雨,夜十时许步至车站,以误点待车甚久,至十二时始进站,又待良久车来,开车已晨一时矣。我宿中铺,环宿下铺。[1]

俞平伯历时一年两个月零四天的干校生活,至此结束。回到北京,朝内老君堂的老宅已再也回不去了,他们先被安排在招待所。所谓招待所,其实也就是后来安排他定居的同一幢楼房。这事也可直接读他自己的日记:

> 十八日下午四时半到北京(误点两小时),有六弟、韦奈、谢象春携女建青、珣处阿姨来接。晤学部宣传队解放军王同志。乘小车到建外永安南里招待所,住10号楼504室。六弟、韦奈同车来,命奈至新侨购烤鱼、炸猪排、蛋糕等食之。居然平安返京矣!
>
> 廿二日往学部留守处报到,行李已运到。傍晚定居永安南里10号楼303号,在二层楼,颇佳![2]

俞平伯夫妇被折腾了一年多,搬迁连同两头住招待所等均算上,几近10次,至今才总算得以安定。这10号楼303号,是一处最普通的一南一北,一大一小的单元房子,而这对于刚折腾完的他们来说,已是莫大的满足。在日记中写出了他的真实感受——颇佳!可不,比起四面透风的小茅屋来,这确已是天壤之别了。日记中这句:"居然平安返京矣!"短短七言,内中却包含了无数甜酸苦辣。俞平伯夫妇年逾古稀到"五七"干校,他们所作的思想准备肯定是永远不再返回北京。他外孙韦柰曾说,"他曾回忆说:'我们离开北京时,就没做回来的打算,有老死他乡的准备。'显然,能平安返京,对他们来讲实属意外,也的确是个奇迹"!

1971年初,夏历尚在庚戌年十二月,俞平伯为住上新楼房,还真是特别高兴,住入303号的第四天,他吟诗一首:

"五七"光辉指示看,中训干校一年还。
茅檐土壁青灯忆,新岁新居住永安。[3]

红学才子
俞平伯

这首诗题为《庚戌十二月移居永安里》。俞平伯对这里显然很感兴趣,谁不期望"永安"呢?尤其是历尽了艰苦折腾的人,对"永安"自然更有特别的渴望。诗中首句是对毛泽东主席"五七"指示的歌颂,这是违心的话吗?不是!俞平伯很少说违心的话。他对干校的生活确实还存有多方面的留恋之情,农村生活给他的印象也极其深刻。他俩回京后,与东岳房东顾家仍一直有来往。当俞平伯从顾家来信中得知,乡间要装电灯而苦于买不到电线时,他立即让韦柰去买来打邮包寄去。顾家对俞平伯夫妇的"过早"返回北京,也确实依依不舍,逢年过节还千里迢迢寄上自家腌制的咸肉之类的东西。俞平伯吃到顾家的土特产,也总会勾起一些思念,尤其为乡亲们的这番真心实意所感动。

这一年多的干校生活,引发了俞平伯对农村更为深厚的感情。回家后的头一个春天,本可由儿孙辈陪同,上春意盎然的万寿山、卧佛寺、樱桃沟等处去行春、赏春、游春,但他偏不是这样,而是选中了外孙的劳动地永乐店农场。为此,还必须自带午餐冷食,他也不怕麻烦。那天由大女儿俞成陪同,先乘郊区公共汽车,不料通往永乐店的公路正在修,尚有30公里路不通车,这一下可颇扫俞平伯夫妇之兴,只得折回而改游动物园。

俞平伯回到北京后的生活,自然比农村要方便多了。虽每天仍须去所里参加学习班,时不时还要交思想检查、自我检讨等材料,但总不必再走泥泞的小路了,不用再烧秸秆熏得老眼泪横了。老君堂老屋虽好,但毕竟是中式平房,现在住上了有暖气的楼房,刮风下雨都不用再走水路,吃喝拉撒都不用出门,对两位老人来说,自是更感心满意足。房子虽新,老屋的东西基本荡然无存,空荡荡的两间新楼房,总也不像个样。这才出于必需与实用,添置了一两件家具。

到1972年5月10日,总算发还了从1968年直至1971年所扣的工资,并把冻结的存款也解了冻。5月12日,居然还发给"查抄物资偿金"2 400元。5月16日又发还了"查抄"残存的一小部分杂物。

当时能做到这样,已是天大的不容易。在逐步纠正"文革"错误的过程中,要求俞平伯夫妇开出遗失物品清单来,这可难为了他们。偌大的一个老家,几代留存下来的家俬,在接连不断的批斗、人格侮辱、体罚、下放劳动以后,又怎能回忆得全呢?更何况家属们明明已见到,抄走的东西分摆成堆,由"造反派"拍卖给了街道的居民,每堆一元,有的五角,用抽签法分配给大家。正如韦奈所说,所有财产都"飞入寻常百姓家"了,哪还能查找得回来呢?这2 400元的所谓偿金,只是给"造反派"得一心理上的安慰,他们的所作所为仍是"革命"行动,并已做出了应有的补偿,完全可以心安理得了而已。

有一位西德作家点名要来拜会俞平伯,这一下可慌了领导的手脚,亲临"现场"来做"布置"与"安排"。于是只好遵照领导的意图,临时拆去大双人床,搭了一番临时布景,一时总算蒙混过了外国人的耳目。这类来骗洋人、瞒上而瞒不了下的丑闻,在那个时代是屡见不鲜的。著名画家黄永玉曾说,为了欺骗韩素音,领导安排临时让他住入吴作人的华侨公寓去做"主人"。幸亏他得知也为了骗韩素音,前不久刚让别人去过吴宅做假主人,这一下弄得领导好窘。这样的弄虚作假,俞平伯是最不以为然的。领导让拆大床买家具,他却向家人宣告:仅此一回,下不为例。他一生最深恶痛绝的就是虚假,他只做实事,从不担虚名。后来,他发现自己的著作中被排错了字,也要连着好几天闷闷不乐,为什么?道理也是一个,读者读到的不是他的真实,岂不就成了虚假?

俞平伯家的藏书,查抄后幸而能归还的,大约不足三分之一。一些基本的工具书,如《辞海》、《辞源》、《康熙字典》、《钦定词谱》、《佩文韵府》等,干脆说,公家有用,折价后而就此没收了。他曾祖父俞曲园的著作,木刻本《春在堂全书》,本来家存的部数还是不少的,而发还时成了一大堆乱七八糟的纸片,经过仔细拼凑,总算还凑成了一两部,而更多的都成了残帙,甚至成了片片蝴蝶飞。更妙的是,归还俞平伯的书中,有的竟已钤上了"江青藏书"的印章。看来这场红卫兵小将的大肆抄家,确实是江青之流直接指使并操纵的,她的首要目的当然是借此手段来销毁她的历史、她的丑闻。而满口高喊破"四旧"的人,抢去了名人名家的旧藏珍物,却迫不及待地加盖了她的收藏章,这岂不是天大的笑话,莫大的讽刺吗?原来旧文化只许他们有,不许别人有,窃国肥己才是他们真正的目的。

还要说的是,所谓折价赔偿,只是指家具衣物等,他们根本就没提对书的赔偿。经过这样一场有指使有操纵的查抄之后,小将们大概也懂得了一些"四旧"的价值,他们也深知这是无法用币值来折合来偿还的。俞平伯的藏书是文物,俞平伯的著作,尤其是尚未发表的稿本孤本,毁之于一旦,连俞平伯自己也无法回忆追记,小将们又有什么办法!尽管如此,有所归还与补偿,对俞平伯这颗破碎的心,总还算是一种安慰吧!至少在他看来,这是对他人格的一点恢复,表示着他总算从"另册"中"解放"了出来。

后来陆陆续续又发还给俞平伯一些家藏旧物,其中有一件至为微小却至为珍贵的小东西,王伯祥称之为"神物"。它是一个小玉章,印文刻的是俞曲园所做的一首长诗《福禄寿砖歌》,并题目后记,一共刻了9行142个字,阳文。大家知道,玉是十分坚硬的,一般刻图章的刀是刻不动的。现在治玉印,多用治牙的牙钻等一些现代化的器械,而早在百年前,都还只能用刀、用手工,刻成这样的印十分不容易。印面的布局、篆法又如此精当、匀称,真可谓非大手笔莫属。印是俞曲园的学生徐琪请当时岭南著名大印人梁垣光刻的,印钮上还刻有款。印太小而字又太多,如按常法,用印到印泥盒中去蘸印泥的话,那是绝对打不清楚的,必然会只见一片红色而一个字也显不出来。所以这方印传到俞平伯手上后,只有俞夫人许宝驯一个人会钤拓。她是用小拇指轻轻地去蘸了印泥,一点一点往印面上去抹,直至薄薄而又匀匀地抹满印面后,才能轻轻打在好宣纸上。即便这样,她也未必每次都能钤拓清楚。

那些日子,俞家陆续有些东西发还,俞平伯一高兴,总要拿上一些,专门到王伯祥家来,给他看看,以示兴奋,也兼有"奇文共欣赏"的本意吧。

一次,王伯祥提起,早在上海一·二八事变之前,俞平伯曾经给他抄过俞曲园的集外诗九首,题为《病中呓语》,其实内容非常现实,都是对时局的一些预言,由中可见俞曲园的远见卓识,王伯祥一直十分珍爱,可惜一·二八事变时焚于战火,全部藏书片楮无存,这九首诗自然也一同毁掉,被六丁摄去了。王伯祥一提此事,俞平伯也记忆犹新,但他说因为是集外诗,未收入集子,原稿也已丢失了,但他却能背得出来,还答应回去后,背录一份赠给王伯祥。

不几天,俞平伯即再来,带上这《病中呓语》背录本的同时,还拿出新近刚刚发还的这方小玉印给王伯祥看。王伯祥为之惊叹不已,把玩久之,留下了至为深刻的印象,原印自然当即奉还了。当时王湜华上班不在家,当晚听王伯祥说,那天俞平伯特别兴奋而激动,抖抖擞擞地从衣兜里掏出装这方玉印的用丝绸与棉布双层制作的小袋子来时,他的心情喜出望外,王伯祥看了后也深深为他高兴。

又过了没几天,俞平伯又送给王伯祥一张笺纸,上半贴着《福禄寿砖歌》小玉印的俞夫人许宝驯手拓本,怕王伯祥眊眼昏花看不清,还特地在下半贴了张印拓的放大照片,照片两侧的空白处,右侧题了"曲园旧藏玉印摄影放大"10个字,一侧题了"容翁兄长赐存弟平持赠"10个字,下面还有"时年七十有五"6个小字,眉上又有"原平方六分四,刻字一百四十二"共13个小字。笺纸右上方,题着"福禄寿砖歌小玉章",下留钤一"俞"字双边朱文印。这自然是送给王伯祥的一份厚礼,他就在笺左偏下方,钤上了叶圣陶早年为他刻的"鸿庵心赏"朱文印,以示非同一般的珍爱。

王伯祥为俞平伯所赠《病中呓语》已写了一则跋,正好后面尚有余白,为得此厚礼,又用更小的字,几近蝇头,加了一则跋语,聊记兴奋心情之一斑。为了怕所记有误,王湜华又去俞平伯家将他所记玉印的一个小册子借归,王伯祥又细加核对,所书跋语果然有小误,所以又在跋后面的余空处,写了一则订误,一共有四行。连同俞平伯赠的这两件珍物,订成薄薄一册,封面上就题上了"俞曲园先生集外诗"八个字,又做小引:

  平伯手录见赐,并以旧藏《福禄寿砖歌》小玉即蜕影附写。因缀存宝赏,兼志铭感。癸丑(1973)六月六日记,正小暑前二日。

这方印至小,诗也不长,却可看出俞曲园为人耿介正直的一面。由上面简单追叙,又可见俞平伯、王伯祥二人非同一般的交谊。王伯祥的三则跋语是:

  五十年前,予与平伯同客海上,曾承录示其曾大父曲园先生集外诗九首,题为《病中呓语》,实则世局预言也。不收集中,盖其慎耳。未几,平伯北宅旧京,予仍留寓闸北,辛壬之交,倭犯淞沪,室庐遭燹,片楮无存,此九首者竟为六丁摄去。每一念及,咨嗟随之。今予追随北来,同处京华又二十余载。一日,平伯见过,偶话此诗,平伯云:虽未入集,而记忆甚深,可默写为赠也。五月廿五日,平伯复过敝庐,即以默写本见贻。重获展诵,弥感隽永,首首有反映时局之深刻印象,诚合末句"都在衰翁一梦中"矣。平伯所用之纸为旧藏华阳王氏刻书版式红格笺,版耳题"犟斅谂丛钞第□",盖王雪澄(秉恩)当时谒赘之物。想见老辈缟纻之雅,流风余韵,有足令后生低徊不置者。其增重艺林不更当鼓舞歆动耶!癸丑小暑后三日清晨,八十四畸叟记。

红学才子 俞平伯

平伯赠我手写本时,并以曲园先生所藏小玉印见视,印材方六分四,高半之。莹润似截肪,穹背削山,弁簪穿孔,横贯丝绦。印文首刻"曲园先生福禄寿砖歌"九字,接刻歌辞,歌后又刻"光绪甲午冬,门下士徐琪视学粤东,晤三水梁生垣光,爰属刻此玉章为先生寿"卅一字。凡篆九行,细于蚊脚而不失楷则,洵神物也。摩挲良久,郑重归之。承留手拓印蜕于别纸,盖字小不宜用印泥钤押,故须纤指轻捺耳;又恐予目眵难辨也,更粘放大照影以媵之。故人厚我,无微不至,感而附诸诗后,并为珍藏焉。畸叟又记。

越七日,浞儿走谒平伯,又将其所记玉印一册携归复核,则予记有误,今订正之。即篆末行"梁生垣光"下之"爰"字,当为"年六十"三字,予记中之"卅一字"当为"卅三字";穹顶所镌有"平方六分四",当为"玉印方平六分四",予记"十九字",当为"廿一字"。老目昏花,当时竟未能辨,漫然记之。设无原本覆核,不几贻笑方来乎! 六月十八晨补记。

王伯祥晚年白内障日剧,又无心去割治,遂致一目全然失明,戏而自名为"畸叟",即为"剩一只眼睛的瞎老头儿"。这时他落名款,则往往用这两个字。当然,也不是随便瞎用的,只有在至亲好友间才用它,正如俞平伯写给王伯祥等人诗文时,才钤"知我平生"、"性喜涂抹"等印一样。

王伯祥长俞平伯整整10岁,俞平伯每以弱弟自谓。他知王伯祥眼睛不好,行动不便,更是常有探望。赠印蜕之外,还特附放大照片,并亲手贴于一笺。他这样惠爱与照顾王伯祥,王伯祥真是由衷地感激,也真心为俞平伯有归赵之物而欣喜。

幸得囫囵地从"五七"干校回京,这本已在俞平伯的意料之外。去

"五七"干校前,他心绪更加不宁,那时他的外曾孙韦宁才出生不久,也顾不上为添第四代而高兴。他干校回来,正值辛亥革命花甲。韦宁也已两岁。这一年,他做诗不少,后来加以总题称为《辛亥杂诗》的,就有19首。其中前6首为追忆前辛亥事之外,不少还是在追念干校往事。除前引《五七光辉指示看》一首之外,还有几首。

芸田终远胜佳游,一载从之力未酬。
想象西畴正东作,只余衰朽住层楼。

1974年,俞平伯在天津与家人合影。

俞平伯还真心地悔恨去"五七"干校太晚了,若能早上个10年20年,也不至于力不从心了。他自己已住上了有暖气的楼房,却仍时时想到农民生活的艰苦,又一首是写收到乡亲来信时的喜悦心情:

> 日日风寒已是春,农娃书信慰离人。
> 却言昨梦还相见,回首天涯感比邻。

从这首诗中可看出,俞平伯在"五七"干校,与邻居相处得有多么好。俞平伯毕竟老了,对岁月的流逝,自是难免伤感,而就在这伤感中,仍包含着对乡亲,以及他俩村居生活的留恋:

> 不觉春秋易变迁,不辞经岁又经年。
> 若教门里安心住,道以佳名不是颠。

俞平伯每一忆及干校的陋室,反而萌发了"好闷"的感慨,这是神经不正常吗?不是!这才是真感情的复杂流露。本来事情总是有两方面的,在干校一个人雨中走在泥泞路上,自是想想都后怕的事,别人却还护送他回家,这种温暖,久居大城市的人还真体会不到,所以他动情地写道:

> 雨中行路一趑趄,昏暮思归昧所趋。
> 自是人情乡里好,启勤护我到茅庐。

这种雪中送炭的帮助,俞平伯当然永志不忘。不但不忘,回北京后还必须用诗来追记,这才不愧为一个有良知学者的诗人。

话又必须说回来,北京才是俞平伯真正的家,是上代人就定居的家,是他又喜见第四代的家,只有在北京才得以与众亲友晤叙。他回北京时,外曾孙韦宁已经两岁。这与俞曲园晚年喜见第四代的情形是多么仿佛,这自然是最慰老人心的。在《辛亥杂诗》中有两首是写此心情的,一首七绝,一首五绝:

> 京邑重来百感新,孩孩喜语室生春。
> 稍为迟暮添颜色,看到曾孙一辈人。

> 开春时遇戍,窗外尚寒风。
> 鱼菽曾孙与,苍颜借酒红。[4]

正在牙牙学语、活泼可爱的外曾孙,喜绕老人膝下,其天伦之融融,能不用诗记下来吗?俞平伯本不善饮,为看到第四代的天天向上,芄芄有生气,而多喝一盅,酡颜顿生,这又是什么样的一种乐趣啊!

这年的 2 月 14 日,俞平伯在灯下又做了首诗,为能与老伴一起度过艰难而安然地返回北京,也为合家都得欣逢盛世,再次表述自己的欢快心情:

儿女归家笑语亲,兰苕玉树各生春。
漫云偕老非容易,幸得偕为盛代民。[5]

这是他对以前认为将老死他乡的一种否定,更是为合家都赶上好年头而由衷的高兴。

就在这辛亥年的腊月初四,韦宁 3 岁生日,俞平伯又喜而得诗,题为《岁在辛亥腊月初四日外曾孙韦宁 3 岁,写示儿辈》,还为这首诗写了跋:

同是嘉平月,生辰在一旬。
宁宁三岁小,七叶喜增新。[6]

先曾祖生于清道光辛巳(1821 年),迄今一百五十年矣,生辰为十二月初二。余生于光绪己亥十二月初八日。小宁宁生日恰在其间,亦可喜也。平附识于北京东郊寓所,时年七十有三。

这虽只为一、四、七三代人的生日同在一旬而吟咏,俞平伯的喜悦心情却是非同一般。同月 21 日,已交下一年壬子之春,正好华粹深从天津特地来看望他,而韦宁已在学认方块字,他又特别高兴,写出了如下诗句:

小集居然四辈人,通家还往感情真。
宁宁初识人间字,又见高楼报早春。[7]

俞平伯曾自述:"我很少和孩子玩耍,唯小宁宁是个例外。"韦宁的父亲韦奈,对此有一段生动有趣的记述:

俞平伯夫妇住在向阳的那一间,平日家人很少打扰,唯宁宁可以破例。他可以跑到太外祖的床头问他:"太公你在唱什么歌?"老人便笑着回答:"我不是唱歌,是在吟诗。""什么叫吟诗?""长大你就懂了。"不久,宁宁就开始学背唐诗,每学会一首就跑去背给太外祖听,这对他来说,实是一件乐事。小孩子可以在他房间里"造反",把所有的椅子摆成长龙,学着开汽车的样子,要太外祖做乘客,一会儿要买票,一会儿要下车。他并不嫌烦,总是依孩子的话去做。比较辛苦的要算是和孩子捉迷藏了,或躲在门后,或跑到另一间房里,这游戏只能玩一会儿,但孩子很满足。到宁宁开始识字的时候,俞平伯便在剪得方正的纸片上,一笔一画地写上"人"、"天"、"大"等字,并常要考一考他。宁宁成了他们的宠儿。他经常带宁宁下小馆,在住所附近的餐馆要上"熘肉片"、"炒猪肝"这类小菜,间或有一杯啤酒,与孩子共饮。这便是"鱼菽曾孙与,苍颜借酒红"的来由。以后宁宁长大了,与太外祖游戏的时间少了,然而他始终给宁宁以特殊的关注,并曾为他所在的小学校题"千里之行,起于足下"八个字,寄托他对后代的期望。今日,宁宁已成人,全家人中仅老人仍以"小宁宁"这爱称呼之。[8]

1974年,俞平伯与夫人家许氏兄妹合影。

这样的四世同堂,曾祖与曾外孙一同嬉戏的场面,谁见了也会笑逐颜开。尤其对刚从"五七"干校回到北京的俞平伯夫妇来说,更是与众不同。谁都会羡慕韦宁,只有他有这样慈祥可敬的外曾祖父母。他也确实没辜负老人们的期望,已成为国家有用的人,也不愧为俞平伯的外曾孙。

2. 今日阿谁孚众望

1975年10月1日国庆节,按惯例是要在人民大会堂举行隆重招待会的。往年俞平伯多数也都在应邀出席之列,可是"文革"以来,他已与这宴会厅久违了。这一年,周恩来总理又特别想起了俞平伯,发出了请柬,俞平伯自然兴冲冲地应邀前去。不意他竟乐极而生悲,不几天后即突患中风,因脑血栓而形成偏瘫,部位在左脑,所以严重影响了他的右手,初发时连笔都不能拿,没法写字。这对一位七十多年来"性喜涂抹",写作不辍的大学者来说,无疑是最大的苦恼。

就在招待会后,发病之前,俞平伯还特地从永安南里,来到小雅宝胡同看望王伯祥,表述"久违"后得缘重新恭逢盛会的喜悦。这是不是激动又加激动,成了发病的导火索之一?这就谁也说不清了。王伯祥闻俞平伯中风,自然十分焦急,但知这类病,最宜静养,不宜再有所激动,所以也没有马上去看望。那时王伯祥的白内障已更加严重,正是写《旧学辨》已无法亲自命笔的时候,他同样也已无法亲笔致书问候俞平伯。他心中的不安与牵挂,实是难以平抑,宛如十五只吊桶,七上八下。

俞平伯一向讳疾忌医,很少去看病,也很少吃药。这次的病来得如此突然,一开始他还是坚持不去医院不吃药。经家人多次劝说,并且正好能请中医大夫来上门针灸,他才勉强同意了。针灸对治中风,还真有奇效。三年前,王伯祥也曾中风,也就是靠针灸得以大致恢复的。这也是俞平伯所亲见的,他之所以听劝,或许与此也不无关系吧。他急于恢复健康提笔写作,是当时最大的心愿。针灸一两次之后,他就坚持握笔练习写字。一开始写的字,那真是歪歪扭扭,这杆笔怎么也不肯听他的指挥,但通过他不凡的毅力,笔迹却越来越苍劲。虽然他病前病后几乎判若两人,一见便可看出其大不同,但俞平伯毕竟还是俞平伯。那种纤细秀雅的笔道再也见不着了,但匀称稳妥的肩架结构,随着苍老,遂形成了他晚年所特有的一种书风。

王伯祥听到俞平伯中风的消息以后,大大影响情绪,眼睛又越来越坏,几乎只能见到白茫茫的一片,眼瞎之外又兼耳背,体质也越来越弱,竟在同年年底,即1975年12月30日去世,享年86岁。这时俞平伯的腕力已恢复得相当不错,得知噩耗后,他心情非常沉痛,不意发病前夕赶到王家,竟成了两位老人最后的一面。他哀恸之余,即奋笔写了一挽联,连夜让大女儿俞成送到王家。

  记当年沪渎初逢,久荷深衷怜弱楝;
  喜晚节京华再叙,忍教残岁失英耆![9]

这可真是泪水哭成了联句。短短一联中,岂能道尽半个多世纪的交谊,只能点到一头一尾,而略知其详的人读了它,内中包含真情实感之富,一旦永诀之痛,诚然既溢于言表,又深透纸背。

那个时代,正值"四人帮"最为猖獗的时期。王伯祥临终前不久,必须要写这篇《旧学辨》,辨的是什么?简言说之,十分明确。就是"四旧"不能破、不该破,也破不了。这话不畅快一吐,实难以瞑目。吐出来了又怎么办?王伯祥就命王湜华用毛笔端楷抄录了10份,分送给老友,其中当然不能没有俞平伯。老友们读后,心中都十分赞可,而限于当时的大气候、大环境,均不欲形诸笔墨。这也正可看出"四人帮"的恐怖,实在不是闹着玩的。

俞平伯病后写给王伯祥的头一封,也是最后一封信,至今还珍藏着,这很可能是他恢复握管后的第一封信,字迹歪七扭八,颇有童稚之气。信是1975年11月14日收到的,整一个半月后,王伯祥即撒手人间,俞平伯再为王伯祥写什么,那已经是挽联了。信的全文共两页纸,比过去信中的字要大得多,处处显现出他握管之艰难。

红学才子 俞平伯

容翁长兄:

  上月一晤后,弟遂发病,未克再诣左右,至歉至怅。经疗治匝月渐愈,勉可握管,犹似涂鸦,姑以数字寄呈博笑。闻兄近得利明眼药水,极有效益,甚慰下怀。深冀他日重游,共话畴昔也。前者刘君梁孟及湜华贤阮均来问疾,情谊殷勤,至为感纫。湜华属内子题签,已为勉涂,聊以塞责耳。匆布,敬叩

起居

       弟平 顿首 十一月十四日[10]

俞平伯病后书不成字,却仍不忘幽默,借博笑兄长的机会,也聊存自嘲之意。

在王伯祥去世后的第九天,周恩来总理去世了,时为1976年1月8日。俞平伯闻讯,哀恸不已。他对周恩来总理一向十分敬仰,这倒并非因为自己常受到他的照顾,如点名让他从干校提前返京,特下请柬参加1975年的国庆招待会等。周恩来总理为人正直,"文革"时想方设法保护了一大批英才,是众所周知的。俞平伯写了一首相当别致的诗,三韵律诗,也就是说,只有六句,并不凑满八句。这是一时感情涌上心头,千头万绪,竟鲠噎住了呢?还是字字含泪,不容虚置一字?

  诸葛周郎集一身,罗家演史又翻新。
  鞠躬尽瘁舆评确,若饮醇醪昔语真。

今日阿谁孚众望，为霖作楫继前人。[11]

这首诗的题目是《悼念周恩来总理》。可谓真感情的最浓缩的流露，也可谓说出了很多人想说而说不出来的话。

～ 1976年，俞平伯与中国社会科学院文学研究所古典文学室成员合影。

就在此前不到10天，1976年的元旦，俞平伯为了追思曾祖父俞曲园，刚写了首绝句，无题而有小引：

曲园公卒于清光绪丙午十二月廿三日，迄今七十载矣。一九七六年元旦即旧历乙卯嘉平朔，越日初二为公生忌，感赋绝句以示儿辈。

总有清阴庇远昆，身前身后事难论。

婴倪初恸人天别,七十年来感梦魂。[12]

俞平伯这种诗人的感情,与凡人就是有所不同,深细过之,绵远亦过之,真切更过之。这些方面,俞平伯似更有独到之境。在怀人方面,更有各种不同的方式,而形式又总是为内容服务得那么好。

建国以后俞平伯已不再写新体诗,他自己也总结似的说过:"只有旧醅,却无新酿。"[1] 而明眼人不难看出,这些旧体诗也好,词也好,长歌也好,短篇也好,只要他写,总是有一定的新鲜内容。因为有内容,读来也总有新意。事实上,并不是"只有旧醅,却无新酿",这只是自谦之词。韦奈的标题定得妙——旧醅新酿。其实也正是"旧醅"而出"新酿",也就是叶圣陶常说的——旧瓶装新酒。像悼念周恩来总理的这首三韵七律,你能说它不是"新酿"吗?

红学才子
俞平伯

3. 地 震

这1976年,可真是个多灾多难之年。

从年初1月8日周恩来总理去世开始,朱德委员长、毛泽东主席相继去世,一年中领袖人物去世了三位,外加落陨石、大地震等,真是让百姓终日扰扰。

7月28日的大地震,震中在唐山、丰南,离天津、北京都不远。仅其余波所及,对京津两地的影响与干扰已经不小。为了表示革命乐观主义,甚至有人还提出"抗震乐"的口号,有些文人还刻了"抗震乐"的图章,等等。而当时年已77岁的俞平伯,年已81岁的俞夫人许宝驯,尤其在经历了干校磨炼,回京后还未站稳脚跟,还没有过上几天好日子时,真是经不起这种折腾啊!

俞平伯记日记,向以"有事则记,无事不记;多事则详,少事则略"为原则。经过一系列的重大"洗礼"后,他下笔则更为慎严。地震发生后这一段时间里,相对而言,他记日记是较详的。自7月28日起,至8月20日,不足一月,则天天必记以外,至1982年7月19日,又为这段日记写了附记,7月22日又写了更长的跋语。而写附记与跋语的时候,俞夫人许宝驯已作古。

这日记的第一天,所记稍多。俞平伯并未刻意描写地震的恐怖,只是平平地纪实,而至今读来,依然不无后怕。而他镇静并安之若素的心态,也同时跃然纸上:

七月二十八日(旧历七月初二) 阴雨

  晨四时梦醒觉地震。楼房摇晃,且作响声,二三分钟止。旋有比邻文学所李凤林、陆永品来,敦促出楼暂避,不得已诺之。陆扶我下楼,时陈颖在寓住,伴耐圃行。在九、十两楼空地坐待。天渐明,阴凉,至五时三刻登楼。妻稍患头痛。余凭栏看雨,得句云:

楼前夏绿雨霏微,天上如斯好景稀。

自是苍苍非正色,火星天似醉杨妃。

诸行星非寒,即酷热,荒凉寂寞,信人间胜于天上也。大女成孪宁宁来。闻四条之屋,墙有坍塌者。停电。

下午赵广生来。吕叔湘来谈,闻北海白塔之尖震坏。齐嘉正、易幼蔷、周裕德来。六时四十五分又地震,楼房摇晃轻微,时亦短(后闻润民其时正在杨村火车上,震动不小,见鸡犬乱跑)。点洋蜡吃黄瓜蒸饺。至八时半电灯复明,即睡,睡尚好。竟日雨。发圣陶、津润儿书。[13]

俞平伯在地震中而还有兴致做诗,没有长期以幽默、坦然为修养的人,怕是难以做到。诗中除苦中作乐的成分外,也不无哀叹天时乖戾之意,于是马上又一转,蔑视其他天体之不如地球,坚信人间远胜于天上。如此奇峰突起的思潮,出现在《地震日记》的第一天,其意绪之超越常情,能不为之惊叹吗!

俞平伯第二天的日记,内容多为转述儿子俞润民自津来京所历所闻等事,又有俞润民仍能来京探望的惊喜等,叙事之间,情意真切,也是京津两地受地震影响的纪实:

二十九日(初三) 晴

晨四时醒,忽见灯明,人立床前,润民也,为之愕然。他本说昨日来京为其母补祝生辰(旧历六月二十七日),值地震想必改期,不意于深夜到家。问:是晚车来?回:非也,乘下午慢车,每站耽搁,深夜始抵京永定门站。又待公共汽车甚久,到新车站,步行而归。润在天津,寓哈尔滨道,木架老屋三层楼,已住二十余年。昨晨之震只墙裂缝,未生危险,诚为万幸。震源报载在唐山、丰南,为七点五级。人言不止此。或七点八级。其地距津颇近,故甚念之。其来也至巧。

与润民谈后又小眠,八时半起。天气转晴热。胡祖期来。下午文学所朱寨、张宝坤、董易、毛星来致慰问。润往购车票,知车路仍通。街市皆搭窝棚,余不出未见。学部在附近空地,亦用大型塑料布盖一棚。闻唐山地陷,云系历年挖煤所致。又云震源移动,尚有续震。[14]

当时京津两大城市人心惶惶,当然是在所难免的,尤其不断有还要续震的消息传来,更有人说大震尚在后头。各单位都没有上班,领导纷纷采取了一定的抗震措施。为了安全,领导多次坚嘱俞平伯下楼住入抗震棚,并且对他有特殊优待。但病后恢复刚刚半年多的他,是不愿意下楼去住窝棚的。经多次劝说,加上似乎相当确切的预报,他才勉强在棚中住了两夜,结果预报也不确,他又回楼房里住了。

日记中记得较详而又能反映俞平伯当时精神面貌的还很多,再选录几则:

三十一日(初五)　晴

晨三时又有人呼召,未应。枕上忽想起前数年有梦中所得《浣溪沙》半首,其末句云"京东二百里余赊",当时不知所谓,亦从未去过此地。及今思之,二百里"余"而又"赊",岂非三百里。京东三百里,即丰南、唐山一带也,惊愕久之。续成下半首。六时余起书之。

查原稿题曰:《癸丑仲秋二十六日枕上忆梦中〈浣溪沙〉半阕,不能续也》。

雨里宵灯晕彩霞,当时一去又天涯,京东二百里余赊。

今续云:拾得未明何所谓,寻来如梦或非差。算增算减总由他。

上午陈次园来。商店不开,较昨尤多。得天津儿媳陈煦二十九日晨给润民书,云二十八日下午六时左右,避在无轨车场,看见对面自己住的楼房大动,真可怕,居然没有倒。可谓生动,故转录之。

得叶圣陶三十日晨书,云伊处略有墙倒,余无恙。李凤林来说,在附近学部大帐篷为我设一行军床,美意也。下午写数诗,呈圣陶。食物缺,代以罐头,如梅菜烧肉、虎皮鸡蛋、清汤小丸子(自家索粉),亦已甚优。据地震局说,今明二日有强烈地震,而待之殊无影响。下午与嘉正、广生、裕德打"桥"。[15]

俞平伯数年前漫记的梦中得句,初不之解,大地一震,却得到"确解"了。这在诗人眼里,自是征兆,不可不记,不但要记,原来补不上的后半阕,一下子也补上了,文义不但完整,而且补得天衣无缝。就中豁达之情,幽默之感,还真不减当年。

八月一日(七月初六)　微阴

上午得韦奈永乐店渠头书、韦梅山西忻县书,均上月二十九日。梅言闻山西亦有地震。奈言永乐店是三个受灾公社之一,死十八人,伤百余人,土房倒塌百分之四十以上。二十八日晨,他在渠头家中,闻警外出无恙。房墙有裂纹,其地距震中心二百四十里(北京当为三百余里),约在六级以上。城郊咫尺,五天始有消息,信甚慢。此次变起仓猝,绝无预报,人均在睡梦中,而各处均平安,大幸也。

下午一时韦奈来,说其家之猫于震前怪叫连天逃避无踪,三十日回来仍卧原处。人固灵于物,物亦有灵于人者。与裕德打"桥"。傍晚,文学所朱寨、董易、张白山三人来,劝我们出外住宿,以我二人均病实不能出外,坚却之。是夕,人均外宿,只我与耐圃在家,又仿佛东岳村居茅舍时也。[16]

坚决拒绝入住抗震棚,已显示出俞平伯的一种风格,领导也无可奈何。而人均外宿,独老两口冒险住在裂了缝的楼里,还有仿佛东岳村居茅舍之感,这只有诗人学者俞平伯,才会有此联想,有此幽默。时至今日读来,他这种独有的诗人气质,仍历历在目。

在这部《地震日记》的最后,俞平伯又特别写了一则附记。当然,这已是在地震的七年以后,为什么?

附　记

一九八二年七月五日周裕德君携来当年八月二十八日在东城寓中小叙,耐圃赠同人句云:

震地惊人心,青年慰护殷,

前途成远志,祝酒且盈尊。

其事不见日记,记文迄于一星期前也。诗虽俚浅而当时大难初平,兴会颇佳。承裕德不弃,藏之七载,将付装池,余为另写一纸置诸帧首,俗云"书堂"者也。其辞曰:

一九八二年八月二十八日,裕德挈尊小斋欢饮,为六年前丙辰京师地震平安纪念,并出耐圃当年此日赠诗。旧游宛在,其人已逝,片楮飘零,重劳珍惜,书以志没存之感云。

一九八二年七月二十九日　抄后记[17]

俞夫人许宝驯于1982年2月7日,农历正月十四谢世,这对俞平伯来说,真是莫大的打击,而他表现得却超乎常情的镇静。韦奈的朋友拿出当年许宝驯的手迹请他题诗,他即欣然命笔。又因为做诗那天,他的《地震日记》已止迄一星期,还特地翻出旧日记,将这一段事连带许宝驯原诗等,一并作为附记,补入日记后面。从事情的表面看来,依然是那样的平静,而他内心深层,这位与他相伴了65年的老伴——如果从相识于青梅竹马算起那则是80余年一辈子的伴侣,能不让他痛心疾首吗!而俞平伯,尤其是历尽沧桑的诗人学者俞平伯,他就不再会用一般的儿女情长,来寄托他的哀思了,而是往往埋情于内心深处。这种感情本身也就十分深细,从表面上是难以全面领会的。

∽ 俞平伯和夫人许宝驯在三里河寓所

就为写附记,抄入日记后不久,俞平伯又为这本《地震日记》写了很长的跋语,其中主要的(从所占篇幅而言),自然是谈对地震的看法,颇多哲理,多可发人深省。而更深层的,仍落在悼亡上面。跋语实在不因其文辞之美,而在其寓情之深:

> 虽记了近一个月,事实上只震了一天,而社会扰攘,群情惶骇,以今思之似不可解。若当时不记,现在回想,恐怕连一个字都没有了。故虽见闻狭小,文字浅陋,非无暂存之价值。
>
> 首先当说避震是有些道理的。问题在于怎样避法,避到哪里。这确是个难题,就有不同的看法。避有远近之别,最近的即在家中,如叶圣陶于庭中廊下一宿是。远则天涯矣,我们亦二宿附近帐篷,却以不避名,如"传闻稳坐小室,从不下楼"是也。这虽

不尽符事实,而我心里的确是不大想搬的,在日记中随处可见。

记了将近一个月以后,有身上一松之感。其实闲居无事,却有一种恐慌的空气紧紧地包围着我们,要时时和它奋斗,不知来从何处,总是从各方面汇合来的罢。常说,身劳心逸,而今恰恰相反。我于七五年患风疾,耐于七六年春进医院病未愈,原是不大能活动的,而那时社会上的情形却有不动不行之势,分三项说明之。

(一)警报频传——自日记开始早晚地震外,迄于记末迄未再震——以后亦然。而警报传之不已。有半夜,有凌晨,有中午;有确言何日何时,震源何在。言之凿凿,云出官方。及今追思原可付之一笑,却是"事后详签"。若当日固十分为难,听它有似盲从,不听未免冒险。天心巨测,人意难定也。

(二)殷勤劝告——来客谈话内容,记中未载。若亲友来书或邀往武汉或邀往上海,皆盛情也。文学研究所同人来访三次,屡劝出避,惜未能从;及第四次勉徇其意,始外宿二夕。棚小而精,相距甚近,盖特设以待老人者,意甚可感。其后震讯和缓,遂未再去。

(三)纷纷迁避——远者谓之迁,近者谓之避,迁亦避也。我足不出户,坐井观天,局于见闻。以家中言,如宁宁随陈颖赴山西忻县,戚友中如许氏之赴沪甬,张、周之赴苏沪,皆远游也。近则无人不避。棚宿以外,天时方热,更有露宿天安门者,如大女等。据伊云非常热闹,闹中取乐,裕德亦言"地震乐",惜我未能见。余一九一五年来京,于今六十载,却不知天安门前可住,市当局不禁,亦创闻也。

如上简述,丙辰京师地震实况,一滴水可知大海矣。北京的避震,可谓万众一心,我们虽有住棚二夜之记录,还应当算是不避派,有悄然孑立之感。白天青年人来来往往,还打"桥"牌,大抵皆成、棻的朋友,至夕各散,顿觉岑寂。韦棻等在农场。大女常住天安门,有时因雨回家。其四条赁寓以墙裂不能再住。有时只剩我们二人在家,小楼灯影胜似村居,若我诗所谓"者般陋室叫延芳",亦今昔差同耳。见八月一日日记。

还当提到天津。这是我家避震的重点。在齐内老君堂时,我家即分居两地。润民毕业结婚后,即住天津,为日已久。唐山大地震影响京津,而津尤剧。我们自十分挂念,不期润民即于当天半夜里抵京,途中遇震亦属冒险。我一觉睡醒,忽见他立在床前,非常诧异。归津一月未来,音信常通。他住在津市中心哈尔滨道木架老屋三层楼,左右楼房均被震坏,唯此屹然独存。地震那天下午儿媳避在对面,亲见自己住房摇摆,她说"真可怕"。

我不搬动或未惬舆情,而润民却说"坚守二楼最为上策"。更有可笑的,我偏偏不赞成他的坚守,以屋旧楼高,虞其再震不支也。京津情况固不尽同。依日记所载,一月内京中迄未再震(感觉不到的轻震在外),而天津尚有小震。他们枯守并非妙法,无处可搬亦是事实。闻曾借住临时建筑,不知其详。两地平安总可喜也。

跋此日记是事后的话,当时并不知道。避与不避,得失难言。仓皇奔走,有似莺燕纷飞,悲守穷庐,又如鸵鸟一头扎在沙里也。天津楼房损坏后经过修理。永安南里之屋较彼为优我们所恃以无恐者,然亦有裂纹二处(见记中),我们于次年即移居,遂置之不问。顷闻孙女华栋言,学部宿舍各楼均加以钢箍,则北京永安南里与天津哈尔滨道,亦五十步与百步之间耳,岂可深恃哉!

还有耐圃。她同我一样主张坚守,不成问题。但群情惶惑之际,心情或有不安,亲友纷纷南去。自更不免摇动。就记文看,也有两点可以猜测的。如八月十一日记中说我预计到二十日可无事,环以此言为大胆,可见她还是不大放心的。又附记中,周裕德君所藏她的赠诗,有"震地惊人心,青年慰护殷"句,虽属通常言语,而年轻朋友在敝寓时常来往,她是很欣慰的。她的心情我很了解,词虽浅率而意甚真。地震固属危险,亦半是起哄,那时空气非常火炽,与文化革命期间,欢愁迥别。那时多少艰难,视此何止倍蓰,她总出以镇定,盖亦勉强为之,以慰我心。言念及此,知吾之愧负多矣。

自今岁元宵伤逝以后,遇有可喜之事物,每惜君之不及见;反之,又幸君之不见也。若斯日记零乱琐碎,钞写达数千言,未卜伊行之乐见否耶?古诗云"改成人寂寂,寄予路绵绵",只言远道耳。如今,寄往那里呢?

一九八二年七月二十二日
于北京西郊三里河寓[18]

俞平伯夫妇伉俪之情深笃,是世人皆知的,出于一般的臆测,悼亡之痛必深,悼亡之作自应多于潘岳。他果然做了不少悼亡诗,是大大超过潘岳的。不意在此为《地震日记》做跋之际,他既迸发而又深邃的哀思,实堪与正式之悼亡相伯仲。而在这一本不足万言的《地震日记》后面,竟写了两千言的跋。可以看出,跋所明之志,固在与地震与抗震的心理与哲理,而所归结一点,乃在寄托对夫人许宝驯的哀思与敬重。"改成人寂寂,寄予路绵绵",固然是感慨系之事,但总还有路可达,远人也总有路可回;而人亡物故,所隔乃茫茫天人,无由可达,故借此对一段共患难的追忆,在悼亡诗外,流露出来的却是更浓重、更绵密的沉痛心情啊!

1976年，俞平伯在永安南里寓所的"欣处即欣留客住，晚来非晚借灯明"对联下留影。

4. 晚来非晚借灯明

地震大难以后,最让世人欣喜的事,莫过于"四人帮"的倒台。"文革"这样一场浩劫,至此总算得到初步清算。久久憋在世人心中的块垒,终究能够一吐为快了。俞平伯毕竟是位大诗人,更是位历经坎坷的大诗人,此时此刻能不一抒胸中的郁积吗?尽管他含蓄幽默的风格不变,粉碎"四人帮"的欣喜心情,怎么能含而不露!他直接将江青的劣迹,比诸追踪吕雉、武曌而未遂却落得个褒姒、妲姬的丑名。这样的大快人心事,自比从干校返京,出席国庆招待会等更要畅快得多。俞平伯填了《临江仙》一词,题名叫做《即事》。

红学才子

俞平伯

周甲韶华虚度,一年容易秋冬。休将时世问衰翁。新装闻卫里,裙样拟唐宫。　任尔追踪雉曌,终归啜泣途穷。能诛褒妲是英雄。生花南董笔,愧煞北门公。

这首《临江仙》词所倾吐的,正是几十年来无缘倾吐的情感,这一时期有人来访,有人求索墨宝,他往往以此词出示,或书以赠友。正因为是这样,按俞平伯的旧习,自然就有不断修改的机会。在收入《俞平伯诗全编》时与初稿相比,已多所不同:

周甲良辰虚度,一年容易秋冬。休夸时世若为容。新妆传卫里,裙样出唐宫。　任尔追踪雉曌,终归啜泣透穷。能诛褒妲是英雄。生花南史笔,愧煞北门公。[19]

俞平伯最后把《即事》的题目也删去了,这就成了一首真正的无题词。而主要内容未变,只是主题更突出了。

俞平伯经历了二十多年的磨难,总算迎来了一片曙光,能不振奋吗!这二十多年虽不能说是全然虚掷,但总是遗憾多而成就少吧。俞平伯与众多历尽坎坷终于迎来大治之年的人们,心态是完全一致的,都想要通过自己的努力,来补回二十多年的损失。而此时的俞平伯,毕竟早已步入晚年,他已是77岁高龄的衰翁,总有更多的心有余而力不足的感觉。就在这个时期,他写了副七言联:

欣处即欣留客住,
晚来非晚借灯明。[20]

这与古人"生年不满百,常怀千岁忧;昼短夜苦长,何不秉烛游"的思想相比,不只是高出好多倍的问题,却是化消极为完全积极了。

俞平伯的挚友、大书法家吴玉如,因他的长子吴小如是俞平伯的入室大弟子,所以过从甚密。此时彼此都有这种急起直追、补偿虚度年华的心情,他见到俞平伯的这副对联,自然有极大的共鸣感,就欣然命笔,写了一副带有章草味的草书联,让吴小如携赠俞平伯,以示心情的一致,并盛赞这副对联,故题款道:

平伯诗兄有是句,令宝儿见示,服其无烟火气,涂鸦奉几右就政。

吴玉如长俞平伯一岁,当时虚岁已七十有九,也正因粉碎"四人帮"而欢忭难抑。这一时期他的书法作品达到了一个更为苍劲而清健的境界。由于对俞平伯这一联产生的共鸣自是与众不同,这幅书法作品反映出来的气势、心态,也就与众不同。它与同期的相比,每有迥异其趣的感觉。俞平伯喜得此联后,即让王湜华替他拿去装裱,装裱以后就一直张挂在他书桌边的墙上,并特地坐在联下照了张相,直到迁往南沙沟新居后,因室高墙宽,家传俞曲园的许多屏条,及学生敬赠俞曲园的屏条,原来一直无法张挂,而现在可以了,才更多地展观他件,而此联就减少了补壁的机会。

不管怎么说,"四人帮"被打倒,可谓俞平伯人生中的一个里程碑。他"晚来非晚借灯明"的精神,不仅对他自己是一种鼓励与自勉,对他的亲朋好友,乃至后进晚辈也是一莫大的鼓舞。他的另一挚友叶圣陶,也为他有这样的思想而由衷的高兴,特地用小篆也写了此联,并且赠送给他。足见俞平伯的通达与积极,在他的同辈中也产生了很大的影响。

5. "两地书"和《重圆花烛歌》

1974 年,俞夫人许宝驯得了种罕见的病,当属癌症之类,幸亏发展很慢,所以只是服用些药物,并未更多地理会它。到 1976 年 3 月,也就是地震的前夕,俞夫人许宝驯遵医嘱,不得不住了近两个月的医院。这时俞平伯自己也正在中风后的静养恢复阶段,不能常到医院中去探视,他们之间又鸿雁传书起来。据韦奈的统计,从 3 月中旬至 4 月初不足一个月的时间内,俞平伯写了 22 封信给夫人许宝驯。可惜这 22 封信,一封也未收入书信集。这原因可能是多为"悄悄话",不便公之于世吧!

他们夫妇俩当时已结婚 59 年。俞夫人许宝驯小时候就住在俞家,她又比俞平伯大 4 岁,可说是看他出生伴他长大的。仅从婚后的 59 年来说,最长的两次分离,就是留英与访美。这次因双方有病,又必须作长时间的分离,可算是第三次。好在他本人不能天天去探视,总还有子女可以天天去,回去必可带来最新消息,但这对俞平伯来说,是远远不够的。怎么办,便像记日记一般写信给夫人许宝驯,聊代促膝面谈。所以信的内容,从询问病情,到家中吃饭,会客访谈等等,无所不写:

> 本不拟作长书,不知不觉又写长了。昨日半夜里梦醒之间得诗二句,另纸写奉。我生平送你的诗不少,却总说不出来我二人感情之实况,因之我总不惬意,诗稿或有或否也毫不在乎。这两句用你的口吻来描写我,把我写像了,(我想是非常像,您道如何!)就把这"双感情"也表现出来了。近虽常和圣陶通信,却不敢写给他看,怕他笑。只可写给您看看,原笺请为保存。上面的款识,似青年时所写,然已八旬矣。……[21]

红学才子 俞平伯

这显然是一封长信后又补充的一小段,可惜我们读不到信的正文,想来确实也不该读到吧。不是连叶圣陶这样的挚友都不敢给他看,怕他笑吗!而仅就其中透露的一星星一点点,也已是可见他俩之间感情的笃厚,常人之不敢攀比吗?

> 润民谈您近况已悉。早办手续,早些出院,就是我的希望。此外则无所嘱。你前信说"度日如年",我现今当说,一日三秋盼君如岁矣![22]

这短暂的分别,即便还仍在同一城市,它对俞平伯夫妇来说,都煞是难熬的。俞平伯喜欢夜谈,也就是说,白天所谈不足,枕上叙话,就成为生活中的重要内容。这一个月,儿女白天要抽出时间跑医院,也少暇陪父亲闲谈,晚上他又只能孤寝独枕,这夜谈的对方暂缺,其岑寂该有多么不习惯呀!这同在一地写出的"两地书",其情文并茂,自是在所必然的了。为此,不但他们的子女亲属担忧,就是他们的挚友,乃至挚友的晚辈,都无不为他们担忧。他们二人总难期同年同月同日终,总会有个先后,那么这位后走者,他的余生又将怎么度过呢?

早在王伯祥在世的时候,王伯祥、王湜华父子就不止一次地为这事担忧过。据王伯祥的臆估,另一位一定也会很快随着去的。

1977年8月初,党中央进一步落实知识分子政策,像俞平伯这样够上"国宝"级的著名学者,在住房方面得到了照顾。而且俞平伯家原来就拥有一所大四合院的,他被扫地出门后,紧接着又去了"五七"干校,虽说周恩来总理曾给予特别关照,能比一般干校学员提前回京,但却回不到自己的老君堂宅第了。虽然当时对永安南里10号楼的那两居室单元房已心满意足,但老人渐渐更多地需要子女家属照顾,就显得住房大大不够使用了。于是安排俞平伯夫妇,搬到西郊三里河南沙沟11楼1门2号去住。那里是当时较高级的房子,1号楼至5号楼则更高级,是六居室与八居室的;6号楼至11号楼则是四居室与六居室的,俞平伯住的1门2号则为四居室,也可算三室二厅。那大间多作为会客厅,小厅兼过道可供家人用餐。这对对原来只住两居室单元房的俞平伯夫妇来说,自然又是一次很大的改善。大女儿俞成及外孙韦奈一家,就都可以住在一起了。俞平伯的生活自然就可以得到更多的照顾。

当时作为"落实政策",还归还了俞平伯在朝内老君堂的部分老屋,而他不愿意再重返老屋。因为发还的也只是一部分,那里已成为大杂院,实在是不值得留恋,更主要的是怕再勾起"文革"中那种噩梦般的回忆。国家安排他住进了百姓嬉称为"将军楼"、"高干楼"的楼房,尽管他既非将军,更非高干,能住上这样令人羡慕的高级楼房,能不感到欣慰吗!为此他做了一首七律,一开始曾题之为《丁巳秋日》,前有小引,后来收入《俞平伯诗全编》时,又改题为《偶怀》。

> 一九七七岁次丁巳,秋七月朔自永安南里移居三里河。九月十六日值与耐圃婚期还历,俗称重谐花烛,纪之以诗。
>
> 鹇寄东城迹已陈,莺啼不隔旧河滨。
> 清时幸得闲中老,芜殖何堪席上珍。
> 可有庭芳延世泽,还将环玉伴吟身。
> 当窗秋月青庐忆,犹似丁年就学辰。[23]

俞平伯以此聊表喜迁新居的欢忭,兼记结婚60周年的欣喜,这心态在诗中却表现得不露声色,十分平静。

在此前后,俞平伯早就在构思的纪念结婚60周年的长诗,终于也在9月16日结婚纪念日这天完成了。这首长诗,比他的《遥夜闺思引》与《寒夜凤城行》等更长的长诗来,还是要短得很多。最后题目就定为《重圆花烛歌》,前面有小引:

> 前丁巳秋,妻许来归,于时两家椿萱并茂,雁行齐整。余将弱岁,君亦韶年。阅识海桑,皆成皓首。光阴易过,甲子再臻,京国移居,负疴养拙,勉同里唱,因事寓情焉尔。一九七七年丁巳九秋既望俞平伯于北京三里河寓,时年七十有九。[24]

旧时男女结婚较早,而重圆花烛,往往都被视为极不容易实现的愿望。像俞平伯这样19岁就结婚的,重圆花烛时也已79岁。难更难

～ 1977年，俞平伯与夫人许宝驯结婚60周年合影。

在必须夫妻双双都长寿，一方长寿就总谈不上重圆花烛。当时俞夫人许宝驯已83岁，老两口虽已体弱多病，但总算能双双看到第四代；两人虽皆成皓首，却总算从干校迁回了北京，又从永安南里的二居室一跃而住进了"高干楼"。此时此刻赶上了甲子再臻，是慰藉还是感慨？应该是慰藉与感慨参半。

俞平伯一向不愿意写自传，多次有友朋劝他写，家人也曾动员他写，但都遭到了他的拒绝。外孙韦奈愿代笔来为他做传，他也不同意。他也不搞什么自订年谱之类。看来他很腻烦再来追思自己走过的这些坑坑洼洼的路，至少是不愿意按年月日，再来重新编排自己的往事。

但借为重圆花烛做歌的机缘,他在脑海中却着实下了一番功夫,既空灵又实际地逐一回忆了60年来的往事。这样既不钉是钉,卯是卯,但略知他生平的人们,读了这首长歌便可大致勾勒出他度过的60年的轮廓。而对他的亲属、挚友来说,则更是读了《重圆花烛歌》,宛如随同俞平伯夫妇过了一遍60年的电影。这首长诗既以时间顺序为纲,又很有章法。例如开始的8句,既是一个总帽,又是点题之笔。不是单纯地追忆60年往事,而是从这重圆花烛的主题入手,然后又一转,不仅到前丁巳,而是更远,从他的出生前庚子,其实还是前己亥年的腊八,从他俩的青梅竹马讲起。歌中占篇幅最多的,要数追忆干校这一年的生活,竟用了22句,一年本该是60年的六十分之一,从出生说起,那么比重就更小,该是七十九分之一,而这22句却占了全篇的五分之一。因为这一年更显现了他俩伉俪情之笃好,不但能共享同乐,还更能同分愁烦,同尝苦辛。在这一点上,俞夫人许宝驯的不凡,是很多旧女性做不到的,更可谓是望尘莫及的。全诗最后的8句,更是直赞许宝驯,向她表示尊敬与爱慕的。

白首相看怜蓬鬓,邛岠相扶共衰病。
嬿婉同心六十年,重圆花烛新家乘。
苍狗白衣云影迁,悲欢离合幻尘缘。
寂寞情味还娱老,几见当窗秋月圆。
我生之初前庚子,君以娇雏随舅氏。
锋刃丛中脱命来,柔荑掬饮黄泥水。
归来南国尚承平,吴苑莺花梦不惊。
泛宅乘桴东海去,骇逢秦楚大交兵。
还日儿童都长大,三年流水光阴快。
花好闲园胜曲园,青梅竹马嬉游在。
弱弟萦心识面初,外家芝玉近庭除。
高丽匣子珊瑚色,小蜡溶成五彩珠。
知音好在垂髫际,学抚弦徽从两姊。
小院琴声佳客来,青荧照读灯花喜。
无何一去又天涯,北树南云望眼遮。
十载匆匆销帝制,者回迎到璧人车。
新开鸳社辉红烛,撒帐交杯遵旧俗。
谁家冠服别心裁,师友观之皆炫目。
三朝厨下作羹汤,先例迢迢说李唐。
婉娩新人惟肃拜,红氍毹展见尊章。

好似金笼怜翡翠,其时海内兵戈屡。
钜星光芒亘西天,社会主义方崛起。
羹沸蜩螗事几多,无愁沤鹭待如何。
蓬莱水浅麻姑笑,绝倒田间春梦婆。

执手分携南又北,两返重洋颜色恋。
赢得归来梦里游,湖烟湖水曾相识。
清华水木辟尘嚣,讲舍云连多俊髦。
九转货郎谷音集,一天烽火卢沟桥。
奈何家国衰兴里,兀自关心全一己。
莱妇偕承定省欢,朔风劲草良朋意。
箕裘堂构尽虚传,旧业园林散夕烟。
记否笼城厮抱影,回廊篝火驻军年。
童心涉世焉知淑,何限风波经往复。
漫与彼相蓊危岑,误得而翁怜比玉。
丽谯门巷溯前朝,五十余年一梦遥。
此后甄尘不回首,一肩行李出燕郊。

燕郊南望楚申息,千里宵征欣比翼。
罗山苞信稍徘徊,一载勾留东岳集。
小住农家亦凤因,耕田凿井由先民。
何期茸芷缭衡想,化作茅檐土壁真。
村间风气多淳朴,旷野人稀行客独。
步寻来径客知家,冉冉西塘映萝屋。
兼忆居停小学时,云移月影过寒枝。
荆扉半壁遥遥见,见得青灯小坐姿。
负戴相依晨夕新,双鱼涸辙自温存。
烧柴汲水寻常事,都付秋窗共讨论。

君言老圃秋容瘦,我道金英宜耐久。
酒中一曲凤将雏,孙曾同庆嘉辰又。
晚节平安世运昌,重瞻天阙胜年芳。
即教退尽江郎笔,却扇曾窥月姊妆。[25]

这首长歌引起海内外知名学者及名流的重视,尤其是到俞平伯九十大寿的时候,那时他已经彻底平反,大家对这个话题说的也更多。

俞平伯和夫人许宝驯的七弟许宝骙

俞平伯的内弟许宝骙曾做过《俞平伯先生〈重圆花烛歌〉跋》,是专门诠释诗中本事的。俞平伯与许宝驯这60年,乃至其前前后后的情况,自然内弟是最清楚、最了解的。

表兄姊丈俞平伯与吾姊宝驯于公历一九一七年丁巳九月十六日结褵。越六十年,喜庆重圆花烛。平兄作长歌以纪其事,倩谢丈刚主国桢以小楷书之,其弟子周颖南为广征题咏,装成长卷,海外流传,永为词林佳话。一九八二年二月吾姊以八七高龄安详谢世。平兄依其长女及外孙以居,悲怀难遣,歌哭无端,渐觉步履维艰,差幸眠食尚可。今年己巳腊月,欣逢九秩正庆,颖南兄将前卷诗歌装册印行以当寿礼,来书属余撰文。余复检原作细读,追念往事,感怀万千,因按歌词就所忆所知拉杂写记,不足以云诠释。聊供平兄玩阅,并付甥辈存念云。

歌词曰"我生之初前庚子",自记生于一九〇〇年一月八日清光绪己亥十二月初八日,俗称腊八。戚郡长辈中于此有一段轶话:谓兄之出也,先姑母梦有僧登门化缘,想是高僧转世,因起名僧宝。兄十岁前，家人相戒不许携挚入寺庙，而恐遭佛爷回收而去云。

"泛宅乘槎东海去，骇逢秦楚大交兵"两句，记光绪二十六年辛丑秋先君汲侯公出任韩国仁川领事，长姊、大兄、二姊随母俱去。甲辰，日俄战争起，海战激烈，姊曾遥闻炮声，望见硝烟。此一历史事件，姊竟为见证人，事后谈来，绘影绘声，不无自豪之感。另句咏"高丽匣子珊瑚色，小蜡熔成五彩珠"等物，余则未曾见过。余家至今尚存有高丽瓷器皿数事，亦隔代旧物也。

"知音好在垂髫际，学抚弦徽从两姊"句，记吾姊十岁时在苏州学琴于大表姊俞琎、二表姊玟。余儿时即习闻吾姊弹琴声，至今犹似丁东在耳。其后姊渐有神经衰弱之象，时复失眠，父母怜惜之，遂令辍琴。

红学才子

俞平伯

既说琴，遂连带而及棋与书画。姊亦善书。王猷缄二姑丈曾以旧拓《王居士砖塔铭》相赠为添妆礼物，姊日夕临摹之，得其圆润古茂之意。余曾为题此本，援翰苑书品崇尚欧底赵面之说，谓姊之书法则为砖底砖面，博得兄姊粲然一笑。

姊之学画，实始于婚后居杭州城头巷寓所时期。初学西法水彩画，报名在上海美术专科学校函授班，按期寄来画稿，余犹忆其教授署名为王济远。后自习国画，善作工笔花卉。画仕女学费晓楼。山水画则仅一见耳。

姊独不能弈。中年以后学打"桥"牌，甚好之，至老不衰。以"桥"代棋，仍补足清闲四雅。姊逝后数年，余与甥及甥孙辈犹偶尔聚玩，平兄则从此罢手矣！

"十载匆匆销帝制，者回迎到璧人车。新开鸾社辉红烛，撒帐交杯遵旧俗。谁家冠服别心裁，师友观之皆炫目。"此数句记其结婚嘉礼种种情景。余幼年旧忆中还有些零星琐事，模糊散乱，未必尽信，姑拉杂写之，不知兄尚记得否。

兄结婚前两年曾随母来舅家小住，是为余识兄之始。其时兄与吾姊早已订婚（俗称"放定"），遂避而不相见。当时余家住天津河北三马路。同时寄居者尚有表兄王麟伯肇祥、族侄孙琴伯以果，时大兄昂若宝驹同在。四人年相若，相处甚得，时相唱和。犹忆平兄答琴伯诗中有"豪气纵横挥笔阵，未遑答和益惭惶"之句。又，昂若大兄先平兄一年与王氏表姊结婚时，平兄曾撰书喜联致贺，文曰"鹦鹉衔来红豆子，凤凰栖到碧梧枝"，文字并美。又余当时有折扇一柄，玳瑁骨甚精致，一面绘工笔石榴花，兄见之，即为在另一面作书，字迹粗放，盖其时尚未锐意习字。署款着一衡字，则当时初未以字行也。举此数事，足见兄早即喜弄翰墨，初露才华，则其终以文学显名于世者，有由来矣。

平兄与吾姊于一九一七年丁巳九月十六日成婚于北京东华门箭杆胡同寓所。兄时年十八，姊年二十二，余方九岁。双亲由天津送亲至京，独挈余与俱。当时北京火车站犹有手推独轮小车为载运工具，余与姊分坐两边，如载物然，吱咕颠簸，推行出站。乘车马至临时寓所。行馆假俞氏大表姊郭家旧宅，在大取灯胡同，兄曾咏之，有"转角无多路，西头阿姊家"之句。嘉礼之日，兄着彩绣服，谓之蟒袍，戴红绒缨帽，大红绸带交叉胸背，插金花过顶。此为清代之大礼服，三鼎甲赐宴游街时即着此华装。余父守旧，嘱平兄用之。新娘则凤冠霞帔，两两相称。亲迎时鼓乐前导，双鹅红颈，鸣声嘎嘎，盖古所谓奠雁之意，礼至隆重。凡此情景，余犹依稀记得。前岁一九八七年，余特往此处访旧，门情犹在，为多家聚居之杂院，破败非复旧观。余摄影留念，并以示平兄，兄即口占一绝曰："绮绣天街上，华筵喜犀东，双鹅频酌尔（自注：谓奠雁），即在此门中。"七十年倏忽逝矣，"此门中"前尘似梦！兄抚摩此照，意犹欣然，而感慨深沉，可想知矣。

平兄其时肄业于北京大学文科。嘉礼良辰，贺客中有教授黄季刚先生侃，同学许楚生先生德珩、傅孟真先生斯年。当时余均不识，事后多年平兄闲谈中见告；楚生先生亦曾为余亲言之。

"执手分携南又北，两返重洋颜色恶。赢得归来梦里游，湖烟湖水曾相识。"此四句概括一九一九至一九二四数年间之生活。兄第一次出洋是自费去英国留学。一九二〇年一月由上海乘船出发，与傅斯年同行，在船上结识钱乙藜先生昌照。其时吾姊方归宁在杭州家。不料四月初一夕，兄忽款门而入，匆匆远归。阖家为之惊喜。此情此景，余至今如在目前。其第二次出洋则系由浙江省教育厅以视学名义派往美国考察教育。时余之姑丈亦即兄之姨夫夏剑丞先生敬观任教育厅长，先君为言之，遂获此"美差"。当时大兄宝驹同在杭州第一师范任教，先君竟舍子而及婿，可见对平兄钟爱之深与期望之切。一九二二年七月上旬，兄由杭州动身至上海乘船去美。十一月中旬回到杭州。视察报告在海外时已大致写就，带回不少有关资料，余曾见之。兄西装革履，持一硬木手杖，有翩翩洋少之仪表。又购带五分钱小丛书多种，有莎翁戏剧故事及福尔摩斯探案集等，分赠余及七弟，皆大欢喜。

兄出国前夕,五月二十九日农历五月初三,外甥俞润民出生于杭州城头巷三号寓所。是日艾束缘门,蒲剑在手,余兄弟与平兄在庭中闲嬉。闻产房中呱呱儿啼声,女医黄静如伯母出而道贺曰:"姑爷喜得麟儿矣!"润民襁褓中有昵称曰"姑苏",则出自其乳母口语之音讹。胖乳母绍兴人,忘其姓,对乳儿备极疼爱,抚抱时每连连轻呼曰:"个些肉噢!"意谓"这点肉啊"!于是群呼为"个些",平兄为文时遂按音写作"姑苏",实与苏州毫无关涉。今"姑苏"六十七岁,抱孙矣,特书其事以告之。

兄自海外归来后,当然即回北京一行,旋又南返,在沪杭两地活动。居杭时,不时偕全家小姊妹兄弟徜徉街市,遨游湖山。至二十四年春随舅家迁居西泠桥畔之俞楼;同年冬先君弃养,后相偕北归。此两年中,哀乐相寻,其事具见吾兄所著《燕知草》,兹不赘。

红学才子

俞平伯

"清华水木辟尘嚣,讲舍云连多俊髦。九转货郎谷音集,一天烽火卢沟桥。奈何家国衰兴里,兀自关心全一己。莱妇偕承定省欢,朔风劲草良朋意。"此八句概写兄姊伉俪自一九三〇至一九三七年在清华大学以及一九三七至一九四五年在北平沦陷期间两个阶段之生活,其间,前一段颇轻松快乐,后一段则艰窘紧张。兹仅就余所知而尚记得者拉杂书之。

清华园后部有水轩一座,俗呼工字厅,颜曰"水木清华",颇有雅趣,足避尘嚣,故首句云然而自系泛指。教席中莫非一时俊彦,不胜列举,余所识者有陈寅恪、朱自清、杨振声、叶公超诸先生。学生中有戏剧家万家宝、数学家许宝騄及诗人孙毓棠,号称"清华三杰"。平兄高足中则以吴组缃、华粹深两兄为尤著。兄姊家在南院七号,颇宽敞,一室有南窗者兄名之为秋荔亭。兄自备人力车代步,距离近处往往甫登车即下车,人窃笑之。其时宝騄在清华肄业,就兄姊家包饭,余在燕京大学,亦时时走访。三人曾合译美国作者爱伦·坡小说《长方箱》一篇,以"吾庐"笔名交叶公超先生在《新月》月刊发表;其间姊曾就译词有所斟酌。此时期中,平兄于治学授课之余,时与余姊弟作"桥"牌之戏。朱佩弦先生即于此时学会打"桥",且甚好之;旋自警曰:丧时废事,不可多玩,遂相戒节戏:前辈先生之勤学敬业盖如此云。

谷音集系昆曲爱好者同人之结社,取"空谷足音"之意,由平兄发起,于一九三五年在清华校园组织。社友中余所知者有浦江清、华粹深、汪健君诸君,时在兄姊家中作"同期"。

说起昆曲,往事多矣,且系吾兄姊一生中较为重要之事,故复赘书数语。吾姊幼年弹琴之外,同时又从爵龄六伯学唱昆曲。伯为抄曲词若干折为一册,题曰"绣余清课"。《游园》"袅晴丝"一曲,余自儿时起数十年间聆听不下数百遍,既熟背其词,亦能轻唱几句,惟不懂"工尺"。平兄之度曲,实始自一九二五年后在老君堂寓居之时。延聘曲师笛工,每周两次,极"妇唱夫随"之乐。于是姊之曲业大进,能唱整戏数十出之多,且深通音律,晚年曾为先兄宝驹遗作《文成公主》打谱。平兄则歌喉不亮,唱来未必尽美,而深研曲学,成为理论与实践相结合之名家,实为难能可贵。解放后,一九五六年,在平兄倡议下,北京昆曲研习社组织成立,兄为主任委员,曾作数次排演。"文革"时当然解散,后经恢复并改组,由张允和大姊主持,至今。

说到"一天烽火卢沟桥"一段,益复感怀多端,不能缕述,仅举其荦荦大者。北平既告沦陷,平兄于出处之际煞费考虑。终以亲老不能远离,遂留下苦守,而任其两女俞成、俞欣间关入昆明就学。此期间,兄淡泊明志,情操自持。周知堂翁时为伪北大文学院院长,后且曾出任伪教育督办,与平兄师友至交,而始终未以一言相浼,盖知之至深,其风义亦有足述者。而佩弦先生远道自滇赠诗,有"亲老一身娱定省,引领朔风知劲草"之句,期勉之意,尤深且切,而兄亦终告无愧于老友。抗战末期,平兄经余介绍参加中国民主革命同盟(即"小民革")北方地下组织(同期先后参加者尚有张东荪先生及叶笃义兄)。是为平兄一生政治中之大事。抗战胜利之后三年革命战争期间,"小民革"在北平文教界中展开民主运动,多次扩大征集签名,平兄无役不与。其中白色恐怖期间最著名之"十三教授人权宣言",费仲南兄青与余实主其事,由平兄洽请朱自清先生领衔,由向觉明先生达邀陈寅恪先生加入。文章一出,一言九鼎,冲破反动势力之乌云,民情为之大振。国民党市党部愕然震恐,说道:"什么人搞的,把个瞎子糟老头(指陈寅恪)都搬了出来!"其恼火之情溢于言表。又"小民革"当时曾拟办一家政论杂志,余建议名为《庶议》,取"天下有道则庶人不议"之意,后未果行。平兄曾为此撰缘起一文,在会上宣读。《大公报》记者徐盈兄攫得此稿。解放后多年,徐兄出此稿相示,惜余当时未予抄存,徐兄取回后交与某报编辑部,嗣经查询,竟不知下落。又,平兄曾有《寒夜凤城行》长歌一首,书横幅赠费仲南兄,仲南张之客厅。后诗稿遗失,经向仲南兄家属查询写件,亦不复见。此二者,乃平兄一生著作中之重要佚文,殊觉可惜,愿得之者终表而出之,亦文坛中一佳话也。以上诸事,有逸出本节时间范围者,因连带关系而并及之,并聊存史实之意,不计体例矣。

在沦陷八年期间,兄生计困难自不待言。而兄既乐道,姊亦安贫。歌中后咏下放息县一段生活时有"双鱼涸辙自温存"一句,移在此处亦至恰切。其时米珠薪桂,平兄在私立中国大学任教薪水微薄。吾姊持家理计,大费周章。且曾两度遭窃,衣物丢失殆尽。吾姊生平为人,练得一种耐性,无论逆境顺境,从不急躁使性。晚年自号耐圃。歌中后有"君言老圃秋容瘦,我道金英宜耐久"之句,隐此二字,情味深长。其时余亦感经济困难,余妇乃有在家创办交卖会之举,取家中及亲朋处之无用旧物标价售卖,酌取手续费。吾姊后亦仿行,古槐书屋曾为货场,平兄且曾亲为记账。余集《四书》句为联云:"万取千焉,千取百焉,其实皆什一也;以其所有,易其所无,岂曰小补之哉。"恰恰道出此会之性质及做法。又一联曰:"臣心如水,臣门如市;韫椟而藏,待价而沽。"则写一时之襟抱,实与平兄共之,殆亦"相濡以沫"者欤?

歌中于三年革命战争及解放战争及解放后至"文化大革命"两段期间之生活无所记述,仅以"丽谯门巷溯前朝,五十余年一梦遥。此后甄尘不回首,一肩行李出燕郊"四句泛泛带过。忆兄姊伉俪奉双亲挈子女居京城齐化门老君堂七十九号寓所,自一九一九至一九六九凡五十春秋,此"一梦"诚"遥"且长矣,其间风雨晦明,悲欢离合,而余及宝騄兄弟一时曾与有份焉,今亦不遑悉记矣。至其"一肩行李出燕郊"之日,余仓皇走送,六目相对,四顾凄然。当时诚不知今生是否尚有重逢之一日。悲泪洒地,其中似有"文革"期间余姑母太夫人之血痕!及今思之,愤极恨极!

歌中近尾处写下放息县一年余间之陇亩生活,情味隽永。余无所知,不能妄赞一词。唯诗有一句提及其"茞芷缭衡"之室名,则又引起余之一段回忆。自注谓此名取义于《楚辞·九歌》,实则尚巧含二人之名字。盖吾姊小名芷官,兄则学名铭衡,佳名配对,天然巧合。芷官之名,吾母一直呼唤,至姊出嫁后始改叫其字长环(平兄以为有"长管丫环"之病,又为改称莹环);吾父则昵呼为"妞儿"。余儿时顽皮,时时学呼,父母轻斥,姊则一笑。此为余一生初忆中又一丝残痕,今已无可与言者矣!

以上各节,拉杂写来,读之竟似传记材料,足供家乘录存。因又想到其《红楼梦》一案,与兄姊一生关系非浅,而歌中独一字不提,此中或有深意。余今就回忆所及略记数事以告世之"红学"家。

平兄之著《红楼梦辨》,实始于一九二二年春夏之交,时住杭州城头巷。余年方十三,曾听兄谈论,亦读过部分初稿。关于《秦可卿淫丧天香楼》一节,在甲戌本庚辰本出现之前,能洞烛此事隐微并推知其情实者,当推平兄独具炯眼。在平兄此种启发下,余开始理解所谓"读书得间"之意——原来从文字夹缝中还可读出名堂。现模糊记得,兄当时曾指出书中写贾珍为秦氏大举治丧时拄了个拐杖一事,余又体会到所谓微辞暗刺以及文心笔法之类。凡此,均为余以后研读《红楼梦》而至今又从事索隐,于无意中撒下种籽,至于收获则少得可怜,惭愧之至。

有一段小小趣事,余曾为文载在《团结报》,兹移录于此以期永存:

当年平伯以三个月之努力写完他的《红楼梦辨》,精神上一轻松,兴兴头地抱着一捆红格纸上誊写清楚的原稿,出门去看朋友,大概就是到出版商家去交稿。傍晚回家时,却见他神情发愕,废然若有所失,不料竟真有所失——稿子丢了!原来是雇乘黄包车,将纸卷放置座上,下车忘记拿,及至想起去追时,车已扬长而去,有如断线风筝,无处寻找了。这可真够别扭的。他夫妻俩木然相对,我姊懊丧欲涕;当时情景至今历历在目。无巧不成书,过了几天,顾颉刚先生(或是朱自清先生,记不准了)来信了,报道他一日在马路上看见一个收买旧货的鼓儿担上赫然放着一叠文稿,不免走近去瞧,原来却是"大作"。他惊诧之下,当然花了点小钱收买回来:于是失而复得,"完璧归赵"了。看来,凡是《红楼梦》有关的名著总要和鼓儿担打一番交道——高鹗的续书不是亦说偶然从鼓儿担上买得一部残稿吗?我于是深有感焉:嗟夫!万物得失之间,往往出于偶然,而偶然之一得一失,又往往牵系着人之命运。平伯及我姊之一生,在很大程度上实与其《红楼梦研究》密切相关。至于为祸为福,则殊难衡量,亦不必深论。要之,平伯其人不待此书而传,而此书本身则为必传之作,是则可得而言者也。事隔六十余年,顷以此稿示平伯,得复书云:"所述《红辨》失稿往迹,不胜感慨。且已全然忘却,若他人提出,我必一口否定。文字甚佳,如褪色照片重加渲染,不亦快哉!稿子失而复得,有似塞翁故事,信乎'一饮一啄莫非前定'也。"垂老话旧,情味弥永;而前尘如梦,迹之愈觉迷糊,又不禁为之黯然矣!

一九五四年平兄因其"红学"观点而横遭批判,余惶惑之余无以相慰,只劝其深自检讨而已。吾姊间接遭难,其心情沉重不亚于当事人。事后多年犹有余悸。平兄一不嗜酒,二少吸烟,均无足戒,吾姊唯劝其力戒谈"红",而兄卒亦未能尽戒。此案最后终得宣告平反;平兄又以八八高龄应邀赴香港讲学,而吾姊都不及见矣!地下有知,姊当粲然一笑;而于其旧"病"复发大放厥词之举,则恐不免摇首叹息也。

余晚年稍治"红学",抉微发隐,偶有所见,辄撰文刊载于《团结报》,必先向平兄请教,获益良多。余有说香菱与陈圆圆一文,兄且嘱姊为查检资料,落实二人左眉梢上之一粒红记,不敢说铁证如山,亦可谓妙证如水,余得书后果如兄所言大喜欲狂。亲戚情话,琴书消忧;奇文共赏,疑义同析。吾姊随时参加,甥孙韦奈侍坐。时多启迪,相与会心。此种意趣,时萦老怀。平兄自香港讲学归来后,自言旧日"红学"观点此时有些改变。此中消息,余似稍有体会,不足为外人道,尽在不言中耳。

上跋记事庞杂,行文粗糙,只以一片诚心,祝兄九秩荣庆,更预祝上寿百年;且不仅祝兄期颐,还祝兄将亲祝小弟夫妇之期颐双寿也。

是为跋。

一九八九年己巳秋许宝骙作于北京 时年八十

全文录写既竟,通读一过,发觉其中记北平"小民革"拟创办一家政论杂志一节,记忆有误。余当时建议杂志命名不是《庶议》而是《横议》,取"天下无道,处士横议"之说。合当更正。老年忆旧,有时迷糊,馀文亦难保无失误也。

宝 骙又识[26]

这篇长文所写的都是切切实实的俞平伯一生中的要事、真事,而还仅仅多是与《重圆花烛歌》中直接有所涉,或少数不直接有关的史实,更有一事也必须在此做个说明,跋中所述《红楼梦辨》手稿失而复得一事,在顾颉刚《红楼梦辨序初稿》一文中,也有另一记载。由此看来,真是祸不单行,不只是丢过一次,还是丢了两次。而其中的得失祸福,真是塞翁失马,谁也说不清道不明了。

1979年,俞平伯与周策纵在一起。

6. 重印《古槐书屋词》

俞平伯的诗作,曾编集成八卷,名为《古槐书屋诗》,可惜未及刊行就遭浩劫,竟成千古难泯的损失。他的词作因量较小,不分卷,曾由许宝驯的七弟许宝骙用端楷誊录而付诸梨枣,但所印数量也不多,浩劫之后,俞平伯夫妇手边也只存有初刻时的红印本一册。原稿随诗稿一同丢失,但总算没有遗佚。较之诗的命运,可谓好得多。王湜华曾将这红印本借归伏读之余,还让爱人王文修照原行款、原格式过录了一册存副。他送还红印本时,连同过录本一同给俞平伯夫妇批览,俞夫人许宝驯还特地手制精美书签,亲笔题上"俞平伯古槐书屋词刻本 王文修重抄 宝驯署",还加盖"泉唐许氏"小朱文印,亲手黏贴在过录副本上还给王湜华。虽没有另题什么,而其中蕴涵的奖掖后进之心,却已明显地溢于言表。

　　1979年己未，周颖南、梁披云提出愿意将《古槐书屋词》由书谱出版社出版。这自然是件令俞平伯夫妇高兴的事。因为许宝驯誊抄付刻时，并未抄入叶恭绰为《古槐书屋词》所做的序文，这次既然有机会重印，俞平伯便坚持要收入这篇序，以存往迹。但叶恭绰的原序手迹却早已丢失，怎么办？俞平伯总算经过辗转从别处借得，并亲自誊录，录毕还加了跋。既然重印，自然要将前印不分卷本后的新作也一并补入。于是把不分卷本作为主干，加上收集到的三首早年作品，作为补遗编成卷一，而把后来的词作编为卷二。

　　这次重印，正文则全用俞夫人许宝驯的手迹。她七弟的手迹，也由她重新临摹，只是两卷的卷首，是俞平伯亲自加题的。从不分卷本到两卷本，从量上看几乎增加了一倍，但依然是薄薄的一本。这或许正如叶恭绰所云："抑君治学处世之不苟，概可知也。"

红学才子
俞平伯

　　这二卷词，已全部收入《俞平伯诗全编》中，而叶恭绰的序、俞平伯的跋，以及许宝驯抄毕后的跋等，均被删去而未收，但这些正是难得的第一手好材料。

叶遐庵叙

　　德清俞君平伯承先德曲园、阶青两先生家学，淹通博雅，有声于时。余昔纂《清词钞》，曾从君索先德所为词，顾不知君之亦深于词学也。故辑《广箧中词》亦未及录君所作。比复来京师，乃得读君词稿，曰《古槐书屋词》者，则功力深至，迥异时流。始感昔者知君之未尽，而君顾不自谦，且下笔谨慎，综数十年所作，仅存此二卷，是不但足以窥君之词之工，抑君治学处世之不苟，概可知也。时世迁流，词之学似已不为世重。第文艺之有声调节拍者，恒能通乎天籁，而持人之情性。此殆始终不可以废，或者形式应有所变，以合乎时趋而已。至其抒情写实，鸟啼花笑，涛飞电激，以至吟红裁碧之能，引商刻羽之巧，固不分时地与体制，皆莫之能异者也，且将演进焉，而使之与道大适，文化高潮之涌至，其必有此一日。吾徒功能之未逮，斯亦已矣，必谓畛分沟限，视前后若泾渭之不能合，抑何自视之卑，而所见之隘也。余意诗三百篇由二字至九字，本为长短句，汉魏迄于唐宋，习为排律对偶，束缚平板，实斯道之衰（其中自有佳制，然流变实如此）。以求合乐之故，而有词与曲之产生，乃自然之理。余廿年前即主今后应有标新之制，名之曰歌，其定义则：一，必能合乐；二，必有韵脚；三，雅俗共赏。首与蔡子民、萧友梅、黄自、易大岸诸先生致其研讨,今诸人皆已矣!余老衰,迨无所就。囊编《清词钞》、《广箧中词》,以迨与龙榆生合编《词学季刊》及为诸大学讲述,皆屡表其主张,而应者盖寡。今者新制之歌传播,毋虑数万,高下固不必论,而词与曲与歌之递嬗,则已成事实,独惜鸿篇佳制,如词与曲初期所产生者不少概见,斯实吾徒实践不力所致,应引以自咎,而又不得不有望于词林诸同志者也。平伯于词所造既深,而又能审音度曲,于此必有所契,其有意于代兴之作也乎。余日望之,因于此发其凡焉。

一九五四年春,番禺叶恭绰

俞平伯自记

昔岁甲午,承遐庵仁丈宠锡序文,属望意至惓惓。惜手稿于其后佚去,顷从马君笊云假得《矩园余墨序跋》第二辑,从之迻录,亦幸事也。己未(1979年)春三月,俞平伯识于京寓。

许宝驯摹写后记

闲若七弟早岁临池,于《十三行》颇有会心。曾为平伯写此词刊本,流传甚稀。瞬阅四十载,家中仅存一红印本。虞其遗失,顷重摹之。抚迹追思,百端交集。忆昔居清华园南院,弟方英年,我犹中岁。弟专攻数学,课余喜作图案画,每来我家灯下用仪器画成各种形式,方圆尖角均有。余为填上彩色,系以丝穗,可作书夹用,并评论其孰优孰劣,颇以为乐,今俱不存矣。当年朝夕相聚,思之怅然欲涕。儿嬉情事,如尘如烟,偶记纤琐,不尽所怀也。岁在癸丑(1973年)中秋节姊宝驯书于京郊新寓。

俞平伯词卷一补遗序

凡三首皆少年时妄作也。前被删去,今复收检,以存鸿印。其一,戏拟新诗,虽不成篇章,颇为先友朱公所赏。其二、三首,昔旅游寄内之作,旋即归来,相逢一笑。韶华飘羽,五十余年,顷耐圃欣为濡翰,当忆及乌篷泛月,双桨莼波也。时癸丑(1973年)中秋自记。

许宝驯跋

平伯《古槐书屋词》卷一,七弟宝骏曾有写刻本,余依照笔迹书之。其卷二,昔年清本佚于丙午(1966年),零篇四散。其年月先后均无次序。平经友人敦促手定,余亦自告奋勇,愿为重抄,遂于各处搜寻,又凭记忆得若干首,较之原本减损无多,又经修改排列。余久病手抖,书不成字。以整治心切,勉为缮存,不计字体之工拙也。时一九七九戊午腊八,宝驯识于京寓。[27]

从这几则序、跋、小引、后记等来看,俞平伯夫妇当时的心情是比较复杂的。他俩既有得缘整理充实编订重印的喜悦,又有追思往迹,人琴萧瑟的凄婉,尤其对这场"史无前例"的运动,真不知说什么是好,所以干脆不置一辞。而这不辞之辞,人们至今也仍是不难体味的。

1979年1月6日,正值农历戊午腊八。这天是俞平伯的八十大寿,他抄录了《丁巳夏日感怀三章》之二,遥赠周颖南。

儿情犹自未全收,揽镜方知去日遒。
已许八旬祈绰绾,还开七秩庆绸缪。
画梁三宿轻如燕,陋室双栖拙比鸠。
能否仍云绵世德,孙曾玉立漫凝眸。[28]

这一幅写赠周颖南的诗,引首处用了马衡所刻"腊八生日"长方朱文印,因为引首章一般宜用长方印。末行双款,上款为"颖南兄吟赏",下款"平伯稿"三字下,用了王湜华为祝俞平伯而刻赠的"平伯八十后所书"白文方印。周颖南遂将此诗误认为是《八十自寿诗》,以致孙玉蓉在编写《俞平伯生平大事记》时也跟着误写,直至编选《俞平伯诗全编》时才得以订正。有趣的倒是,因为周颖南的误认,新加坡诗人、书法家潘受,还真把这首诗作为《八十自寿诗》,步原韵奉和了两首:

其 一

八十催妆妙句收,风情何减少年遒。
腰如陶令难为折,心共庄生早解缪。
物外一声箫引凤,花前双影杖扶鸠。
孙音头角罗堂下,映酒峥嵘入寿眸。

其 二

文章万马齐喑日,照眼新篇笔力遒。
人物于今寥可数,山川从古郁相缪。
杏梁冷暖将雏燕,麦垅阴晴叹妇鸠。
又见神州佳气作,先生应笑豁吟眸。

王湜华当年到三里河新寓所去拜见俞平伯,只见客厅中迎面的墙上挂着潘受的条幅,字迹圆润醇厚,流畅而挺拔,书卷气扑面,为之肃然起敬,询诸俞平伯。俞平伯说是他自认是学生,而事实上他比俞平伯小不了一两岁。后来周颖南将《重圆花烛歌》长卷影印,作为俞平伯九十华诞的寿礼。潘受题写诗名的五个大字后,又题曰:

> 平伯先生《重圆花烛歌》,可增人间伉俪之重,歌辞之美,抑其次也。

文辞虽至简,却道出真谛,也可见潘受对俞平伯道德文章的敬重,是多么的深沉凝重,真可谓直抉文心者。

周颖南在俞平伯的晚年生活中作用不小,影印《重圆花烛歌》为最重要的大事之一。他介绍梁披云来北京拜会俞平伯,最后落实《古槐书屋词》的增订本在香港书谱出版社印行,实可谓更慰俞平伯心的善举。那时正是俞夫人许宝驯病后,她写的字确实比病前退步了不少,但应该说,有重新出版词集这样的幸事,才促使八十多高龄的老人拿起笔来,为后人留下了至为珍贵的墨宝,这实是值得庆幸的好事。

一开始俞平伯还真不想将词作印行问世,至少是心有余悸吧。这从当时他给周颖南的信中可以看出:

> 词稿宜正式发行否?尚待考虑。若在南洋出版作非卖品,则又须烦兄费神。此事非急,容缓图之。有内子写本,尚未完成。知念附闻。
>
> 迭奉三书,其第一书中述兄美意,拟为我印行旧诗词选,但此事骤难决定,当徐图之。诗词残佚,不易整理。词稿不多,将编成两卷,现尚缺序文。此等书恐知者甚少,不易推销。词集如此手写本影印,亦无标点。兄意如何?盼续示知。[29]

周颖南一片诚心,俞平伯也就答应了。俞夫人许宝驯特为他缮录成定文。正式印行问世的本子,封签由黄君坦题写。内封则由叶圣陶题写,仅"古槐书屋词"五个字,分两行,第二行空格正好钤上矫毅所刻的文印"圣陶"二字。其时叶圣陶用毛笔写字已渐少,俞平伯得此题写后,还特地做七绝一首答谢:

> 早年相许作新词,晚岁相逢更论之。
> 此是生平之一快,山歌几首乞君题。[30]

这首诗在收入《俞平伯诗全编》时,题作《答谢圣陶为题〈古槐书屋词〉》。初稿录给周颖南时,"逢"作"偕","君"作"兄",题作《为〈古槐书屋词〉题字答谢》。

1979年上半年,当时的文化部文学艺术研究所红楼梦研究室(现为中国艺术研究院红楼梦研究所),正酝酿创办一个专门刊载红楼梦研究学术文章的刊物,由百花文艺出版社出版,由红楼梦研究室(所)呈报所(院)一级批准并出面,成立这个刊物的编委会,来主持编辑审稿等工作。刊物定名为《红楼梦学刊》,当即请茅盾题写了刊名,并准备成立一个名流荟萃的编委会,还要聘请老一辈的红学家若干人来担任顾问。王湜华已由外文局调入红楼梦研究室近两年,研究室深知他与俞平伯的关系,让他去敦请俞平伯出山任编委或顾问,而俞平伯就是坚决不同意。不但不出任编委,连顾问的虚衔也坚决不接受。经再三商议,俞平伯总算同意出席编委会的成立大会。

红学才子 俞平伯

5月20日上午,学刊在四川饭店后院举行编委会成立大会。请柬是由当时的文化部副部长贺敬之出面发的,大会也由他主持。那天红楼梦研究室让王湜华去接俞平伯、顾颉刚两位老红学家来出席会议。叶圣陶、叶至善父子是有车的,不用所里派车去接。当时顾颉刚也已搬到南沙沟住,所以一车接两位,也极为方便。

俞平伯、顾颉刚二人虽已住入同一大院,只相隔几幢楼,近在咫尺,却都因体弱多病,绝少往来。再说那些年,"四人帮"刚被打倒,许多事情尚不明确,老知识分子依然处在少接触少说话为佳的状态中。车上一路所谈的话不多,俞平伯、顾颉刚两位向来以口讷不善言谈著称,并不因谋面之稀而殷切谈论。所谈仅一事,即他们两位均回忆起当年,在俞平伯写《红楼梦辨》之前,他俩为讨论《红楼梦》而热闹频繁通信的往事,一时竟也记不清已在多少年前,屈指算来,已是近六十年前的事了。看来他们都因忆往而勾起了不少心酸与不愉快,所以连确切的年代都没有追忆清楚,便也不再另谈些什么别的事情。

那天的主会场设在正屋的西两间,中间与东两间已摆满了圆桌。虽无主席台之类的陈设,但最尊的座位自然是座西面东的一排沙发,居中一个三人大沙发,顾颉刚坐正中,南边是茅盾,北边是俞平伯。叶圣陶坐在北侧的小沙发上,接着北面朝南的一排沙发上,挨着叶圣陶的是王昆仑。记得那天吴组缃来得较晚,一进门便急匆匆走向顾颉刚、俞平伯两位,握手时直说:"我是你们的学生喔!"他一口浓重的皖南口音,在房间里回响。

这次会议由贺敬之主持,林默涵代表中共中央宣传部讲话,冯其庸介绍了筹备出刊的经过,俞平伯、顾颉刚等人都没有做长篇发言。在席间李希凡、蓝翎举杯与俞平伯握手言欢之际,有人抢拍了这一镜头,第二天一早就见诸香港的报端。可惜当时录像还不通行,要不当晚的电视新闻中,也准会出现这类"历史的镜头"。俞平伯、顾颉刚的出席,王湜华在里面受命做了不少具体工作,"历史的镜头"神速见报,不知俞平伯有何想法,幸而事后很久王湜华没去走访他,要不大概会得到受诓骗的某些谴责吧!

《红楼梦学刊》是季刊,一年出四辑,出刊后编委会一再扩大与变动,而俞平伯的名字始终没有出现在编委会名单中。顾颉刚怯于情面,还答应了担任学刊的编委。其实自与俞平伯通信始,到为《红楼梦辨》做序以后,他已绝少研究红学。俞平伯在创刊号上只发表了他的一首旧作七古《红楼缥缈歌——题〈石头记〉人物图》,那是1964年的作品。学刊刊首登载茅盾两封信的影印件与王昆仑的《芙蓉赞》手迹并释文后,头一篇全用铅字排印的文字,就是俞平伯的诗:

红楼缥缈无灵气,容易寒斋变芳旨。
回首朱门太息多,东园多少闲桃李。
新园花月一时新,罗绮如云嫱上春。
莺燕翱翻初解语,桃花轻薄也留人。
牡丹虽号能倾国,其奈春归无处觅。
觅醉荼藦踠晚何,不情情是真顽石。
芙蓉别调诔风流,倚病佳人补翠裘。
评泊茜纱黄土句,者回小别已千秋。
其间丛杂多哀怨,不觉喧胪亿口遍。
隐避曾何直笔惭,春秋雅旨微而显。
初天虚愿恨悠悠,磨灭流传总未酬。
毕竟书成还是否,敢将此意问曹侯。[31]

这首诗中"嫱""翻"二字还特地刻拼,其实"嫱"字即"娇"之异体字。不过由此看出,编辑部对俞平伯是真心尊重的。这首诗原有标题与副题:《红楼缥缈歌——为人题〈石头记〉人物图》。因为《红楼梦学刊》这次的刊载,《俞平伯诗全编》的编者还做了题注:

此诗曾载1979年8月《红楼梦学刊》第一辑,题目为《题〈石头记〉人物图》。

学刊还排错了一个字,第六行的"踠"当作"婉"。"奈"字本亦可排作"柰",属异体可通用。从这些地方都可以看出,他们尽量宽慰俞平伯的心情,这还是应当称赞的。

到下一年的7月30日,中国红楼梦学会成立,邀请俞平伯为顾问,这次他总算没有推辞。因为这是学会,而不是刊物。他认为刊物总得做具体的审审稿提提意见之类的工作,坚决不担任一切职务。他自己受批判尚未平反,还是一笔糊涂账,又怎能去审人家的稿子呢?学会却不同于刊物,更何况只是个顾问,本可"顾"而不"问",更可"问"而不"听",所以顾问就顾问吧,悉听尊便。

7. 欣慰的1980年

1979年10月11日至22日,九三学社召开了第三届全国社员代表大会,俞平伯当选为三届六中全会中央委员。也就在这个月中,俞平伯在20世纪60年代就选注完成的《唐宋词选》,最后在书名后加上一"释"字,总算由人民文学出版社正式出版。这个月对俞平伯来说,还算是双喜临门吧!

到了1980年,似乎可说是好事不断了。

依时叙之。4月15日,澳门的梁披云再次来访,告诉俞平伯《古槐书屋词》已在印刷中,最晚到6月,一定能够让他看到书。这自然是最让他宽心的好消息。果然不久样书运到,俞平伯便一本本亲自题款盖章,分赠诸亲好友,王湜华自然也欣喜地得到一本,上款题"湜华世阮惠存","平伯"的名款下,又钤上了曹辛之不久刚给他刻的朱文名章。这本书王湜华与王文修手抄的《古槐书屋词》珍藏在一起,那抄本上有俞夫人许宝驯亲制亲题的封签,合之堪称双璧。

就在俞平伯被聘为中国红楼梦学会顾问的那一个月,人民文学出版社又将他在20世纪20年代校点的沈复的《浮生六记》,重新印行出版。人民文学出版社特地征得俞平伯的同意,将他在1923年2月27日写于杭州城头巷的一篇《重刊〈浮生六记〉序》,以及当时为重刊而编的《〈浮生六记〉年表》,一并作为"附录二"之一、二刊入再发表外,还将早年题沈复山水画的一首七绝,请他另加小引,作为"附录二"之三,也一并刊入:

　　题沈复山水画

　　昔年有以沈三白山水画幅属题者,其人其事已悉忘之,原画不知飘零何处,唯诗句差堪仿佛耳。

　　燕翼栖迟萧爽楼,中年家室感凉秋;
　　流传几笔倪迂画,想见升平异代愁。

　　　　　　　　　　　俞平伯
　　　　　　　　一九八〇年二月立春　北京[32]

沈复的这部《浮生六记》虽已只残存四记，但这部书文笔细腻，感情真切。写作时间正与《红楼梦》的时代不相上下，地点又多写苏州。它篇幅虽小，自有堪与《红楼梦》相伯仲的不可磨灭的一面。俞平伯对这部小书也情有所钟，可说仅次于《红楼梦》吧。时隔五十多年，人民文学出版社愿刊印《浮生六记》，并且还想着用俞平伯的校点本，仅这一点，也真使他由衷的高兴。书首刊印说明中，还特地写进了这样一段文字：

  本书系据俞平伯先生一九二三年校点朴社排印，由弥松颐据《独悟庵丛钞》本作了核对，改正了个别舛误。《独悟庵丛钞》本的题诗、序、跋、收作附录一；另外，征得俞平伯先生同意，将他有关《浮生六记》的旧作三篇，收作附录二。

第二年，受友朋的委托，王湜华陪同西德鲁尔大学教授马汉茂夫妇去拜访俞平伯，因为他已将这校点本《浮生六记》译成了德文，所以特地来中国拜会校点者，并敦请他为德译本做序。俞平伯当即答应写序，并于11月12日完成了这篇序。

那年正值俞夫人许宝驯的七弟许宝騄70岁阴寿，因为他在浩劫后不久即已病故，北京大学为他举行诞辰70周年纪念会，还特地邀请俞平伯夫妇参加。由于俞平伯夫妇都体弱多病，不便出席，俞平伯就做了副对联，送交纪念会，题目是《纪念已故著名数学家许宝騄诞辰70周年》。这毕竟不是悼念刚刚亡故者的挽联，虽仍以悲悼为主，但内心也不无对北京大学不忘故人的感激之情。

  早岁识奇才，讲舍殷勤共昕夕；
  暮年空怅望，云灭迢递又人天。[33]

上联主要讲的是许宝騄在清华大学攻读数学的那几年，正好俞平伯夫妇住在清华园南院，所以幸得朝夕相处。下联则为许宝騄的英年早逝表达痛惜之情。既寄托了哀思，又婉述了纪念之谊。

同济大学著名教授、园林艺术家陈从周，与俞平伯的交谊非常深厚，他与俞夫人许宝驯是小同乡，同为杭州人；与俞平伯也可算大同乡。他们之间过从甚密，联系非常多。那些年陈从周常来北京，几乎每次都要去拜访俞平伯夫妇，交谊可谓介于师友之间。陈从周自认是俞平伯的晚辈。王湜华与陈从周的订交，也是承俞平伯的介绍。这一年陈从周的散文集《书带集》要印行问世，便请求俞平伯写序，11月23日他欣然命笔：

文章之道千丝万缕，谈文之书汗牛充栋。言其根源有二：天趣与学力。天趣者会以寸心，学力者通乎一切。所谓"近取诸身，远取诸物"。虽古今事异，雅俗情殊，变幻多方，总不外乎是。如车之两轮不可或离，而其运用非无轻重。逞天趣者情辞奔放，重学力者规矩谨严。文之初生本无定法，及其积句、成章，必屡经修改始臻完善，则学力尚已。盖其所包者广，耳目所接无一非学。此古人所以有"读万卷书，行万里路"之说也。

　　陈教授从周，多才好学，博识能文，与予相知垂二十年。中历海桑，顷始重聚，获观其近编散文集者，其间山川奇伟，人物彬雅，楼阁参差，园林清宴，恍若卧游，如闻謦咳。知其会心于文艺，所得良非浅已。

　　尝谓艺苑多门，根柢是一。君建筑名家也，请即以之为喻。建章宫千门万户，目眩神迷，而其中必虚明洞达，始见匠心。文艺之各别相通，无乃类是。君题所居曰"梓室"，于焉撰述诗文，挥洒兰竹，得手应心，无往而非适矣。及其出行也，访奇考古，有济胜具，足迹几遍天下；其治事也，勤恳孜矻，不避艰阻。凡云窗雾阁，断井颓垣，皆立体之图绘也；朝晖暮霭，秋月春花，皆大块之文章也。天赋慧心与躬行实践，既已相得益彰，而命笔遣词又俊得江山之助，吾观于斯编而益信。

　　君深知园林之美，更能辨其得失。兹集多载杂文，名以"书带"者，盖取义于书带草云。此草江南庭院中多有之，傍砌沿阶，因风披拂，楚楚有致。余昔吴下废园亦曾栽之。今不取兰蕙嘉名，顾乃寄兴于斯小草者，弥见冲挹之素怀，君文章之业必将与年俱进矣。

　　　　　　一九八〇年十二月一日于北京[34]

　　从《书带集》中俞平伯序言落款的时间，可见自动笔到定稿相隔已八天。难怪陈从周在后记中说："俞平伯老先生见了此集，以八十二高龄为我写序，太过誉了一些，徒滋愧色，这是前一辈的学者对我的鞭策与鼓励。"

　　就在这一年内，周颖南得到了俞平伯《重圆花烛歌》的工笔手写本与谢国桢的端楷手抄本，准备以它们为主干，广征题咏，准备将来装裱成一牛腰粗的大手卷。在这一年内先后求到了叶圣陶的四首七绝、黄君坦的《后鸳鸯社曲》七言和歌及补题四绝句、张伯驹的《八声甘州·贺平伯词兄重圆花烛》、夏承焘的《〈好事近〉集宋人句贺平伯先生宝驯夫人百年偕老》、王益知的篆书贺诗、陈兼与的长短句、李宝森的《醉花阴》小令、施蛰存的长歌并后记再记、顾廷龙的七绝四首、陈秉昌的七绝一首、郭学群的七律两首等。这些作品真可谓琳琅满目,美不胜收。它们果然裱成了一极珍贵的长卷,并留有极长的白尾,后来又多有补题。

～ 1980年,俞平伯与叶圣陶(右二)、周颖南(右三)在一起。

这1980年,周颖南的收获真是不小。他通过多方面的努力,亲自南北奔波,有的还要辗转托人介绍,才一一求到已提到的俞平伯的老友、挚友、朋辈、生辈等各界学子名流,为他得到的《重圆花烛歌》长卷来加题咏。这些友朋都十分敬仰俞平伯,也就十分愿意题写,并且非常认真,所述所记多为真切的肺腑之言。叶圣陶当时已基本封笔,因目力的衰退,写毛笔字时,笔尖是否已碰到纸,一点也看不清楚。有时比画了半天,拿到阳光下一看,竟还是白纸,笔尖根本没有碰到纸;反之,有时还没开写,纸上竟已染了一个大墨团。本来可使心情舒畅的握管写字,变成了造成生闷气的缘由。就在这样的情况下,周颖南提出要求,叶圣陶总还是答应,周颖南认识俞平伯还是他亲自介绍的,为题《重圆花烛歌》,岂容推辞!叶圣陶勉为其难地做了四首诗,并费了好大劲儿,才题写好交卷,尽管自己一看还是很不满意,但也只好如此了。尽管诗意虽简,却是老年忆旧的真情流露:

其 一
西湖年少初相见,歇浦鸿光作比邻。
周甲交情回味永,海棠花下又今春。

其 二
重圆花烛述怀歌,福慧双修世岂多。
易稿相贻承下问,辄呼先睹快如何。

其 三
手书本与刚翁本,更有黄公赓和歌。
并附飞鸿传海外,朋情交织宛如梭。

其 四
周氏收藏又一珍,宁惟翰墨感情亲。
人间伉俪可增重,潘老题词意最珍。[35]

红学才子
俞平伯

叶圣陶题这四首诗时在1980年6月,同时他还为长卷题了签。签条中的"烛"字,很明显,上半已几成墨团。头一首诗简述他与俞平伯60年的交情,订交之初在上海,还曾是隔壁近邻,过从自然很密。所述"海棠花下",是指叶圣陶四合院中有海棠树,每年海棠盛开时,必请老友来饮酒共赏。早年有"五老"之多,按年龄依次是:王伯祥、章元善、顾颉刚、叶圣陶、俞平伯。1975年秋的赏海棠,是"五老"共赏的最后一次,王伯祥于这年年底就作古了。而赏花活动还一直延续着,直到"五老"只剩叶圣陶、俞平伯二老时,叶圣陶还是请俞平伯去观赏海棠的,所以有"海棠花下今又春"的句子,其中的感慨是至为深切的。"海棠花下"也另有出处,徐志摩曾有在中山公园等处通宵达旦赏花的佳话,梁启超曾为他集宋人长短句为联,书写赠之。这是一副闻名海内外的名联。徐志摩身后,一直在他外甥陈从周家珍藏着。陈从周曾在俞平伯家出示过,俞平伯曾为它题过诗,并收入《寒涧诗存》。后来陈从周将它捐献给了国家,特敦请叶圣陶用小篆重写此联而自己保存。它共集六位宋代词人的六句词,最后两句就是"海棠花下"、"吹笛到天明"。叶圣陶这第一首末句中用"海棠花下"四字,俞平伯读后一定会联想到它的。第二首则说到《重圆花烛歌》本身。在创作修改过程中,俞平伯频频将稿子请叶圣陶过目,让他提修改意见,叶圣陶自然认认真真地与他商榷,正如他创作《兰陵王》纪念朱自清时,频频与俞平伯通信共同商讨一样。他们双方在看对方新作时,自然也都有先睹为快的心情。第三首则说到这个手卷,俞平伯除了为周颖南抄写了一份《重圆花烛歌》送给他以外,还将谢国桢抄的一份也转送给了他,所以卷子的主干乃是俞平伯、谢国桢二人的两份墨宝。"手书本与刚翁本"句,即实指这件事。"黄公赓和歌",则指黄君坦的《后鸳鸯社曲》与题诗等。第四首在指出周颖南收藏又一珍品后,更进一步落到潘受题引中的话,对此深表同感,即《重圆花烛歌》歌词固然美,还比不过俞平伯、许宝驯伉俪的情谊之美。这真是"人间伉俪可增重"啊!

黄君坦的题词为什么叫《后鸳鸯社曲》?是因为纳兰性德曾有鸳鸯社在前。

后鸳鸯社曲

玉潭渌水鸳鸯社,雾阁云窗万间厦。
故家春在燕归来,桃李东风夸日下。
越网千丝幻怨恩,金钗十二谶痴嗔。
入时眉样分深浅,鹦鹉前头莫效颦。
马融绛帐扬云阁,买赋长门常寂寞。
故国深宫二十年,悔教胡语琵琶错。
忆昔清都山水郎,鲤庭鸾掖焕文章。
王谢外家成宅相,李卢中表是同乡。
我思花隐新声爨,一曲怡红后脂砚。
金粉歌残燕子笺,功名梦断长生殿。
如海王城早致身,绿杨分作两家春。
戏彩南陔频絜膳,看花北第美扶轮。
檀桥衡宇先芬绍,丝竹后堂何窈窕。
咏絮争传姊妹花,赌茶欲拔芝芙草。
黄绢新丝幼妇辞,沙哥崔嫂唱随时。
宾筵惯作姗隅句,老妪能言白傅诗。
弈棋世事知多少,太息围城人玉貌。

六朝貂锦丧胡尘,五季干戈侵寇盗。
杜陵野老潜吞声,百年雪涕幸收京。
烟柳斜阳肠断处,坏池乔木厌言兵。
欃枪次第星关曙,清浅蓬莱已三度。
新亭杯酒几何时,华屋山邱几人去。
劲草当年御疾风,坚芳始识岁寒松。
不辞明镜青丝白,及见星旗晓日红。
迁莺贺燕纷时栋,国宝遗珠醒真梦。
难得迦陵共命禽,换巢栖老祥鸾凤。
花烛重周花甲年,玉台笑拍老奴肩。
观河留眼华胥世,击埌同歌竺落天。
相依卬岠鹣鹣比,皷佩从知耕饁始。
卿须怜我我怜卿,子复生孙孙复子。
茸芷缭衡事事新,舲筵赓谱绛都春。
红楼相望飘灯夜,怅触樊南行路人。[36]

红学才子 俞平伯

黄君坦为周颖南所藏长卷抄写的这首诗后面做跋:

> 丁巳嘉平月,平伯词长,伉俪花烛,周甲良辰,有诗述怀。拜读欣美,因羽人俚辞,祝贺俪福眉寿。颖南诗家远道闻之,来函索阅,即录拙稿,尘博一粲,藉存玉台嘉话。甡叟黄君坦附记。

这个跋下钤"君坦"白文印、"邯郸逆旅"朱文印。黄君坦与俞平伯有姻亲关系:俞平伯的长姊嫁给了郭蛰云,而郭蛰云的小妹又嫁给了黄君坦,可谓三角姻亲,俞平伯、黄君坦、郭蛰云三家当然过从甚密。既然周颖南知道黄君坦有这首《后鸳鸯社曲》奉贺俞平伯重圆花烛,自然要特地写信请求阅览。黄君坦便在抄奉之余,又另做四首绝句,并加自注及跋文,一并奉交周颖南同付装池,同时也兼有为《后鸳鸯社曲》做笺注之意。

其 一

王谢家声世莫侔,几人福慧得双修?
红楼粉本鸳鸯社,共命迦陵到白头。

其 二

水东花隐想风怀,亦有声诗在玉台。
真梦续成后脂砚,龙天了了一徘徊。

其 三

戚郲过从五十春,平泉花木举觞频。
严梅自是神仙偶,愧我樊南白袷人。

其 四

相看云鬟旧朱颜,桃李花开绛帐间,
广大合称诗教主,鸡林争拜白香山。

颖南诗家珍藏其师德清俞平翁暨德配许夫人《重圆花烛》长歌写本,将付装池,广征题咏,而以拙作《后鸳鸯社曲》附焉。珠玉在前,惭惶奚似。谨补题绝句四章,藉作前诗之注脚,奉博粲正何如?庚申溽暑,蛰叟黄君坦再识于京华问影轩。[37]

黄君坦是左海"黄氏三先生"中的二先生。他大哥是黄孝纾,字公渚,著有《匑庵文稿》等;黄君坦,字甓庵,著有《问影轩骈体文存》等;三先生黄公孟,字宽斋,著有《樱宁斋遗稿》等。他们都是近现代不可多得的文人才士。这三部骈体文集,曾由黄君坦手书影印问世,题目是《左海黄氏三先生俪体文》。他们擅长写作骈文辞赋,写诗自然更不在话下。这首《后鸳鸯社曲》,藻丽情深固不待言,而作为注脚的四首绝句,也同样典赡茂密,确实不愧为大家的风雅。

张伯驹则为题《八声甘州》一阕:

有情天一刻值千金,依依老鸳鸯。恰东西莲叶,花开并蒂,游戏银塘。此日交杯酶醑,对歌共重尝。回首洞房夜,犹是新郎。

我亦画眉京兆,尚风流愿看,点额梅妆。谱枝头红闹,词妙字还香。更和鸣、甗鮞梦里,白发新、粉墨试逢场。斜阳驻、舞双双燕,无限春光。[38]

张伯驹的词,总是这样的宋皮宋骨,把它们放在宋词林中,也全无异味异调。

夏承焘则集宋人词句,做成《好事近》一首:

喜气拥朱门,(王 益)
玉影半分秋月。(周 密)
留得鬖须迟白,(程大昌)
醉高烧红蜡。(曹 勋)
诗人门户约花开,(汪 莘)
东风共披拂。(辛弃疾)

相对夜深花下,(朱敦儒)

作催妆佳阕。(吕渭老)[36]

夏承焘集句后,由他的夫人吴无闻来书写。吴闻,字无闻,既是夏承焘的弟子,又是他的夫人,词至嘉,书道亦佳,而酷似夏承焘。那一时期夏夫人吴闻常常为先生代笔,或合作,真堪称双璧。

~ 青年夏承焘

王益知是中央文史馆馆员,曾任章士钊的秘书,晚年习篆至勤。他为周颖南认认真真打了乌丝格,用篆书写了他自己的五言长句:

花烛逢周甲,催诗翰墨浓。
悠扬归朋操,辛苦伯鸾舂。
字作簪花楷,庭栽针叶松。
风帆谁管领,海内仰辞宗。
为祝金婚节,文章天下倾。
唱随偕道韫,耕馌比渊明。
黄绢辞篇诵,红楼月旦评。
风流今胜昔,桃李重师情。[39]

当年已84岁高龄的陈兼与老先生,也应周颖南的邀请,为他做《贺新郎》一阕,题为《题俞平伯先生〈重圆花烛歌〉》:

应许韶年再。望俞楼、圣湖渌水,画堂蟾彩。读罢月圆花好句,桦烛中移几代。恍如对、催妆迎拜。耕馈罗山归来晚,又芸窗、相与酬诗债。须进酒,补眉介。　　故家乔木春长在。忆神京、煌煌五四,学潮澎湃。一日歌谣翻新体,看取先河击汰。满桃李、清华园外。青埂遥峰珍片玉,谱怡红、泥水粘成块。千万劫,纳诸爱。[40]

这首词在收入《壶因词》时,略有改动。"如"改作"若","长"改作"常","珍"改作"收"。仅此亦可见陈兼与遣字造句认真细致之一斑。

以后,与李宝森写了一首《醉花阴》小令:

文章一世心仪久,花好春常透。水木湛清华,人寿月圆,风雨重阳后。　　玉台新咏茱萸酒,引凤箫声奏。白首赋催妆,四代同堂,佳话今稀有。

丁巳九月既望,平伯姻丈重谐花烛,寄示长歌,因献《醉花阴》小令为贺。今应颖南仁兄属题长卷,录呈博粲,并乞吟正。庚申初秋李宝森。[41]

李宝森在词中所写的也都是祝贺的话。60年苦,俞平伯自己尚且避而少谈,甚至不谈,李宝森又何必在祝贺时去触及痛处呢!

施蛰存是俞平伯1924年在上海大学讲授《诗经·周南·卷耳》时,正式在课堂里听讲的学生,只因后来各自奔忙,南北异地,而少有过从,再加上"文革"等,各自都自顾不暇,哪还有闲情叙什么师生之谊!这样的情况发生在师生间,何况也不是俞平伯、施蛰存一对。时局渐有缓和,又借着周颖南索题的东风,施蛰存善写长歌,便侃侃而谈,又写了首长歌。

为什么说是"又写了首"呢?王伯祥有一《书巢图卷》,卷中以叶圣陶的《书巢记》与《书巢歌》为主干,后面的白尾也颇征得一些题咏,其中就有施蛰存的长歌,柏梁体,句句入韵,而且一韵到底。这中间也有一段小插曲,那是他取回手卷的途中,竟遗忘在黄包车上,急得他要命,遂在附近电线杆上到处张贴小红条,悬赏寻觅。虽算吉人天相,完璧归赵,花了代价,才既得了诗,又交了卷。所以诗中有"方携赵璧还相如,忽逢胠箧怀之趋。上天入地追亡逋,零丁露布张九衢。果然神物相持扶,月明合浦归灵珠"等句。这也是一时的艺林佳话。施蛰存于《重圆花烛歌》题写的长诗,题目就是《奉贺俞平伯先生暨德配许夫人重圆花烛长句》：

> 海外飞来绝妙辞，发封虔诵愧支离。
> 师门双庆圆花烛，落魄鲰生总未知。
> 主人情重征题咏，鼓吹词林寿梁孟。
> 三年鸳牒既添筹，一言均赋欣从命。
> 犹忆青云诗讲筵，曲园诗学有薪传。
> 周南卷耳标新义，葺芷缭衡薄郑笺。
> 倚声颇许老白石，酒祓花销数高格。
> 邯郸学步惜红衣，谬赏眉岑隐离碧。
> 五噫赋罢来海陬，鹿车暂作赁春游。
> 谢帷绛帐谐琴瑟，宝山路上寄俞楼。
> 我昔登楼事亲炙，月晦灯停难为客。
> 高烧桦烛照红妆，许我清言共瑶夕。
> 龙战玄黄兵气舒，黉官人散杏坛虚。
> 凤笙长引归京国，从此师徒异走趋。
> 沧桑几度更朝市，转录助黄因流徙。
> 遥瞻日下是长安，问道何曾申一纸。
> 颇闻生计足婆娑，秋月春花雅事多。
> 度曲堂开汤玉茗，参禅人诣病维摩。
> 山东小儿妄讥讽，出主入奴肆搬弄。
> 太清滓秽朝野喧，古槐梦遇红楼梦。
> 岂知儒道日凌迟，左建商君法外奇。
> 逐客踉跄出秦阙，肃肃南征比翼飞。
> 荆钗布裙祝盆盎，牧豕饭牛歌击壤。
> 孔门自是多能事，楚水荆山共夷旷。
> 燕燕归来鬓已霜，云开喜见日重光。
> 丝萝无恙芝兰秀，风烛双辉六甲觞。
> 头白门生昧法纪，世人欲杀幸不死。
> 当年謦欬未全忘，拟托赦鳞悤而止。
> 谢公墨妙染霞笺，传与师门韵史篇。
> 三中劫尽人间世，难觅童心五十年。
> 俚歌仓促无文藻，感奋维新叙襟抱。
> 寄去京华寿一卮，春在堂中春不老。[42]

红学才子
俞平伯

这首诗后的跋写道：

周颖南先生自星洲寄示一卷,乃谢刚主先生手书俞平伯先生作《重圆花烛歌》。颖南先生属余题咏,共伸祝贺。余与平伯先生实有师生之谊,多年不相闻问。花烛重圆之庆已逾三载,敢不献言以补晋觞!因赋此诗志余与平伯先生故事。既别纸书奉师门以博双笑,又书此纸,用报颖南先生雅命,并请正之。

庚申(一九八〇)十月元日蛰存施舍

这以后,施蛰存为笺释诗中的其他事情,又写了附记,附在诗后:

一九二四年余肆业上海大学(在青云路),平伯先生来主讲席。先生尝为文解《周南·卷耳》,余亦撰文进一解,先生以为可,为刊于《文学》旬刊,先生文题云《茸芷缭薪室札记》,拙文题云《蘋华室诗见》。先生又尝讲词,甚推白石道人。余作《惜红衣用白石原韵》一阕,以就正于先生,有"眉岑隐属碧"语,先生以为佳,施密圈焉。其时先生与许夫人寓宝山路,余尝一夕登楼奉谒,会电灯失明,先生遽入市购红烛归,即烛光下谈艺论文,迨二鼓而退。尔后先生北归,学宫不久亦解散。从此未获一会。此诗中所及本事也。舍附记。[43]

施蛰存不但诗才横溢,文笔更流畅传神,似乎已不用再多说了。不过似也有的地方需要作补充诠释。"颇闻生计足婆娑"四句,是指俞平伯夫妇酷嗜昆曲,在清华园创立谷音社等。"山东小儿妄讥讽"四句,则不注自明。"岂知儒道日凌迟"八句,是指俞平伯夫妇"一肩行李出燕都"去干校。"谢公"二句言谢刚主的书法酷似他的老师梁启超。"春在堂"是俞平伯曾祖父俞曲园的堂名,俞曲园的著作全集就叫《春在堂全书》。施蛰存诗的末句可谓点睛之笔,意谓俞氏世世出才人。后来平湖乍浦镇的篆刻家许白风还单用这个结句,为俞平伯刻了块图章,作为祝寿的礼物,而俞平伯始终谦虚为怀,决不敢钤用,但他对施蛰存的这句诗还是真心赏识。

顾廷龙为应周颖南的邀请,认认真真做了四首七绝,还加了些笺释,用端雅挺秀的行楷题写。

其　一

鸥侣风光六十年,双修慧业正无边。
今朝花烛重圆日,五福备齐不羡仙。

其　二

旧谊苕苓溯两家,春风桃李话桑麻。
记曾温霁亲承益,四十年前似梦华。

其 三

四世清芬衍泽久,一门风雅尽人知。
好将莱彩图盈膝,看上金樽醉玉卮。

其 四

催妆一曲话从头,花甲沧桑燕婉周。
明世耆英新岁月,喁于盈卷粲吟俦。

顾廷龙的这四首诗,词简意赅,涉及了多方面的事情。头一首纯属恭祝,也不是虚语泛词,一种真心喜悦的心情跃然纸上。第二首主要记述两家之间不一般的交谊,直叙到四十余年前顾廷龙本人亲炙俞陛云的教诲,更是声情并茂。第三首是追颂俞氏世世代代人才辈出,"清芬衍泽久",确是实写,并非虚述。第四首既是总结,更是进一步的预祝。通体结构明晰,四首浑然成一。妙还更妙在落款,乃径直书奉俞平伯:

俚句四章,奉题《重圆花烛歌》,即希平伯世长俪正,一九八〇年八月顾廷龙。

陈秉昌题写的是七绝一首:

春在堂开奕叶长,重逢花烛有鸳鸯。
高文大德能名世,松柏经冬益老苍。[44]

这首七绝字至少而意至丰,更隐含着那段俞平伯自己在诗中也不得不从略的创伤,用"松柏经冬益老苍"句,自然而然地表现了出来。他也顺着顾廷龙题款的方法,直题"平伯先生伉俪花烛重逢大庆庚申长夏陈秉昌敬贺"。

郭蛰云之子,作为外甥的郭学群,在当年就题了两首七律恭贺:

其 一

画阁珠帘六十春,移居今傍钓台滨。
蓬莱水浅人难老,蘋藻风长世又新。
讲学永依湖墅月,看花几历玉京尘。
朱颜白发双双影,犹是真庐对语辰。

其 二

甥舅相看鬓各苍,外家旧泽引流长。
三龄犹弱输高韵,两度偕携记一堂。
耕砚增修宾敬乐,缁尘待录梦华章。
而今作健同观化,花月重圆兴未央。

诗中舅甥情谊之深厚,自非一般颂祝可比。当周颖南求他题咏时,即以旧作应之。他的跋写道:

前岁欣逢平伯舅父母花烛重圆,曾赋两律为贺。兹周颖南先生以舅所书长歌属题,即以此题呈教正。一九八〇年九月郭学群敬题。[45]

截止1980年内的各种题咏,诚为此闻名海内外的长卷跋尾的主干部分,以后虽然陆续有增添,除许宝骙长跋已随原诗引录外,则留待俞平伯九十大寿时再叙。

注释

[1] 俞平伯:《俞平伯全集》(第10卷),石家庄:花山文艺出版社2001年版,第381页。

[2] 同上。

[3] 同上书,第1卷,第568页。

[4] 同上。

[5] 同上。

[6] 同上。

[7] 同上书,第1卷,第571页。

[8] 《新文学史料》1990年第4期。

[9] 俞平伯:《俞平伯全集》(第1卷),石家庄:花山文艺出版社2001年版,第625—626页。

[10] 同上书,第8卷,第13页。

[11] 同上书,第1卷,第578页。

[12] 同上书,第1卷,第575页。

[13] 同上书,第10卷,第392—393页。

[14] 同上书,第10卷,第393页。

[15] 同上书,第10卷,第394页。

[16] 同上书,第10卷,第395页。

[17] 同上书,第10卷,第401页。

[18] 同上书,第10卷,第401—404页。

[19] 同上书,第1卷,第658页。

[20] 同上书,第1卷,第626页。

[21] 《新文学史料》1990年第4期。

[22] 同上。

[23] 俞平伯:《俞平伯全集》(第1卷),石家庄:花山文艺出版社2001

年版,第 581—582 页。

[24] 同上书,第 1 卷,第 582 页。

[25] 同上书,第 1 卷,第 582—585 页。

[26] 周颖南:《俞平伯的〈古槐书屋词〉与〈重圆花烛歌〉》,见周颖南影印《重圆花烛歌》长卷。

[27] 以上数则均见果披云影印本。

[28] 俞平伯:《俞平伯全集》(第 10 卷),石家庄:花山文艺出版社 2001 年版,第 579—580 页。

[29] 同上书,第 9 卷,第 257 页。

[30] 同上书,第 1 卷,第 593 页。

[31] 同上书,第 1 卷,531—532 页。

[32] 同上书,第 1 卷,407 页,此句改动甚大。

[33] 同上书,第 1 卷,第 626 页。

[34] 同上书,第 3 卷,第 636—637 页。

[35] 叶圣陶:《叶圣陶集》,南京:江苏教育出版社 1987 年版,第 443 页。

[36] 见周颖南影印《重圆花烛歌》长卷。

[37] 同上。

[38] 同上。

[39] 同上。

[40] 同上。

[41] 同上。

[42] 同上。

[43] 同上。

[44] 同上。

[45] 同上。

高龄久病,事在定中。一旦撒手,变出意外。余惊慌失措,欲哭无泪,形同木立,次晨火葬,一切皆空。64年夫妻,付之南柯一梦。

——俞平伯:《俞平伯日记》

HONG XUE CAI ZI
红学才子

俞平伯

1. 感慨弥深 真切弥笃

2. 痛失顾颉刚

3. 悼亡

4. 拥衾寒暖不关情

5. 喜得曾孙

第九章 悲喜寒暖

1. 感慨弥深　真切弥笃

进入1981年,俞平伯已届82岁,在年初的1月22日,他的学生华粹深在天津逝世了。他们情谊则早已介于师友之间,交情长达四十余年。华粹深与他的过从所以"密",一是因为华粹深是戏剧家,尤其酷嗜昆曲,与俞平伯有共同的爱好;二是华粹深家寓天津,正与俞润民一家同在一市,好像还多了层邻里戚谊的关系。华粹深的去世,俞平伯至为悲痛。他俩在清华时代共同拍曲,最值得纪念的是,二人为建国10周年献礼,将汤显祖的《牡丹亭》这大部头长剧提取其中精华,加以重新连缀与压缩,改编成可在两三个小时内演完的剧作。这一合作,不仅使他俩的情谊更为加深,而其价值在中国戏剧史,尤其是昆曲发展史中,都是可占重要一席的。它为《牡丹亭》的进一步流传,为弘扬汤显祖的戏剧作品,都起了有益的作用。当然,他俩对此并不自满,总还希望能将这部作品改编得更好。

华粹深一生剧作不少,他的学生为了纪念他,选辑他的剧作编成一册《华粹深剧作选》,希望俞平伯为这部剧作选写序言。8月27日,俞平伯抱着一腔悲痛与热情,写了篇《〈华粹深剧作选〉序》,后经修改,除收入该书外,还在天津的《剧坛》双月刊,以及上海的《文汇》月刊上发表过。最后在1981年9月22日定稿,题目中又添了个"小"字,成为小序:

> 我国戏剧自元明以来,别起新芬,蔚成大国,以其兼歌唱、身段、道白诸美,绘影绘声,深入而显出,较其他文艺之感人,盖尤为直捷也。近世更注重教育意义,去芜存精,遂有戏剧改革之创举,百尺竿头更进一步矣。

粹深教授兄系出名门，长而笃学，于旧京名剧博闻多见，粲花评泊如数家珍。与寒家有世讲之谊，肄业清华大学中国文学系时，忝同砚席。主讲南开大学三十年，及门桃李，彬蔚称盛焉。

余缔交于君，始自"九一八"，海桑屡易，共保岁寒。在清华园时，同嗜昆曲，结谷音社。及五十年代，又偕君改编《牡丹亭》，缩全本为一剧，由京中曲社试排，于一九五九年参加建国十年庆祝献礼，在北京长安戏院演出两场，舆论称可。此《记》流传日久，前后轻重不匀，今本删繁就简，不免顾此失彼。而为吾辈共同参与"戏改"之一事，则可记也。

君寓居天津，与小儿润民同在一地，往还密迩相契。予与老妻亦曾访贤夫妇于南开校舍，偕游酾饮，至乐也。每期后会，讵意曾几何时，遽尔长别耶！君年甫中寿，不获于明时展其素抱，增采艺林，志长运促，恻惜何言！身后及门诸子辑其遗著曰《剧作选》，有新京剧、改编河北梆子、"听歌人语"等，都三十万言。予观场时稀，于"戏改"茫无津涯，不胜评介是书之任。勉缀数语以充喤引，兼志吾人之交谊于毋忘耳。[1]

红学才子
俞平伯

小序语言平实而亲切，仅只五百余言就把方方面面都交待得脉络清晰。

1981年国庆节，全国红楼梦学术讨论会要于10月5日至10日在山东济南召开，邀请俞平伯参加，他因病未能前往，但为了表示对红学会的关心，特将一首旧作七绝，原题是《咏红楼——檃栝〈成都古今记〉中前蜀民谣为句》，加上新的小引，书写成横幅，赠与全国红学会，以备带到会上去，表示祝贺，小引与诗如下：

> 世传《红楼梦》，而"红楼"何在，迄无定论。观《通鉴》卷二百六十三，记五代王建事，建作朱门，绘以朱丹，蜀人谓之画红楼。是红楼亦若朱门之泛称耳。曰画者，美辞，唐人语也。若实之以某处，征诸记文，其谓天香楼乎？因病未克赴会聆教，写奉小诗，乞正之。

> 仙云缥缈迷归路，岂有天香艳迹留。
> 左右朱门双列戟，教人怎看画红楼。

一九八一年国庆节，题赠在山东济南召开之全国红楼梦讨论会。
俞平伯于北京

1974年，俞平伯与华粹深合影。

俞平伯是无力为讨论会专门做诗吗？看来还不是，而是不屑做。但却还是特地找出近年已少得可怜的与《红楼梦》有关的诗作，来作为讨论会的赠礼。妙就妙在专为这一场会而加的这则小引，其中不无对他自己早年考证大观园在何处的追悔。而就中进一步的深意，明眼人也都自能看出。这首诗在收入《俞平伯诗全编》时，仍用原题，这是一。二是字句略有出入，"缥缈"作"飞去"，"教人怎看"作"争教人看"。三是在第二句下有自注注："《石头记》中天香楼事已删，不得见其描写为惜。"第三句下有自注注"客言南京旧江宁织造亦有东、西二府。""争"字下注："读如今字'怎'。"诗作于1978年戊午，也就是三年以前。其前还有《读〈通鉴〉以歪诗赋之》诗一首，可见那一时期俞平伯正在闲暇时翻读《资治通鉴》,每有所感,就写诗把它表现出来。他的联想真可谓翩翩,往往能想人之未想。《读〈通鉴〉以歪诗赋之》与附记说:

> 从来女帝号文佳,未必金轮便胜她。
> 青史千秋无定论,盲词荒板属谁家。

> 《资治通鉴》卷一九九载:睦州女子陈硕真以妖言惑众,举兵反,自称文佳皇帝,攻陷桐庐、睦州、于潜。
> 唐高宗永徽四年(六五三),在武后光宅元年(六八四)三十一年前,虽似小巫见大巫拟不于伦,而神皇垂拱效颦越女亦可笑也。
> 戊午上巳平伯记[2]

红学才子
俞平伯

这首诗显然是借武则天来讥讽江青的。为什么?《俞平伯诗全编》中紧接着这一首的下一首,正是明证。诗的题目是《前闻有将影印〈骆宾王集〉者,后因故中止。1978年4月24日晨枕偶忆,口占六言云》。

> 陈琳檄愈头风,宾王讨罂辞雄。
> 遗集真堪吓鬼,文章天下之公。

骆宾王著名于后世,一多半是因为他那篇著名的《讨武曌檄》。有人要影印古籍而偏偏选中《骆宾王集》,其意也非常明白。"后因故中止",原因也正在这里,因"辞雄"还"真堪吓鬼"。而当年的武曌,似乎还多一定的"雅量",表示过爱惜骆宾王之才。

俞平伯1981年借1978年旧作赠红楼梦讨论会,事后《红楼梦学刊》还另加了诗题:《题赠全国红楼梦讨论会》。连类引述同年的另外两首诗来作诠释,或许不无意义吧。

1981年11月12日,俞平伯应德国教授马汉茂的邀请,又承钱锺书先生之介,为他的德译本《浮生六记》做序:

> 文章之妙出诸天然,现于人心。及心心相印,其流传遂远。沈氏此《记》,余垂髫爱诵,年少时标点印行之,影响甚微。六十年后得重印而译本遍东西洋,良非始愿所及。由隐而显,此书之幸也。
> 沈复习幕经商,文学非其专业。今读其文,无端悲喜能移我情,家常言语,反若有胜于宏文巨制者,此无他,真与自然而已。言必由衷谓之真,称意而发谓之自然。虽曰两端,盖非二义。其闺房燕昵之情,触忤庭闱之由,生活艰虞之状,与夫旅逸朋游之

乐,既各见于书,而个性自由与封建礼法之冲突,往往如实反映,跃然纸上,有似弦外微言,实题中之正义也。

夫自传非史。凡叙生平,终不免于己有所宽假。今于书中主人公之缺点曾不讳言(如憨园之事,二人并失,芸曲徇夫意,复之误为甚,即是一例),绰有余情,无惭直笔,斯则尤不可及也。以视安仁之悼亡,巢民之忆语,其婉转清新,犹觉后来居上。旷观文苑,应叹才难,域外流传,岂偶然哉!

唯德文译本,尚付阙如。顷者西德鲁尔大学教授马汉茂博士,以钱钟书先生之介,属序其新译本,自东京贻书。其夫人更译为华语,俾得快读聆教。俪情遥集,义不容辞,勉缀数言,聊充喤引。异日于两国文化之交流,或有些微之助,固所深企也。[3]

《浮生六记》的妙处,确实就在它的真与自然。自然者,非矫揉造作之谓也;亦即语言平易,不作故弄玄虚之状也。《浮生六记》之所以能够感人与行远,还不就是因为它的平淡与真切吗!

2. 痛失顾颉刚

就在堪称欣慰的1980年底,12月25日晚9时,俞平伯的老友顾颉刚因脑溢血去世。这对俞平伯来说,是件至为伤心的事情。

俞平伯与顾颉刚的交谊,单从1921年通信讨论《红楼梦》算起,那也已足足60年了。中间虽因战乱,各奔东西,彼此违隔的年份也不少。而晚年顾颉刚也定居北京,并与俞平伯,还有叶圣陶、章元善、王伯祥等人,又都住在北京东城,家居虽也不太近,但总可算是近在咫尺了。各自的工作虽然都忙,但毕竟见面还是比较容易与频繁的。在俞平伯迁居到三里河南沙沟后不久,顾颉刚的家于1978年2月初也从东城干面胡同迁到了南沙沟,他住在7号楼,与俞平伯家只隔三座楼,成了真的近在咫尺。如果想天天见面,也都十分容易。当然,那时顾颉刚已86岁高龄,常常住医院,他俩见面也不多。而他俩之间的情谊之长,毕竟是已超过60年了。俞平伯听到顾颉刚去世的消息,伤痛是不言而喻的。他虽伤痛埋心至深,当时却并未做挽联做挽诗等。而到1981年4月,俞平伯写下了五首七绝,总题为《思往日》,副题是《追怀顾颉刚先生》,并且每首之后都附有跋语,来补上诗语达意之不畅。60年的往迹,要檃栝于短短几首诗中,实属难事,加上附跋,义可稍明,也还只能是蜻蜓点水。而60年中最主要最值得忆念的部分,还是大致都"点"到了。

其 一

昔年共论《红楼梦》,南北鳞鸿互唱酬。
今日还教成故事,零星残墨荷甄留。

一九二一年与兄商谈《石头记》,后编入《红楼梦辨》中,乃吾二人之共同成绩。当时函札往还颇多,于今一字俱无,兄处独存其稿,闻《红楼梦学刊》将甄录之,亦鸿雪缘也。

其 二

少同里闬未相识,信宿君家壬戌年。
正是江南樱笋好,明朝同泛石湖船。

一九二二年初夏,予将游美国,自杭往苏,访兄于悬桥巷寓,承留止宿,泛舟行春桥外。自十六岁离苏州,其后重来,匆匆逆旅。吴趋坊曲,挈伴同游,六十年中亦惟有此耳。

其 三

悲守穷庐业已荒,悴梨新柿各经霜。
灯前有客翼然至,慰我萧寥情意长。

一九五四年甲午秋夕,承见访于北京齐化门故居。呴沫情殷,论文往迹不复道矣。

其 四

朋簪三五尽吴音,合向耆英会上寻。
秘笈果然人快睹,征文考献遂初心。

六十年代初,兄每约吴门旧雨作真率之会。余浙籍也而生长苏州,亦得预焉。会时偶出珍翰异书相示。君夙藏《桐桥倚棹录》盖孤本也,予为题绝句十八章。其十七云:"梓乡文献费搜寻,凤稔君家雅意深。盼得流传人快读,岂惟声价重鸡林。"其后此书于一九八〇年重印。

其 五

毅心魄力迥无俦,长记闲谈一句留。

叹息比邻成隔世,而君著述已千秋。

兄尝以吴语语我夫妇云:"吾弗是会做,吾是肯做。"生平坚毅宏远之怀,略见于斯。晚岁多病,常住医院。寓在三里河,与舍下毗邻。余去秋造访,于榻前把晤,面呈近刊词稿乞正,君呼小女读之,光景宛在目前,何期与故人遽尔长别哉![4]

收入《俞平伯诗全编》的一稿,在后面落款的日子是1981年4月13日,这五首诗酝酿与构思的时间是较长的,应该是从得知噩耗算起。当然,此后发生的事情也不少,如华粹深去世,应聘任《词学》编委会编委,为《振飞曲谱》做序等,可说杂事不少,并多为费神劳思之事,这自然也就拖长了追怀故人旧雨的时日。总之,俞平伯与顾颉刚的交谊实非寻常可比。可惜,1954年秋夕顾颉刚到俞平伯旧宅老君堂拜访他的事,至今未见于顾颉刚、俞平伯二人的日记中。跋中说的"呴沫情殷",肯定不单单是顾颉刚举家北迁来京后一般的礼节性走访,很可能与王伯祥当年走访、慰问他挨批受冤屈相类似。

晚年俞振飞

俞平伯为《振飞曲谱》做序,中间还有一段与王湜华略有因缘的事。俞振飞准备出版昆曲曲谱,并加以创新,改工尺谱为简谱,此事酝酿已久。在接近杀青之际,俞振飞的入室弟子宋铁铮说,想求叶圣陶、俞平伯给题些辞。他既是王湜华的同事,又是曲友、挚友。叶圣陶因为年迈,费很大劲儿构思写序等事已有些力不从心,那段时间凡有人来求,多改题序为题诗词之类。王湜华即与宋铁铮说,求他俩做序怕有一定困难,就请他俩随便题些什么吧!而最后叶圣陶做了一首《浣溪沙》,奉题曲谱,并祝八十大寿。而俞平伯竟还是认认真真地写了篇序,这固然与他一生笃嗜昆曲有关,正想借题再次申述一下自己的看法,并希望昆曲借此得以振兴。而俞振飞父子两代,与俞平伯一家又有世谊。凡此种种,促使俞平伯兴奋地握笔为他做序,此序自然文情并茂:

> 昆山腔,南曲之一派,盖明初即有之。及嘉、隆间,太仓有魏良辅者,凤娴旧曲,喉转新声,清唱南词,曰水磨调,以宫商五音配合阴阳四声,其度腔出字,有头腹尾之别,字清,腔纯,板正,称为三绝。古代乐府(包括宋词、元曲)于声辞之间,尚或有未谐之处,至磨调始祛此病,且相得而益彰,盖空前之妙诣也。其以"水磨"名者,吴下红木作打磨家具,工序颇繁,最后以木贼草蘸水而磨之,故极其细致滑润,俗曰水磨功夫,以作比喻,深得新腔唱法之要。吴梅村句云:"一丝萦曳珠盘转,半黍分明玉尺量。"柔刚道媚,曲尽形容,若斯妍弄,庶不负此嘉名耳。
>
> 磨调始作本是"清工",及其开展必兼"戏工"。初以之唱《浣纱记》,吴梅村诗所谓"里人度曲魏良辅,高士填词梁伯龙(辰鱼)"是也。其后各传奇采用之,声情舞态,海内风行。弦索调及元曲之遗,用七音阶,至明中叶尚存,其后寝衰,亦以水磨调法奏之,而仍用二变声,南北曲遂合,称为昆腔昆曲,而磨调之名转微。
>
> 易代以来,翠舞珠歌,风流弥盛。清长洲叶堂字怀庭,承前启后,著有《纳书楹》各谱,总曲剧之大成,为声家之圭臬。其讴窾要,工师密授,旧曰"传头"者,娄县韩华卿得而传之于同邑俞氏,迄今昆曲界犹说"俞家唱"也。
>
> 昔吴瞿安师为粟庐丈作家传云:"得叶氏正宗者,惟君一人而已。"见渊源之有自,不仅推许之隆也。振飞先生承华家学,驰誉艺林,八秩高龄,恬神宫徵。新编《振飞曲谱》,增广一九五三年旧谱之二十九折为四十折,并附零支若干。譬诸堂庑恢扩,藏益琳琅,鸣鹤子和,声闻远迩已。其曲白要解二篇,鸳鸯绣出,更度金针,要而不烦,曲而能达,此前修所未详,足以兴起来者。旧工尺谱今改用通行简谱,以便青年学习,盖为昆曲前途久远计也。
>
> 若其父作子述之美,声应气求之盛,吾知一编行世,将与寰区人士广结因缘,薪火留传,俾先代元音绵绵不绝,斯真颐年之胜业,岂惟近世之珍闻哉!仆少悦里讴,长惭识曲,承命作序,谊不可辞,菲之采,或有取欤。[5]

俞平伯晚年最恨的是把他的文字排错,这在他外孙韦奈的文章中已作详细描绘。这篇序文的第二段中"亦以水磨调法奏之"句,竟排漏一个"调"字,他的内心还真是相当的不悦,不知情者可产生各种误会,以为欠通,这是令人啼笑皆非的事。明眼人是会看明白的,第一段中已详述水磨调的来历。"水磨调"可省称作"磨调",而决不能省称作"水磨"。此谱出版后不久,王湜华走访俞平伯,他似做苦笑状地对王湜华说:"这'水磨法',不成了水磨粉、水磨汤团了吗?"

王湜华也只好陪他苦笑了。

3. 悼 亡

早在王伯祥健在的时候,他跟王湜华就时常谈到俞平伯夫妇恩爱之笃。而在欣羡敬仰之余,也为他们夫妇担忧,如此伉俪情深确属少有,一旦一位先走了,剩下的一位又将怎样活下去呢?这担心不是多余的,没有道理的,俞平伯连留英赴美,也都匆匆赶回,正说明难分难离,一朝成永诀,又何以遣余生呢?俞平伯比许宝驯小4岁,一辈子既为丈夫,又享小弟弟的现成福,包括去"五七"干校,也仍在夫人亲自料理之下"享清福"。这是子女们无法替代的。而就在1982年2月7日,夏历壬戌岁正月十四,元宵团圆节的前夕,俞夫人许宝驯撒手人寰,真的走了。

当时王湜华家既没有电话,离俞家又远,等他知道赶去吊唁,一切后事已都办完,仅能在遗像前三鞠躬,向俞平伯略事慰问而已。

据叶至善转告,俞夫人许宝驯的遗容是那么的安详,真像是睡着了一样。而他对俞平伯今后的日子怎么过,也深表忧虑。

韦奈在《俞平伯的晚年生活》一文中谈到,他外婆住院不足一月,而外公写了22封信给她,文中写道:"正因如此,他们的儿女便多了几分担忧,不知一旦他们之中有一人先一步离开这个世界,留下的能否承受那沉重的打击支撑下去。依儿女们的设想,若留下母亲,或尚可维持,因为在他们眼中,她似更理智些,性格也更坚强些。"但偏偏"事与愿违",竟然倒了过来。这自然更加重了子女家属们的担忧。俞平伯却表现出异乎寻常的冷静,冷静得让人难以理解,从而又产生进一步的忧虑。

俞平伯对夫人的去世,似有一点预感。他的日记向来是有事则记,外出则记,而无事是不记的。偏偏在夫人许宝驯去世的前一天,他又拿起笔来记日记了,而且是详记了她住医院看病的全过程。这可真是一种灵性上的感应啊!当夜他们二人还同床共枕,而夫人许宝驯就安然睡着,永远不再醒了。

1978年，俞平伯与夫人许宝驯共阅书信。

俞平伯的主张：丧事从简。只是一条：火化后的骨灰，要安放在他俩原来的卧室内，为的是他还要与她终日相伴。俞平伯的这一点要求，子女家属自然只好答应。因此，俞夫人许宝驯的丧事也就更简，省却了寄存骨灰的一系列手续。

俞平伯的内心世界又是怎样的呢？

64年恩爱夫妻成永诀，不哀伤是不可能的，只是他把一切外表的东西，尽全力深深地掩藏在内心里而已。当然，表露在书面的，却又不是为人们所看的，那还是不少。他在《壬戌两月日记·跋》中记道：

> 高龄久病，事在定中。一旦撒手，变出意外。余惊慌失措，欲哭无泪形同木立，次晨火葬，一切皆空。六十四年夫妻，付之南柯一梦。[6]

这样的伤痛，本是语言文字所表达不清的。而仅从这简简单单的几句话里，任何人也不难听出他的心声。这巨大的自制力，真是出人意料之外的。这则日记，是八年后韦奈偶尔翻阅才发现的，当时任何人也未能窥视到他这则内心的独白。

从这年的元宵夜开始，俞平伯前后共写了20首悼亡诗（其中包括序诗1首，第17首是《玉楼春》词），总题是《半帷呻吟》，前有解题，可知初稿完成于二月丙午晦，而改订重抄于闰四月六日。这些诗词正如解题中所说"哀至即书"，而多数题目即为日期，还有的原诗是全部删除后来另补的。

解　题

> 所居斗室南窗以布帷遮阳，于一九七七移居三里河时，承友为安设来回双线，一掣则两扇俱开，合亦如之。用之四年，后其右坏而未修，须以手理，其左仍以线开合。去岁辛酉妻病中辄由我司之。讵意立春四日遂成永诀。余独守空房，百念灰冷，卯辰起身，手引其右，左则听其长日垂垂。半帷者如是，非有他也。后读冰雪因缘小说，言西俗居丧时，室内下百叶窗，亦似暗合，曩所未知者。
>
> 今所收诗词十九、文二。自新丧畇逾百日，哀至即书，未曾检点，既不娱人，亦不悦己。忆庄子有云："呻吟裘氏之地"，借题斯编，盖得其实已。壬戌二月丙午晦槐客，闰四月六日辛亥抄写于京三里河寓。
>
> 序诗　敬述先曾祖清光绪癸卯自述
> 诗补末句一九七一辛亥旧稿

一笑归家我尚堪,诸波罗蜜不须谈。
斋僧酒肉何功德,远永皆年八十三。

又曰:其所以哀永逝者,以人之不见也。若彼长存于我心中,殆无所谓悲哀矣。(旋于二月初五日阅林纾译芦花余孽小说,其七十五页,"人固死也,但未尝死之于吾之心中,吾心固谓其人生也"。情形各别,语亦平常,却相暗合。)桑榆短景,为悲几何。白首同所归,往生犹待津梁,更何有于他生缘会哉。正月廿日。
壬戌正月十七日

红学才子
俞平伯

一　续潘岳悼亡诗句
"庶几有时衰,庄缶犹可击"。
待我余年尽,与君同一寂。

二　同日　承叶圣陶兄答唁一诗
逝者固不复,而亦不可分,
斯须立斜影,归去日已曛。

三　十八日　附记
客来贺新正,示我诗谜读。
事出于无心,心惊卦影恶。
怪哉一老夫,胡为横拖竹。
长亭何人歌,短景谁能续。
断云斜日暮,侧峰蘸寒渌。
徒倚病榻前,秘之不敢告。

记事:壬戌年初二有客示一谜,三字句为图,射七言绝句。

亭景豎　　老捱筠

首雲蕪　　汪騣峰

诗曰:长亭短景无人画,老大横拖瘦竹筠。回首断云斜日暮,曲江倒蘸侧山峰。

辞甚奇诡。老夫拖竹,杖期之象。吁可怪也。[7]

大年初二这位来客不知是谁,但俞平伯读此谜后,心中不无诗谶的感觉,这却也是事实。客出于无心,而他心中是颇惊此"卦影"推背图之恶的,在上灯日突然又记起日记来。这也可见从初二到十三,这十二天内他一直想驱去恶影而终究不能。

  四 十九日 遗照前
檀几供花篮,中有马蹄莲。
惋彼水上仙,含苞今已蔫。

  五 廿二日
中寿墓木拱,秦伯詟蹇叔。
百岁非天说,姑妄存其目。
临渊慄层冰,蹉步失怀玉。
秋霜被丛兰,更春花不馥。
修龄安可冀,大梦有迟速。
我自负君多,哽咽不能续。

  六 廿九日
独呻犹共语,痴聋迷耳识。
芒角泪眼生,惊呼人未悉。
谁言斯境恶,我道殊非劣。
既屏旅游扰,更较病坊洁。
风缓欲何之,曰归守其室。
守之亦胡为,惺惺又寂寂。
良朋来嘉言,"料知无戚戚"。[8]

这首诗末两句即指叶圣陶有和作,末句即借用叶圣陶的原句。所以,在初稿上末句后有注:圣陶和诗也。初稿与此稿改动较大,韦奈在《俞平伯的晚年生活》一文中引有此诗,当与初稿较为接近。

独语犹对话,耳聋不待闻。
是处皆怅触,堕泪人未悉。
谁言此境恶,我道殊非劣。
既无食旅扰,更较病坊活。
出门将安之,何如守故室。
守之亦何为,惺惺又寂寞。

良朋来嘉言,"料知无戚戚"。[9]

二　月
　　七　十一日惊蛰
蓍腾偎扁枕,浑不辨朝暮。
反顾欲语谁,方知人已去。

　　八　十八日　口占
　　　值圣陶兄来即呈
无一不慨然,无一不怅触。
若云即是诗,斯亦未免俗。

　　九　二十五日　失寐
大觉何曾着,长眠亦未醒。
枯鱼无泪点,空自待天明。

　　十　又同时作　删去
　　　五月廿八日另补
春梦如丝弱,犹堪似见伊。
一朝和梦断,觉否更谁知。

三　月
　　十一　初八日
咫尺歧生死,无言尽百哀。
青山何日共,白骨已成灰。[10]

　　俞平伯的这首诗最堪痛切。骨灰盒仍同室而居,而一个已在天上,一个仍留人间。近在咫尺,而歧逾生死。相对无言语,只盼早日共青山,此情此景,怎能不伤怀。而俞平伯带着这般苦苦哀思的情怀,却整整过了三年有零,才稍获转机啊!

　　十二　初十日
料理茶汤水,趋承病榻时。
不知人远矣,还待我寻之。

十三　十二日　清明
八岁丁祖艰,繁喧来六局。
八旬丧淑偶,独对孤帷哭。

十四　廿一日
荟及赋悼亡,人道我不达。
欲赓遣悲怀,言君先解脱。[11]

由这首诗可探知此中消息,俞平伯后半生抑抑,精神不愉悦,每有欲解脱不能的苦楚。唯以家人天伦之乐,尚可聊慰情怀。此时此刻又何以排遣悲怀呢?赋悼亡犹有人言其不达,故益感仙逝实乃解脱也。

十五　同日
下二首皆答上章意。
缘历忧患深,垂老有斯疾。
"不忍舍尔去",心怜吾永忆。

十六　廿二日
平生任意气,情真弥触迕。
哪能细度日,但恨此言负。

"细度年光久莫论,对君瘁色予知愧。"壬辰《未名之谣》句。眴又卅载,至竟负之,遂留遗恨。是诗之所由作也。[12]

俞平伯一生多有对不起夫人许宝驯的自愧感,尤其在他的后半生,更感到突出。直至他的悼亡,这种对不起夫人的感慨自然更为明显。

四　月
十七　十九日　《玉楼春》
家居镇日浑无那,乌兔催人驴赶磨。
朦胧闻说午时餐,吃罢归房重僵卧。
梦中有梦焉知可,疑幻疑真谁是我。
善忘应已遣悲哀,不意无端双泪堕。

十八　妻丧逾百日矣
廿六日丑初恍若有闻,口占次前人韵。

一音抵千言，能苏厌旅魂。

沙弥不归佛，何地得酬恩。

十九　廿七日

题《寒夕凤城行》残稿，其末句云："共谁留命桑田晚，能见天元甲子高。"屈指计之，即后年也。怅伊行之不见，知来者之云何。仍借潘诗，以结本篇。

为谁支病眼，真见海为田。

荏苒冬春再，天元甲子年。

其后以之示友，赐评云："虽无前者空泛无依之感，仍有凄凉寡合之悲，颇能理解。"七月十日。[13]

红学才子

俞平伯

~ 俞平伯赠夫人
与儿子的小诗手迹

这一组悼亡诗,既是俞平伯繁复真情的自然流露,更是敬献于他夫人许宝驯灵前的一束鲜花,而且是一束世世代代感人肺腑的永不凋谢的鲜花。韦奈说得好:"当俞夫人平静地悄然离去时,俞平伯就睡在她身边。她不会遗憾,她是幸福的。"

俞夫人许宝驯的后半生,真是陪着俞平伯吃了不知多少苦,但是,这一切又都是她甘愿的,也可以说是吃了数不清的高兴的苦。为俞平伯能顶住斜风恶浪活下来,她吃再大的苦也乐意。这是怎样不凡的心境啊!可见她的修养与素质是多么的高!也正因为如此,反过来更加深了俞平伯对她的负疚感。在写悼亡诗的那两三个月中,俞平伯一连写出20首悼亡诗,而且涉及的方面又这么多,足见他在那些悲痛的日子里是怎么被哀思折磨的。他的子女、家属当然尽全力去宽慰,而且他表面上又似乎十分平静善于自持,甚至觉得能顺利渡过这一关而很感庆幸。他的老友见他表面如此通达,也都比较放心。谁知他是把千万种辛酸悲痛一并纳入自己一个人的胸中,让别人无法去分担他内心创伤的一丝一毫。

如是者,在俞平伯心中足足延续了将近四年,这是一般人所难以做到的啊!

4. 拥衾寒暖不关情

1986年1月20日,为俞平伯召开从事学术活动65周年庆祝会。这个会事实上也是公开为他彻底平反的大会,这自然是他一生中具有转折性的大会,也应该说是来得太晚的大会。

悼亡伤痛初愈,俞平伯曾对子女们说过,"要过一种新的生活",但这种"新"又在哪里呢?似乎没有任何表现。他继续着悼亡期间的伤痛、郁闷,整日寡言鲜语,对一切的一切都提不起兴趣来。"五七"干校回来地震前后,他还有雅兴,独自带上外曾孙去下下小馆,与韦奈的朋友打打桥牌。而此时的他除了看书、写字外,简直没有第三件事可做。他的腿脚明显不如从前,就是要带外曾孙去附近的馆子改善改善,也已不是站起身带着他就可往外走了。甚至只能倒过来,不是他带外曾孙走,而是外曾孙去借了平板三轮,铺上毯子等,把他抱上车,由外曾孙蹬着车带他去下小馆了。这样的生活改善,他自然也不会太感兴趣的。按韦奈的说法,他是过着一种与世隔绝的生活,没有任何社交活动,与家人一起谈话、吃饭的时候也极少。

俞平伯不愿到厅里与家人一起吃饭,往往是让大女儿把他那极简单的食品端到卧室中,他一个人独自在写字桌上吃。王湜华去探望他,一开始总还是俞成推开他房门通报一声:"王湜华来了。"他便慢慢地扶墙摸壁从屋里走出来,王湜华当然就上前去招呼,并搀扶他坐到方桌边来。再后来,他都懒得自己摸着出来,便让到他屋里去谈话。此时,他的活动范围,几乎已仅限于床与写字台之间了。就走这不过三步路之间,他还放上两个板凳,因为不靠手扶住凳子的话,他已不敢迈步了,而他的腕力始终不错,每次他扶王湜华总是很有劲儿。一方面,这是因为脚力衰退,不得不靠手来帮忙;另一方面,与他一辈子勤于笔耕,写文章写诗词等,也是分不开的。王湜华为了安慰他,总要夸赞他腕臂有力,他也常常为手劲儿不错而感到欣慰。

俞平伯的法书几乎是人见人爱的,慕名来求墨宝的事络绎不绝。仅经王湜华的手,托他去代求的,就相当不少,他几乎总是有求必应,包括在悼亡时期,他也从没拒绝过。他只是让王湜华去为他买蓝色的印泥,以示哀悼。王湜华当时还真不知哪里可买到,没帮上他这个忙,而不久他自己就搞到了。这一时期他的腕力倒真是得到了进一步的恢复,为人写条幅,核桃大或更大的字,水平自然达不到1975年病前写的小楷,而凝重苍劲则远远超过了以前。

红学才子 俞平伯

早在1982年以前,苏州马医科巷内的曲园,就是俞平伯的出生地,在陈从周的多方呼吁下,又由王湜华草拟了信稿,经叶圣陶、顾颉刚、易礼容等多人签名,致国家园林局请求修复。又经过各个方面的努力,终于拆掉了园内建造的居民楼,迁走了居民,曲园得以重新修复。1982年10月初,俞平伯见到故居修缮的一些照片,非常高兴,也颇有感慨,做了首七绝,题为《见吴下修缮故居照片晨窗书感》。

> 无眠何事费嗟呀,敝帚孤身不忆家。
> 七十年间春易老,齐楼重见紫薇花。[14]

曲园后来又进一步修复,直至正式开放。这当然是对俞平伯的莫大慰藉,可惜他已没有体力与兴致亲自前去参观了。而在那最悲痛的四年中,这更是能排遣悲怀的盛事。从这首诗中,也可看到他的欣慰与感慨是交织在一起的。

同年12月,经俞平伯的高足施蛰存推荐,他的旧散文集《杂拌儿》,作为《百花洲文库》第二辑,由江西人民出版社重新出版。这还不是一般所谓"炒冷饭"式的重印出版,而是依他之意,删去了《雪耻与御侮》和《十七年一月十一日小记》两篇,施蛰存又写了篇《重印〈杂拌儿〉题记》。旧书重印,还寓有一定的新意,也是件聊可慰其老怀的顺心之事。

1982年内,俞平伯在朋友们的帮助下,将有关论述诗、词、曲方面的论文与专著等,汇集在一起,字数已超过50万,想要出版一个集子。他

施蛰存
在书房

与叶圣陶商量,该起个什么名称好。叶圣陶取名叫《论诗词曲杂著》,俞平伯很以为然,当即欣然同意。此时,叶圣陶和俞平伯都已耳聋眼花,除通信以外,很少通电话。即使互相走访,他们见了面,谈话也极不方便。此情此景,《俞平伯诗全编》中有一首《访圣翁承留饮答谢俚句》写道:

> 湖海交期永,悠悠六十年。
> 庞眉尊一老,英发侍三贤。
> 愧我鸠居拙,推兄雁序先。
> 两聋空促坐,谐谑酒边妍。[15]

这首诗虽未落年月,而从其排列顺序来推算,应该是做于这一时期。诗的颔联是指叶圣陶此时除须发全白外,眉毛也已全白,而膝下有至善、至美、至诚三子女侍候,并正为他全力编选文集。"两聋空促坐",写得多么传神!这次俞平伯走访东四八条的叶家,或许即是叶圣陶为他取定书名的那一次吧。《俞平伯诗全编》中紧接着,即是《自题〈论诗词曲杂著〉》二首。其中第一首实是干校杂诗之一,已收入《息县杂咏》,只是做了些修改。这两首诗显然是在叶圣陶为他的著作定名后所做,落年月为"壬戌冬月"。

> 卮言漫与屠龙技,讹谬流传逝水同。
> 惭愧邻娃来问字,可曾些子益贫农。
> 而今涵露光风际,小草同霑亦胜缘。
> 残卷不知何处去,重劳披辑藉诸贤。[16]

这部集子能选编问世,对俞平伯来说当然是十分高兴的事情。《论诗词曲杂著》的出版年月,版权页上印的是1983年10月,而样书送到俞平伯手中,恐怕要晚很多。1984年正值甲子,而且是天元甲子,是300年才出现一次的甲子,俞平伯多希望与夫人许宝驯一同恭逢它啊!他曾祖父就曾发过无缘幸遇天元甲子的叹息。这件事俞平伯曾多次与王湜华谈到过,他还请友朋杨晓航为治"天元甲子"朱文印一方,送给俞平伯。天元甲子新正王湜华去拜年,正好俞平伯在睡觉。这一时期他无事往往就高卧,当然也就没有敢去惊动他。而那一阵又颇忙,一晃等王湜华再去走访,已在春分前,已快三个月没见面了。这期间,《论诗词曲杂著》的样书早到,所以一见面,俞平伯头一件事,就是拿出两本样书来,一本给王湜华,一本嘱他转赠叶圣陶。王湜华当即请他题上个款,但他坚决不题,说这是炒冷饭。王湜华拿回样书,次日早晨,自己在书上题了几句话,以记因缘:

红学才子 俞平伯

> 岁在天元甲子春分前四日,专程往三里河谒平丈。新年拜节,适丈高卧,未敢惊醒,故已三匝月未得亲见矣。丈即以是册见赐,并将另册嘱转呈圣丈,而均不落款,谓此乃炒冷饭也。其论与圣丈之说正合。即欣然携之归。次晨志之于小雅音谷之南荣,以示感戴焉。

那天就是让王湜华进卧室去谈的,俞平伯用极简随的纸头写的一副小联,还有横批,贴在墙上,正是去年除夕夜他守岁时所写的。征得他的同意,王湜华抄录了一份,次晨加题记毕,扉页反面正好有空白,顺手又将它转录。所谓横批,其实是他信手新题的一个斋名,原文是:"无眠爱夜——当无乐之轩。平自题。"这集中地反映出那个时期他的心情。白日无聊,往往高卧;夜则无眠,每多呻吟。而这呻吟几乎已成了他黑夜中的伴侣,这是多么痛苦的生活啊!

小联为七言,今按原形式抄录:

> 癸亥除夕
> 掩卷古今如在眼

　　　　拥衾寒暖不关情

这的确是俞平伯悼亡两年以来心情之一斑。在选编《俞平伯诗全编》时,也收录了不少联语、挽联等,而这副小联竟未收入,可能是选编者没有见到吧。

1983年4月,由王保生编选的《俞平伯散文选集》,内收1923年至1933年间的散文42篇,由上海文艺出版社出版;《杂拌儿(之二)》也由施蛰存推荐,在江西人民出版社出版,并依照俞平伯之意,删去了《〈近代散文钞〉跋》、《没落之前》、《〈苦果〉序》和《〈孟子〉解颐零札》四篇文章。这总算也是他悼亡期聊慰人心的事吧。

5月8日,《人民日报》公布六届全国政协委员名单,俞平伯的大名居然也在其中,列入科学界。这件事对他来说,早已无所谓,他已再也没有体力与心情出席会议了。

5. 喜得曾孙

在俞夫人许宝驯去世后不久,俞平伯做了个梦,梦中得见一块匾额,上书"汐净染德"四个大字。俞平伯一向有记梦的习惯,这个梦自然就被他记了下来。他越琢磨这四个字,越感到有意思,似有颇深的寓意。他又想到了一句诗:"何曾饿死信天翁!"他即将"汐净染德"四字,与诗中的"信天翁"三字,命王湜华治了一方印。在那些最悲痛的日子里,他是辍笔不再为人做书的,命王湜华做印时,他已购得了蓝印泥,答应印刻好后,就再开笔做书,并将钤用之。

信天翁,乃鸟之后。它体灰白色,长约二尺,嘴长,翼狭长善飞,脚淡红色无后趾,前三趾间有大蹼,善于游水。据《正字通》云:"信天翁,鸟名,不捕鱼,俟鱼鹰所得偶坠者。"《琅邪代醉编·信天缘》云:"余按信天缘,一名信天翁。国朝兰连瑞有诗:'荷钱荇带绿江空,唼鲤含鲨浅草中。波上鱼鹰贪未饱,何曾饿死信天翁。'此说可以讽。诗载《群谈采余》。"清代傅王露,字良木,会稽人。平生好学不倦,优游林下,著述自娱。晚年即自号曰信天翁。俞平伯因梦中见匾而想起了兰连瑞的诗,决定采用"信天翁"三字来与匾文合刻对章,并愿钤用之,恢复写字,可见其中的感慨十分深邃。汐,晚上的潮水;净,动词,洗净,大浪淘净之意;染字之寓意,乃四个字中的关键,并非一般点染、烘染、染色之意,正用得上一个现代词——污染。一言以蔽之,晚潮洗淘净了被污染的德行。这四字,正如他叫王湜华刻印时说的,很像是在说他的生平。而他把这四个字与信天翁来刻成对章,则寓意更为不凡,何曾饿死信天翁,真是感慨良深的自嘲啊!这时虽然还没召开为他公开平反,但社会上正直而有良心的人,早已自有看法。对 1954 年他被批的若干红学观点,也开始有人敢站出来说公道话了,他的心态已逐渐得到更大的平衡。富有幽默感,是俞平伯一贯的文风之一。自况为信天翁,来与梦中所见匾额配套,这不是最好的幽默与讽刺吗?

王湜华为俞平伯刻这对章的时间是 1982 年 9 月 11 日至 13 日。在留印蜕时,曾分别为二印做了小记。"汐净染德"印的小记是:"此乃平伯丈梦中的所见匾额之文,丈自谓颇肖其生平,乃命余作此,自是之后,丈恢复为人作书,即钤用之。""信天翁"印的小记是:"此印亦丈一并命刻者。为鸟名,乃取'何曾饿死信天翁'之句意。一九八二年九月十一至十三日成此对章。"印刻的是一朱一白,"汐净染德"为白文印,"信天翁"为朱文印。俞平伯很喜欢这两方,还真的用蓝印泥多次钤用在他的书法作品上。

1983 年 8 月 8 日,夏历癸亥岁六月三十,俞平伯喜得曾孙。喜讯传来,他自然十分高兴,次日即做七绝两首以志喜。在收进《俞平伯诗全编》时,题为《一九八三癸亥岁六月卅日立秋孙李在天津举一子,喜赋二章》。

其 一

新得佳儿可像贤,吾家五世尽单传。

不虚仙李蟠根大,六月秋生字丙然。

其 二

东涂西抹漫留痕,弓冶箕裘讵复存。

八十年中春未老,倘延祖德到云昆。[17]

此时俞平伯的心情,与 84 年前俞曲园喜得他这个曾孙时是完全一样的。他寄厚望于曾孙,这是此时心情交感中的核心。从传统观念看,俞曲园这样一位清代大学问家,传到孙子俞陛云,中了戊戌探花还不说,学问著述方面虽不及俞曲园多,但在选学、诗学等方面的成就,犹自成家数。到俞平伯这一代,偏偏他的成名作是《红楼梦辨》,当郑振铎等人戏称他为红学家时,他甚至有种被开玩笑的感觉。这也可以说,从传统治学的观点来看,已从大道滑到了小道上。却又偏偏在 1954 年后他的红学观受到了批判,这"小道"本是很有新意的开创,却横遭非议与谴责。他内心的懊丧,还真难用几句话来概括清楚。现在自己跟当年的俞曲园一样,虽也已届耄耋之年,终究还是见到了曾孙降生,这实在是件堪慰平生的大事。说起这句"吾家五世尽单传",似乎从俞曲园算起,到俞丙然,不是七世,也应该是六世了。为什么说"五世"呢?其实是从传到俞李这一代而言的,确实是五世。当然,此后家家都只许生一个,俞李当然不能例外,而且今后还要单传下去。

1987年,俞平伯携曾孙俞丙然在三里河寓所。

大家一般都知道俞平伯上面有两个姐姐,而男孩子只有他一个。而重新见到的这两首俞曲园自书诗的手迹来看,俞平伯的下面还有一个弟弟,可惜很早夭折了。

> 半夜听啼声,床头钟再鸣。
> 刚逢庚伏尽,喜报坎男生。
> 容易真如达,排行便是名。
> 来朝传紫电,报喜到燕京。
>
> 第二曾孙生志喜　曲园叟

悼曾孙庆宝

> 肌肤玉雪貌丰昌,况又聪明记忆强。
> 以我耄年犹未死,致儿幼岁便云亡。
> 笑啼都付三更梦,汤药空添一夕忙。
> 始信人间医可废,老夫旧论不荒唐。

俞曲园的这两首诗,分别写于不同颜色的笺纸上,绝非赝品,做假者不会做这样的诗。从第一首看,俞曲园的喜悦心情不亚于得大曾孙时。又从第二首诗看,二曾孙名庆宝,夭折时但似已脱离襁褓,已能显露其聪明与记性,对他的夭亡,俞曲园是十分痛心的。也正因为这样,这两首诗不知怎么竟流落在外,或许是他想把这一段痛苦经历从记忆中彻底抹去吧!

俞丙然双满月后的重阳节,被带到北京来见太爷俞平伯,太爷当然特别高兴。特地步当年俞曲园的原韵,做了一首七律:

> 过夏晨秋产此儿,而今芳在桂蓉枝。
> 含英玉蕊生庭日,解笑鹤雏入抱时。
> 未许研红供描墨,还将衰白惜凝脂。
> 新来世纪知何似,三益还堪作尔师。[18]

这首诗在收入《俞平伯诗全编》时题名是:《癸亥九月朔曾孙丙然双满月后重阳来东,为书前和春在堂庚子年诗》。俞平伯生于己亥岁腊八,已交庚子(1900年)。

王湜华1983年11月5日晨去拜望俞平伯,他让友朋杨晓航特地为俞平伯刻了块"天元甲子"朱文印,送去以备来年可以钤用。那天俞平伯早就准备好了一块十分精美的朱红寿山石,当即拿出来,命王湜华为他的曾孙丙然刻一块名章,以示曾祖对曾孙的宝爱与厚望,同时还拿出上面这首诗读。王湜华受此重托,回家即精心布局,虽难可意,却是认认真真一丝不苟的。第三天早晨乘光线好,即奏刀。留印蜕

后,他又做小记如下:

> 一九八三年十一月五日晨往谒平伯仁丈,敬赠晓航所作"天元甲子"白文印一。丈出际近作步曲园老人原韵为得曾孙喜作。今丈得丙然,犹当年老人得平丈然。特检朱红寿山石章命作此印。十一月七日晨刻于小雅音谷之南荣。俞家多世单传,诚当贺焉。

这方印是哪天去送交俞平伯的,费在山在《文汇读书周报》上发表的《俞平伯无题词释》一文,开头的三小段,正好说到此事。

> 俞平老与我为忘年交,通信17年,使我从中得到书本上无法得到的教益。他的第一封来信是1973年7月,而与我见面却要到1983年11月,相隔10年多。那是我第一次进京,出席民进第五次全国代表大会,住在文兴东街1号国务院第一招待所(现国谊宾馆)。初到首都,人地两疏,靠王湜华帮助,联袂去三里河南沙沟拜访神交已久的俞平老。
>
> 俞平老知道我要来,当我一踏进门,他就用双手捏住我的手,顷刻间竟说不出话来。我想拍照,但他坚持说勿要拍,"我这副样子怎么能拍",一口道地的苏州话。湜华和我也讲苏州话,彼此感到十分亲切、激动,心一酸,我的泪珠已挂在眼睫里。
>
> 坐定后,俞成大姐为我们泡茶,湜华把刚刻好的"俞丙然印"递给俞平老,他高兴得连声说好。[19]

喜得曾孙后,俞平伯已不再用蓝印泥。那天送给费在山的一幅字上,所钤之印即"信天翁"印,已恢复用红印泥了。由此也正可以看出他欣喜的心情。

此时的俞平伯毕竟已年迈体衰,又在老年丧偶后,喜中也仍然未离悲影,更为夫人许宝驯未能亲见曾孙而怅失。再说,天津的儿孙来京,固为一大乐,但也只是短暂的欢快,从长远看,他还是被笼罩在孤寂中。他的这首《癸亥九月口占》诗写道:

> 长眠犹有待,且作昼眠人。
> 老去心思慢,推敲一字贫。[9]

这里的字字句句,才是俞平伯那段时间恒常的生活写照。

注释

[1] 俞平伯:《〈华粹深剧作选〉序》,载《文汇》1982年第3期。

[2] 俞平伯:《俞平伯全集》(第1卷),石家庄:花山文艺出版社2001年

版,第 586 页。

[3] 同上书,第 3 卷,第 488—489 页。

[4] 同上书,第 1 卷,第 600—602 页。

[5] 同上书,第 4 卷,第 585—586 页。

[6] 同上书,第 10 卷,第 424 页。

[7] 同上书,第 1 卷,第 605—607 页。

[8] 同上书,第 1 卷,607—608 页。

[9] 《新文学史料》1990 年第 4 期。

[10] 俞平伯:《俞平伯全集》(第 1 卷),石家庄:花山文艺出版社 2001 年版,第 608—609 页。

[11] 同上书,第 1 卷,第 609—610 页。

[12] 同上书,第 1 卷,第 610—611 页。

[13] 同上书,第 1 卷,第 611—612 页。

[14] 同上书,第 1 卷,第 615 页。

[15] 同上。

[16] 同上书,第 1 卷,第 616 页。

[17] 同上书,第 1 卷,第 617 页。

[18] 同上。

[19] 费在山:《俞平伯无题词释》,载《文汇读出阅报》1998 年 1 月 31 日。

余凭楼看雨,得句云:

楼前夏绿雨霏微,天上如斯好景稀。
自是苍苍非正色,火星天似醉杨妃。

诸行星非寒,即酷热,荒凉寂寞,信人间胜于天上也。闻四条之屋,情有坍塌者。停电。

——俞平伯:《地震日记》

红学才子
俞平伯

1. 从事学术活动65周年

2.《"旧时月色"》

3. 与叶圣陶的书信往来

4."只有旧醅，却无新酿"

5. 赴香港讲学

6. 旧作新版

7. 九十大寿

第十章 汐净染德

1. 从事学术活动 65 周年

1986年1月20日，在中国社会科学院近代史研究所的小礼堂里，由中国社会科学院文学研究所主办，为纪念俞平伯从事学术活动65周年召开了庆祝会。中国社会科学院院长胡绳出席大会，并做了重要讲话。这篇讲话，实际上是全面为俞平伯蒙冤32年来一次明确的平反。出席大会的有俞平伯的同事、朋友、学生、家属等，共200余人。俞平伯坐中间，胡绳坐其右侧，钱锺书坐其左侧。俞平伯为出席这次会议，发言不发言，要发言谈些什么等，可真大大犯难起来。最后在家人们共同协商下，决定把《一九八〇年五月二十六日上国际红楼梦研讨会书》，加上一篇旧作《评〈好了歌〉》一起整理出来，冠以总题，叫做《"旧时月色"》作为他的发言。而他自己讲的三言两语，至为简单，还都是写在纸上在会上逐字宣讲的。《"旧时月色"》则由外孙韦柰代为宣读。

胡绳的讲话当然应有很大的官方代表性。话虽简，却很有分量，也确实道出了正义者的心声。

我代表中国社会科学院祝贺俞平伯先生从事学术活动65周年。

俞平伯先生是一位有学术贡献的爱国者。他早年积极参加五四新文化运动，是白话新体诗最早的作者之一，也是有独特风格的散文家。他对中国古典文学的研究，包括对小说、戏曲、诗词的研究，都有许多有价值的、为学术界重视的成果。

俞平伯先生在全国解放前夕，积极参加进步的民主运动，从此，对党是一贯亲近和拥护的。他在全国解放前的28年和新中国成立那一年起的37年中,在任何环境里都孜孜不倦地从事对人民有益的学术活动和文艺活动,这种精神是值得钦佩的。

早在20年代初,俞平伯先生已开始对《红楼梦》进行研究,他在这个领域里的研究具有开拓性的意义。对于他研究的方法和观点,其他研究者提出不同的意见或批评本来是正常的事情。但是1954年下半年因红楼梦研究而对他进行政治性的围攻,是不正确的。这种做法不符合党对学术艺术所应采取的"双百"方针。《红楼梦》有多大程度的传记性的成分,怎样估价高鹗续写的后四十回,怎样对《红楼梦》作艺术评价,这些都是学术领域内的问题。这类问题只能由学术界自由讨论。我国宪法对这种自由是严格保护的。我们党坚持四项原则。按照四项原则中的人民民主专政原则,党对这类属于人民民主范围内的学术问题不需要,也不应该做出任何"裁决"。1954年的那种做法既在精神上伤害了俞平伯先生,也不利于学术和艺术的发展。接受这一类历史教训,我们要在学术界认真实行"双百"方针,提倡在正常的气氛下进行各种学术问题的自由讨论和辩论,团结一切爱国的、努力从事有益于人民的创造性工作的学术工作者,共同前进,共同追求真理。在纪念俞平伯先生从事学术活动65周年的时候,我想,说一下这个问题是有必要的。

红学才子
俞平伯

俞平伯先生从1953年起在中国科学院文学研究所工作,也就是现在的中国社会科学院文学研究所工作。他是我们全院同志所尊重的一位老学者。我相信我院和我国的文学研究工作者都会很好地吸收利用和发展俞平伯先生的一切有价值的研究成果。

敬祝俞平伯先生健康长寿,并且在学术研究上做出更多的贡献。

胡绳的讲话中能够直截了当地指出,1954年下半年对他的政治性围攻是不正确的,已经很不容易,这已迈出了历史性的一大步。他指出"这种做法不符合党对学术艺术所应采取的'双百'方针",这十分中肯,但又是谁去这样做的呢?

这个庆祝会选在俞平伯从事学术活动65周年召开,实在还应算是很及时的。虽然此时俞夫人许宝驯作古已跨五年,他本人的身体状况与精神状态都已很不好,但总算还当着他的面说出了1954年对他的做法是不正确的,他也可以此去告慰夫人的在天之灵了。要没有这次庆祝会,那也就不会有这一年11月的香港之行。要是再往后拖,拖到他从事学术活动70周年时再说,那也就永远等不到了。他在从事学术活动 69 年时去世,终于未能满 70 年。

～ 1986 年,胡绳和俞平伯在纪念俞平伯从事学术活动 65 周年庆祝会上。

俞平伯总算在会后还活了四年。他身体再差,精神上能予以安慰,就比什么都强了。

俞平伯在清华大学时的老朋友蒋天枢,虽远在海隅,不能亲自来参加这次庆祝会。但听到这个消息后,他当即提笔写了一篇《俞平伯先生从事学术活动 65 周年纪念大会贺辞》,专程遥寄大会,后来被收入大会的纪念文集。

余与平伯先生,昔年在清华读书时,虽时获遇晤,而未及抠衣请谒。近年整理陈寅恪师遗书,始与先生邮简往复,其间蒙先生赐寄《五四周甲回忆往事十章》,感而什袭藏之。欣逢中国社会科学院文学研究所将于 1986 年元月举行俞平伯先生从事学术活动 65 周年庆祝会,枢远在海隅,不克躬往申祝,谨草短文藉申庆贺之忱。仰祈先生宽其愚陋,进而教之。[1]

～ 1986年，俞平伯与胡绳（右三）、钱锺书（右一）在纪念俞平伯从事学术活动65周年庆祝会上。

参加庆祝会的，虽仅限于200余人，但未曾参加庆祝会的，而心向往之，早就盼望为俞平伯平反吐口冤气的，却大有人在。不但有远在南海的，恐怕全世界四大洋五大洲，无处不有人在吧！

～ 2.《"旧时月色"》

由俞平伯的外孙韦奈在庆祝会上代读，作为大会发言的《"旧时月色"》，从表面上看似乎只是两篇短文的杂凑。第一篇只是上国际红学会书的摘录，第二篇又只是对《红楼梦》中的一首《好了歌》的闲评而已。其实不然，俞平伯是有深意寄寓其中的。为什么把这两篇看似不太相干，又似头重脚轻的短文放在一起，而要把题目定为《"旧时月色"》？这是俞平伯从1954年开始，郁积了30余年，至此非要一吐的心中块垒。从1954年开始，俞平伯已基本上退出了红学的论战。他从1954年起，算到1980年止，也已有26年冷眼旁观。他连全国人大、全国政协的会议都不出席了,更何况红学会? 而所有的红学会,无论国际或国内,又都总会向他发发邀请,走走过场。那次《红楼梦学刊》编委会的成立大会,他也是极勉强才答应出席的,而什么顾问、编委等头衔还是一概不接受。1980 年的国际红学会大张旗鼓地筹备时,当然也少不了要向他发邀请信。以前几次,多用旧诗题写横幅以赠大会,这次俞平伯郁积了 26 年,见到红学越来越热闹,论述范围也越来越大,甚至有的被邪门歪道所左右,多有乌烟瘴气时袭红坛,而红学所固有的宏旨,不应须臾偏离的根本倒往往被玩忽。这次他不再用赠书法写横幅之类,而改为上书。上书中说的三点,正可看作他 26 年来冷眼旁观红学界以来的肺腑之言。

1980 年在哈尔滨召开的这次国际红学会,忙于接待国际红学家,成立中国红楼梦学会。俞平伯上书的三点在实际行动中绝少被考虑与采纳,他又积了六年的冷眼旁观,乘 1986 年为他从事学术活动 65 周年召开庆祝会的时机,把上书中的套语除去,标明是摘录,再次将它公布出来。这上书中的三点,可谓宏观意见,也是值得仔细研究的中肯建议。如果当时大家能听俞平伯的劝告,红学也不至于走向无谓争论、追求轰动新闻效应的路上去。可是竟很少有人听他的意见,照他的意见去做的就更少了。

  这届大会是世界性的、空前的。总结过去的经验,指出将来的方向,意义很大。我的贡献,却很微薄,直陈三点如下:

  (一)《红楼梦》可从历史、政治、社会各个角度来看,但它本身属于文艺的范畴,毕竟是小说;论它的思想性,又有关哲学。这应是主要的,而过去似乎说得较少。王国维《红楼梦评论》有创造性,但也有唯心的偏向,又有时间上的局限。至若评价文学方面的巨著,似迄今未见。《红楼梦》行世以来,说者纷纷,称为"红学",而其核心仍缺乏明辨,亦未得到正确的评价。今后似应多从文、哲两方面加以探讨,未知然否?

  (二)今之红学五花八门,算亦盛矣,自可增进读者对本书之理解,却亦有相仿之处,以其过多,每不易辨别是非。应当怎样读《红楼梦》呢? 只读白文,未免孤陋寡闻;博览群书,又恐迷失路途。摈而勿读与钻牛角尖,殆两失之。为今之计,似宜编一"入门"、"概论"之类,俾众易明,不更旁求冥索,于爱读是书者或不无小补。众说多纷,原书俱在。取同、存异、缺疑三者自皆不可废。但取同,未必尽同;存异,不免吵嘴;"多闻阙疑"虽好,如每每要道歉,人亦不惬也。而况邦国殊情,左右异轨,人持己说,说有多方,实行编纂,事本大难,聊陈管见,备他年之采取耳。

（三）另一点,数十年来,对《红楼梦》与曹雪芹多有褒无贬,推崇备至,中外同声,且估价愈来愈高,像这般一边倒的赞美,并无助于正确的理解。我早年的《红楼梦辨》对这书的评价并不太高,甚至偏低了,原是错误的,却亦很少引起人注意。不久我也放弃前说,走到"拥曹""迷红"的队伍里去了,应当说是有些可惜的。既已无一不佳了,就或误把缺点看作优点；明明是漏洞,却说中有微言。我自己每犯这样的毛病,比猜笨谜的,怕高不了多少。后四十回,本出于另一手,前八十回亦有残破缺处,此人所共知者。本书虽是杰作,终未完篇；若推崇过高则离大众愈远,曲为比附则真赏愈迷,良为无益。这或由于过分热情之故,如能把距离放远些,或从另一角度来看,则可避免许多烟雾,而《红楼梦》的真相亦可以稍稍澄清了。[2]

红学才子
俞平伯

俞平伯的这三点意见看似简简单单,也没有涉及更多的具体问题,而除了像他这样真正的红学家,对红学有真情实感,但却几十年来一直遭到不公批判的人是写不出来的。正可在此套用一句《红楼梦》中的现成句子——"一把辛酸泪",它的字字句句都是肺腑之言,可说是用血和泪写成的。俞平伯在1980年的国际红楼梦学术研讨会这一时期的心情,有报道记载:

"有什么好谈的？我犯过错误。毛主席批评了我,文艺界批判了我。我的问题谁都知道,事情就是这样。"

当我敲开俞平伯先生家的大门,说明来意之后,立刻得到了这样开门见山的回答。

"说我是红楼梦研究权威,这实在有点名不副实。"俞平老又点燃了一根香烟,长长地吸了一口,"我无论如何也想不到,就是这么一本小小的书,在30年以后,竟然会引起如此一场轩然大波。而我自己,处于这场风暴的旋涡,也被推上了所谓'红学权威'的宝座。"

....

"那次运动不是没有道理的,但是过了头。"回忆起二十多年前的那场批判,老诗人(俞平伯)说,"我的书写于1922年,确实是跟着胡适的'自传说'跑。但那时我还不知道共产党,不知道社会主义,怎么会反党反社会主义？"

他显然激昂起来,不愿再往下说。[3]

由记录下来的这些俞平伯的原话来看,他深感冤屈,但仍能怨而不怒,仅是据理直说的这种精神,可真不是一般人都能做到的。他一心还只想着红学能发扬光大,能走上一条符合真理的康庄大道。当他提出的"摈而勿读与钻牛角尖,殆两失之"的观点得不到应有的重视,他的心情又是多么沉重。当然,为补此"两失",俞平伯也早已料到,事情不是那么容易的,他本来也只是"聊陈管见,备他年之采取耳"。但对真正连他自己也认识到了的错误,却很少引起人们的注意,在他心中也是不容安适的。他劝大家冷静些、降些温,不要走极端,人们却丝毫不听。这更是他所深表感叹的。有些事情往往就是这样,当关汉卿要被列入那一年的"世界四大名人"时,哪位学者若想冷静一下,实事求是地来评价他,在肯定他的大前提下,也全面地谈谈他的若干不足,那就要被扣上帽子,说是不爱国,甚至说是反党反社会主义。……曹雪芹被当今红学界越炒越热,明明是他写了错别字,或者是抄写时抄错了,但也一定要"曲为曹解",说他是用字创新,伟大的曹雪芹怎么会写错别字?如有人写这一类想要还事物本来面目的文章,必被认为是不识时务,甚至被说成是想贬低伟大人物来抬高自己。那些所谓的"权威们"不辨认错别字,一味只顾往曹雪芹脸上贴金,结果是越描越没劲,成了真正的无谓的拔高。曹雪芹有多高,自有公论,用不着这帮卫道士来"保卫",相信曹雪芹活着,友朋指出他偶尔写了个错别字,他会由衷的高兴;相反,如果是友朋来遮掩他的错,那还成什么友朋!貌似爱,实则害,真不知道这帮卫道士心中还有没有一个爱与害的标准。俞平伯在1980年直至1986年,尚难直接说明的话,后人应体会到其中的真谛。更何况,"若推崇过高则离大众愈远,曲为比附则真赏愈迷,良为无益"这类话已说得也够明确了,而且都是有所实指的,但当时与会者似乎都听不进去,或假装没听见。他1980年说了无效,1986年借庆祝会再说。俞平伯越到晚年,求真求无误之心愈切。非要把黑的说成白的,错的说成对的,他心中的难忍程度,肯定会大于自己书中内容被舛误。

俞平伯《"旧时月色"》的第二部分,是《评〈好了歌〉》。第一部分尽谈大处,一下子又落到小处,而且是小到书中第一回里的一首歌,岂不是头重脚轻了吗?其实不然。由此还看得出,直到1986年,俞平伯已87岁高龄时,还仍能跟上时代,至少有时能号上时代的脉搏。不是说离不开什么宏观与微观之类的吗?他选择上书摘要作为文章第一部分后,正必然要补充上个"解剖麻雀"的例子,以配成宏观与微观。当然,他已几十年不谈"红",而且对红学越来越讳莫如深,那些年确实几乎不写有关红学的文字,为凑一篇可作为1月20日庆祝大会上发言的文字,全家都为他犯难了不知多少日,才不得不将这两篇貌似不相称的文章"硬凑"在一起,聊做书面发言。

《好了歌》是世上略沾"红"边的人,无人不知,无人不晓的,形式又是相当新颖的,所以大家都爱读,而里边包含的内容又相当不简单。有世俗,有哲理,以之来求教俞平伯的人也时常有之,为此俞平伯也不得不略作文字理评。这则《评〈好了歌〉》本是答客难性质的文字。在这里用来配上第一则,成为一篇"新作",标上《"旧时月色"》的书名,应该说,在效果上还真不错,甚至有天造地设与天衣无缝之感。

红学才子

俞平伯

一九七八年有人要我为他做《〈好了歌〉解注》(原只有一部分),写后有些感想,这是"甄士隐梦幻识通灵"的正文。一般看法认为歌中情事一定与后回伏笔相应,就好像第五回中"十二钗册子和曲文"一样。我早年做《红楼梦辨》时也是这样说的。后来发现脂砚斋的批语,引了许多名字来解释,我认为不确切,也不相信他的说法。如果细读这"解注",就会发现有的好像与后回相应,有的却不相应。它的用意很广,或许已超出了小说中的情节,这是不能与"十二钗册子和曲文"相提并论的。此外,我最近重读了胡适所传的《脂砚斋评石头记》残本,很是失望。早在一九三一年,我就对此书价值有些怀疑(见《燕郊集》)。仅从《〈好了歌〉解注》中的脂批看,多半是些空谈,各说各的。此批所列诸多人名,杂乱无章。如,黛、晴是有名早夭。所谓"不许人间见白头"者,而在"如何两鬓又成霜"一句旁,脂批却指"黛玉、晴雯一干人",这怎么会对呢?颠倒若是,其他可知。我以前曾有诗,说"脂砚芹溪难并论"。虽有抑扬,但还是说得很委婉的。

话题扯远了,还是从脂批回到"《好了歌》解注"上来。请先明大意。左思说,"俯仰生荣华,咄嗟复凋枯";陶潜说,"衰荣无定在,彼此更共之";诗意与《好了歌》相近。都是说盛衰无常,祸福相倚。但《〈好了歌〉解注》似更侧重于由衰而盛,这是要注意的。如"解注"开始就说:"陋室空堂,当年笏满床;衰草枯杨,曾为歌舞场。"这是由盛而衰的一般说法。但下接"蛛丝儿结满雕梁,绿纱今又糊在蓬窗上",却又颠倒地说,便是一衰一盛,循环反复;又是衰者自衰,盛者自盛。正像吴梅村诗所说:"何处笙歌临大道,谁家陵墓对斜晖。"试推测一下后来的事,不知此马落谁家了。

中间一大段,自"脂浓粉香"起,至"破袄紫蟒"止,究竟指什么,与《红楼梦》本书的关系似不大明白。"昨日黄土垄头送白骨,今宵红灯帐底卧鸳鸯",脂批是"熙凤一干人",而于上句"黄土垄头"却无说明,上下句不相对称。"训有方"、"择膏粱"两句,说男盗女娼,也很难定为是某人某事。"昨怜破袄寒,今嫌紫蟒长",讲一夕之间贫儿暴富,并不必与后事相应。由此可见一斑。

《好了歌》与《红楼梦》的不相当,不是由于偶然的。

(一)广狭不同。《红楼梦》既是小说,它所反映的面是有限的,总不外乎一姓或几家的人物故事。《好了歌》则不同,它的范围很广,上下古今,东西南北,无所不可。《红楼梦》故事自然包孕其中,它不过是太仓中的一粟而已。妙在以虚神笼罩全书,如一一指实了,就反而呆了。

(二)重点不同。《红楼梦》讲的是贾氏由盛而衰,末世的回光返照,衰而不复盛。所谓"食尽鸟投林"、"树倒猢狲散"。(脂批"贾兰、贾茵一干人"以象征复兴,另是一义,有如后四十回续书。)然而"解注"的意思却不是那样,它的重点也正在衰而复盛上,却并不与《红楼梦》本书相抵触,因得旺气者另一家也。所以道人拍手笑道:"解得切!解得切!"士隐便笑一声:"走罢!"

杜甫诗云:"天上浮云如白衣,须臾忽变为苍狗。"展眼兴亡,一明一灭,正在明清交替之间,文义甚明。下引"歌注"原文。加以解释,如下:

乱哄哄你方唱罢我登场(意译为:送旧迎新),反认他乡是故乡(认贼作父)。甚荒唐,到头来都是为他人作嫁衣裳("采得百花成蜜后,为谁辛苦为谁忙")。

如上面的话,并不见得精彩,却是另外一本账,是很明白的。不仅世态炎凉,而且翻云覆雨,数语已尽之。前面所说"歌注"与后文不必相应者,指书中的细节,其言相应者,是说书中的大意。二者不同。原书在开头就分为"故曰甄士隐云","故曰贾雨村言"两段;但谈"通灵"很短,而"怀闺秀"极长,很不平衡。这本是《红楼梦》发展的倾向。

还有一点,或是题外的话。前面原是双提僧、道的,后来为什么只剩了一个道人,却把那甄士隐给拐跑了呢?这"单提"之笔。分出宾主,极可注意。这开头第一回书,就是一个综合体、糊涂账,将许多神话传说混在一起,甚至自相矛盾。原说甄士隐是随道人走的,而空空道人却剃了头,一变为情憎,既像《红楼梦》,又像《西游记》,都把道士变为和尚,岂不奇怪! 又如大荒顽石与绛珠仙草、神瑛侍者的纠缠,观空情恋。是二是一,始终不明。若各自分疏,岂不清爽;如拉杂摧烧之,何等痛快,无奈又不能! 于是索隐诸公闻风兴起,老师宿儒为之咋舌,这又该分别对待,不可以一概而论的。

上面的两段,话就说到这里。明知不完备,多错误,请指教。往事如尘,回头一看,真有点儿像"旧时月色"了。现今随着研究事业的进展,新人新事,层出不穷,唯愿"百尺竿头,更进一步"。

一九八六年一月二十日于北京[4]

这两则短文连缀在一起,特地落上召开庆祝会的日期,其寓意也是良深的。六年前提出的旧观点,未被红学界重视;六年以后的今天,既然要为他说公道话了,他把这六年来未得应予重视的观点,再次重申,正说明他对红学走上康庄大道寄托的愿望。而红学界为哺育下一代真正的、中肯的、踏实的工作,相对而言是做得少了,倒是热衷于一些无谓的争执。直至今日,这一基本情况仍未得到应有的扭转。这是难以告慰俞平伯在天之灵的吧!

3. 与叶圣陶的书信往来

俞平伯的挚友中,情最深、谊最笃的,莫过于朱自清了,可惜他谢世过早,真可谓英年早凋,十分可惜。各自年寿都永,且老而弥笃的,应当首推他与叶圣陶之间的友谊了。

自从建国以来,直到俞平伯下放到"五七"干校,俞平伯、叶圣陶两家还一直都住在北京东城。俞平伯住的老君堂西口在朝内南小条,而叶圣陶住的东四八条的东口就在朝内北小街,顺南北小街步行,可谓近在咫尺;就是干校归来住建外永安南里时,才开始远了点;等到再搬入南沙沟,那就越来越远了。

随着两位老人腿脚越来越不便,互相走访的机会自然只能逐渐减少;而彼此间的通信,却在这种情况下,越来越密了。

俞平伯与叶圣陶之间的通信,其中的一个特点是:沟通思想,交流创作体会,互相提切切实实的修改意见,遂使创作水平得以提高。在叶圣陶做《兰陵王——追怀佩弦》的过程中,他俩间的通信频率高达几乎每日一封打来回的地步。他俩都戏称这就像打乒乓球。这有诗为证,诗题是《倒叠圣陶诗韵奉答》。

圣陶以绯色牵牛花朵相示,诗云:"临晓朝阳带露开,舞衣想象受风回。堪欣此朵大如许,寄予平公共赏来。"倒叠前韵奉答。

　　秋晨开缄喜伻来,道似银球往复回。(来书云:"书简往回如打乒乓球。")

　　赠我绯华无限意,惭将小草傍伊开。(舍间盆栽红紫小朵,凡品也。)[5]

这里说像打乒乓球,不仅言其一往一回的连贯,实更言其速度的迅捷。

俞平伯致叶圣陶信的手迹

俞平伯处理来信,一般是阅读或作复后,必将来信撕毁,不保存,以减轻写字桌上的积压。叶圣陶也是如此。而他俩唯独把对方的信作为例外,一一都留了下来。当然,各自有各自的保存方法:俞平伯是一律插回原信封,单放入一抽屉;而叶圣陶则撕掉信封,将信笺展平,逐一贴入一自制八开本的大本子中。由此也可见出他俩交谊的不凡,彼此都建立在对对方极度的爱惜与敬仰之上。叶圣陶曾不下百次地说过:"他(指平伯)的字最好!"这是一种由衷的仰慕。叶圣陶自认为:一生中第一职业是编辑,写文章、做诗词等,乃是第二位、第三位的事。这固然有他自谦的成分,但也确实道出了一定的实情。他刚踏上社会时做教师教书,字多写在黑板上、刻在讲义上、批在学生的作业上,主要都是写给学生看;他走出学校后,到了编辑部,字多写在稿纸上,则主要给编辑、校对、排字人员看。而这些最重要的一点,是把字写清楚、写明白,免得让人产生误会。他一辈子写字,写了不知多少字,真是个永远无法统计的字数,除了写篆书作为他的书法创作外,几乎永远是在写楷书,最多有时略带潦草,自然也就形成了对楷书的偏爱。无独有偶,俞平伯也是一辈子不写草书,他在书道上曾下过比叶圣陶要深的功夫,尤其在欧阳询的《九成宫醴泉铭》等法帖上下过深入的功夫,所以间架紧密而端正清秀,偶尔略带草意,也为大多数人能辨认,并已经他规范化、楷书化了的,行气挺拔,通篇布局有致,总让人看了感到舒舒服服,无懈可击,人见人爱。叶圣陶对他的字有特殊的深爱,本也是有道理的。俞平伯从校门到校门,当完学生当老师,最后又以创作、写稿、发稿为毕生的主要生涯,写出来的字总以让别人一看就明白为第一要素。从这方面来说,他俩的字本来就有着共通点。正是这样,俞平伯也十分喜欢欣赏叶圣陶一笔一画规规矩矩的字。

当孙玉蓉在1985年行将编成《俞平伯旧体诗钞》时,为求叶圣陶做序一事,俞平伯5月30日又一次由女儿俞成陪同,到北京医院去看望叶圣陶。叶圣陶当时正患重感冒,卧床点滴,实无法聚精会神去构思,更无法端坐执笔亲自书写,但这天他俩的谈话内容却还是十分丰富。俞成当场做了速记,回去很快把内容整理出来,反馈给叶圣陶。叶圣陶自己又不能看,戴了眼镜与不戴眼镜,反正还是个看不清。俞平伯耳朵此时也已大聋,助听器也帮不上什么忙,还是只好由他的孙媳姚兀真读给他听。叶圣陶一向认真,这是世人尽知的。他为了做好这篇序,首先认认真真听姚兀真读记录稿,不厌其烦,一遍又一遍,直到全听明白,还要全记住,然后还得在姚兀真的全力协助下进行增删调动。如是者足足进行了八九天,才由姚兀真执笔,缮写清了这篇序的初稿。这篇序可以说已然毫不是叶圣陶的亲笔,而它却比亲手草写的任何一篇序更珍贵,更不寻常。它不仅叙述了两人对诗的看法,两人切磋做诗的情状,交谊之深切与久长,在历史上恐怕也是少有的。处处不说空话,在在流露真情。至今读来,仍难抑心头的感动。

俞平伯和外孙韦奈(右二)一起到北京医院探望叶圣陶(右三)

《俞平伯旧体诗钞》一书出版,我很喜欢。我与平伯兄相交六十余年,他要我做序,于情于义都不容辞,虽在病中,不能不勉力说几句。

我们少时都先读《诗经》,后读唐宋诗,并且习做唐宋诗,到了"五四"时期才写新体诗。所谓新体诗,有的是模仿外国诗的格律做诗,平伯兄与我都没做过。有的是只在某些地方用个韵,其他并无拘束;有的是说大白话,什么格律都没有,只是分行书写而已,我们做的就是这两种。一九二一年除夕,朱佩弦兄与我同在杭州第一师范守岁,到晚十二点,佩弦兄做了一句话的诗:"除夜的两枝摇摇的烛光里,我眼睁睁地瞅着一九二一年轻轻地趱过去了。"这句话颇有新鲜的诗味儿。到一九七四年底,佩弦兄逝世已经二十多年了,我偶然想起了这句诗,怀旧之情不可遏,填了一阕《兰陵王》。我请平伯兄帮我推敲,平伯兄也乐于相助,来往信札一大堆,当面商谈了两次,方才罢休。

　　中年以来,我对新体诗的看法是"尝闻瓶酒喻……念瓶无新旧,酒必芳醇"。这是一九八〇年题《倾盖集》的《满庭芳》中的语句。《倾盖集》是当时九位诗人旧体诗的合集,我凭一点儿自知之明,坦率地说,我是做不到"酒必芳醇"的。我的无论什么文词都意尽于言,别无含蓄,其不"芳醇"可知。平伯兄可不然。他天分高,实践勤,脚踏实地,步步前进,数十年如一日,他说的话就是明证。他说,他后来写的旧体诗实是由他的新体诗过渡的,写作手法有些仍沿着他以前写新体诗的路子。这很明白,我跟他的差距就在这儿。也无怪乎有如下的事了:抗战期间,他做了一首五言长诗《遥夜闺思引》寄到成都给我看,我看了不甚了了。后来在北京会面了,他把这首诗的本事告诉我,把各个段落给我指点,可是我还是不能说已经理解了。这就是差距。

　　平伯兄还有一首长诗《重圆花烛歌》纪念他结婚六十周年,注入了毕生的情感。他数次修改都给我看,嘱我提意见。我也提了一些,有承蒙他采纳的。在我与平伯兄六十多年结交中,最宝贵的是在写作中沟通思想。我们每有所作,彼此商量是常事。或者问某处要不要改动,或者问如此改动行不行,得到的回答是同意的多,可不是勉强同意,都说得出同意的理由。还有一种情形,一方就对方新作的某句或某段,据理提出意见,或说这儿要改,或说这儿该怎么改,虽然不是全部取得同意,但是得到接受的占极大多数,这样取长补短,相互切磋,从中得到不少乐趣。这种乐趣难以言传,因而不多说了。

　　这篇序不像个序,对不起平伯兄,也对不起读者,抱愧而矣。

　　五月廿三日,承蒙平伯兄来病舍探望,并且商谈做序的事,令媛成同来。关于做序,我随口说了些并不连贯的意思。成边听边速记,到第三天她就把整理好的记录稿送来了。由于伤风感冒,每天输液,耽搁了好些日子,直到最近,才嘱孙媳兀真把记录稿念给我听好几遍,直到我完全听明白并且记住了,然后加以增删移动,由她记录下来,成为这篇修改稿。每天能集中心思的时间极短,这回修改经过八九天才完工,一并记下。

一九八五年七月十四日[6]

从这篇简短的序中不难看出,叶圣陶完成这项任务花了多少时间与精力。所述处处都极简单,点到为止,但处处又都说得极为切实而圆通,谦所当谦,当仁不让处又决不让。其中最重要的,也是值得后人永远记住的是:讲他俩彼此沟通思想,提意见都必须讲得清理由,决不是含糊其辞的瞎恭维,也不是不讲理由的一意为之。只有这样,彼此间才能真正取长补短,共同提高,相互得益。听不进别人的意见,势必难得长进;而别人提了意见,不是在理解的基础上去接受,而是囫囵吞枣,生吞活剥,照单全收,也势必难获真益。这里俞平伯、叶圣陶多方面的具体做法,都值得我们好好学习,努力去效仿。也只有这样,友谊才会日益巩固,老而弥坚,成为世代学人的楷模。

〜 1982年,俞平伯与叶圣陶在三里河寓所。

俞平伯和叶圣陶是气质不同的诗人,为什么又会如此合得来呢?正如叶圣陶在序中指出的,他自己是无论什么文词都意尽于言,别无含蓄的;而俞平伯则是追求含蓄,喜欢含蓄的。这一点,作为诗人风格而言,确实堪称迥异。一个力求明白,不让人产生任何误解;一个则时时事事不把话说死,要的就是诗无达诂的境界。的确,像《遥夜闺思引》那样的作品,俞平伯自己在专送给儿子的那一本上所写的跋中,要算是讲解得最清楚了,也只是讲清了从何处分段,共分几段,也决不是按死了一个字、一句诗地去追求确解。所以也可以说,连叶圣陶这样的学识,跟诗作者交谊又如此深久的人,也连连说读不懂《遥夜闺思引》,那么可以说世上没有一个人能真正逐字逐句全都弄清楚弄明白了。要是今后有那么一位,他把《遥夜闺思引》逐字逐句诠释或注解出来,并且也确实无一处舛误,那他也只能算是一家之言。或许就有另一位,也能做到同样的无误,却笺释出来的意思完全是两回事。其实这也是诗学中的老问题,本不足为奇。

一个追求诗无达诂,一个似乎是追求确诂,二人大相径庭,又怎么能合得来呢?其实这还只是诗风上的迥异,而在追求真理、严肃认真、努力勤奋、不尚空谈等根本问题上,俞平伯、叶圣陶二人又本是极相似很相通的。就像二人写字都追求一目了然不生疑窦一样,又都是他俩本质上相似相通、相敬互重的一面,而且是主导的一面,这才注定了他俩会相交到老,会有争论而决不会争吵,同时多而异时少。

红学才子

俞平伯

话又说回来,俞平伯的诗也不是首首无达诂,叶圣陶的诗也不是首首全说大白话。作为诗,首先要有诗境,都要有韵味。在这基础上,有的风格偏含蓄,有的风格偏浅显,所以才又都成为诗。含蓄的诗中也有其明确的一面,浅显的诗中其实也不排斥含蓄,这才综合而构成了诗海中的林林总总,灿烂缤纷。也正因为如此,才能出现俞平伯敬重爱读叶圣陶的诗词,反过来,叶圣陶也敬重爱读俞平伯的诗词。

叶圣陶创作《兰陵王——追怀佩弦》时,与俞平伯书信往来,几乎是逐字逐句进行切磋商量的。

叶圣陶和俞平伯往来的信,分别都由对方妥善地珍藏着。《叶圣陶集》第 25 卷,其中的《暮年上娱》,就全是叶圣陶写给俞平伯一个人的信,起讫年份是 1974 年至 1985 年,凡 12 年,其中当然包括切磋《兰陵王》创作的信。但这也已是从约 400 封信中挑选出来的 231 封,仍非全帙。

1975 年 1 月 3 日上午,叶圣陶创作这首《兰陵王》初稿后,给俞平伯写了第一封信。

平伯兄赐鉴:

年前接覆书,诵"忆及佩弦在杭第一师范所做新诗耳"之语,怀旧之感顿发而不可遏,必欲有所作以宣之。缘近与兄商讨《兰陵王》,决意用此词。思之思之,排之不可,致损睡眠。念佩弦逝世后,尚未做一韵文伤之,今于二十余年之后补做,亦聊尽我心。今录草稿于他纸,乞兄严格推敲,或提示,或改易,均所乐承,总望此作较为像样。赐覆尽可缓,万勿如弟之损及睡眠。

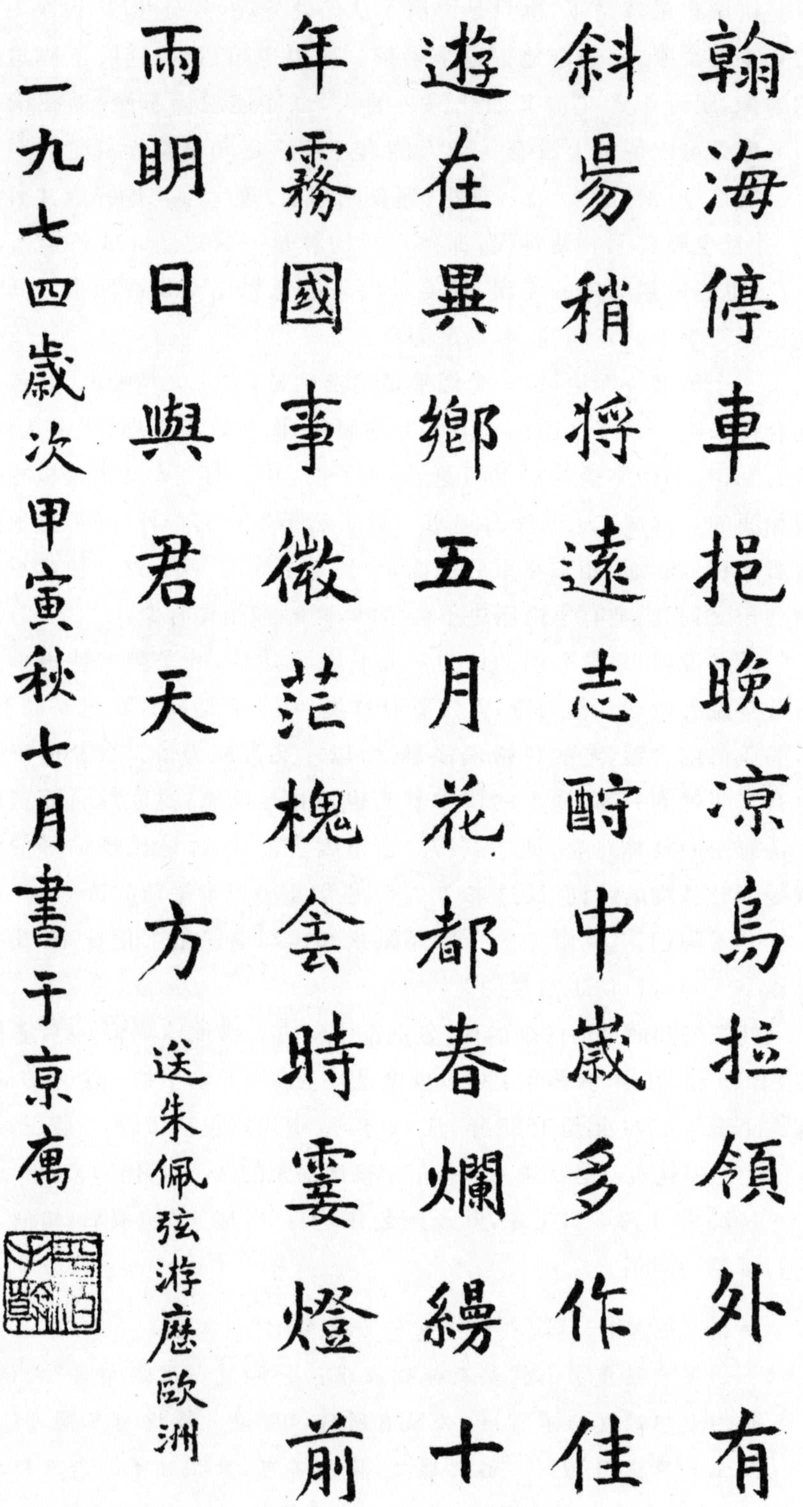

翰海停車把晚涼烏拉領外有
斜陽稍將遠志酢中歲多作佳
遊在異鄉五月花都春爛縵十
年霧國事微菲槐會時雲燈前
雨明日與君天一方 送朱佩弦游歷歐洲
一九七四歲次甲寅秋七月書于京厲

俞平伯《送朱佩弦游历欧洲》手迹

间接闻知学部的事,春节前可告一段落。想春节之后,可不须每日到所矣。即颂年安。

弟圣陶　上　一月三日上午[7]

叶圣陶必须写这首《兰陵王》来纪念朱自清,是由俞平伯来信时提及朱自清的往事而引发的,他的创作欲竟一发而不可收,直到夜不能寐。朱自清又是俞平伯、叶圣陶二人共同的密友,俞平伯与朱自清的交谊世人多有知晓。叶圣陶与朱自清的交谊,除早年在杭州共同执教等为世人所知外,抗战期间还有同客成都,共登望江楼等值得永远怀念的情节,而抗战期间俞平伯与朱自清之间的交往倒是大大减少了,俞平伯那时苦守旧京,未能去内地。三人如此交叉而深厚的感情,几乎成了水乳交融、难解难分的事情。现在叶圣陶既然要写韵文来专门忆念朱自清,草稿一出,即随信附上它诚心诚意地来请俞平伯提意见,共同商改,俞平伯能不欣然从命吗!这样的商改切磋,是比改自己的作品还不知要认真多少倍的。

叶至善、叶至美、叶至诚三人在选编《叶圣陶集》时,俞家自然全力提供方便,才编成了第25卷中的《暮年上娱》;俞平伯的全集,1997年经俞润民、陈煕花费了大量力气后,也已出版。其中俞平伯致叶圣陶一信,叶至善把重要的几乎都抄录交给了俞润民,二人打乒乓球式的通信,倒是可一一对上连缀起来了。俞平伯收到这封信后是一刻也未停,立即认认真真地为叶圣陶改稿提意见。虽然叶圣陶特地提醒他,可不要像他那样搞到了失眠的程度,尽管慢慢来好了,但那怎么做得到?可这样的事,是做不到轻易放手的。叶圣陶致俞平伯的两封信中,就能明白看出。

平伯尊兄赐鉴:

　　惠书傍晚到,而昨亦有一书寄上,两书当在邮程中摩肩而过。兄改《兰陵王》之解析写于弟之抄本上,是极为欣愿之事,前忘奉答,实为疏简。

　　十余日前伯翁处借得从前开明所出之《周词订律》(雪村精校,甚为可贵,而其纸版早已遭劫矣),系龙榆生介绍来者,以前未细看,今觉其书至精密,言词律者殆鲜出其右。于周氏《兰陵王》之下,附录宋人填此调者十一首以相比较。从知所谓严守周律者,至少亦有五六字之出入,全同者绝无。兄或前见此书,倘欲观览,当呈上。其附录中有一首系为一位老太太祝寿,即此题目,已可断言作者选调选韵甚为不合。周氏言韵与情调之关系甚佳,惜其简略。然要说清楚,或将流于玄虚。

弟昨寄之稿,兄观之以为如何?不敢催迫,静俟指点与评论。昨夕睡较畅,以后亦不敢动脑筋做何题目矣。偶多所萌,将如流行语所谓"扼杀于摇篮中"耳。(不思做什么,睡眠固一向酣畅也。)

久欲访佩弦夫人于清华,而至今未往,亦甚疚心。仅四九年初来时一度往访耳。即请

冬安

弟圣陶 上 一月四日夜八点

那些日子里叶圣陶脑子里盘旋的事情没有别的,就是朱自清和《兰陵王》。信中虽说"不敢催迫",但他多么急切盼望快快见到俞平伯的意见与评论。反之,俞平伯提出的修改意见,可能比叶圣陶本人更迫切。因追怀朱自清,想到久久未去探望朱夫人而感到深深内疚;大概也更希望快快把《兰陵王》定稿后,可书奉朱夫人一读吧?年老了,体衰了,有创作欲,又怕影响了健康,所以想到了要把创作欲的萌芽扼杀于摇篮中,这是一种怎样的悲哀与感慨啊!个中自然不乏自嘲与幽默的因素。

下面这一封信,可已切入推敲切磋的正题。

平伯吾兄:

手示并推敲意见于六日傍晚接读,从知烦兄用脑筋亦复不少。辛苦之中有至乐,我二人共享之,实为难得。

接书之次日适与朴初会晤,彼问有何新作,而拙稿与尊示修改意见适在袋中,即以与之。朴初携归觇览,缓数日送回,故今不能详言。弟觉"别""阔"二字对调,最为卓见,佩服之极。此外拟尊改者数处,欲再商量者数处,俟朴初寄回原稿之后,当详写求再教。最后尚须得叙一次,逐处求得商定,然后算作完稿,了此一事。想兄必不以为无餍之求也。

清华范围极广,佩弦夫人所居何方,叔湘伉俪知之。春暖之时偕往一访,固所愿也。做答稍迟,劳念为歉。即请近安

弟圣陶 上 一月九日上午[9]

叶圣陶、俞平伯互相认真切磋,也确实颇费脑筋,十分辛苦,而乐正诞生于苦中。就在逐字逐句的推敲与改进中,他俩所得到的欣慰,几乎是没有第二件事可以替代的。他们有时为了突然间想起某处可改得更佳,就会马上提笔做书,补告之。信中自然不会全是切磋的内

容,但这一时期的信,切磋确实成了最突出的内容。

平伯吾兄赐鉴:

顷韦奈同志来,而弟午睡未起,劳彼坐待一小时许,良觉抱歉。展观尊录,细字大字,朱墨灿然,拱璧未足喻,弟得之其喜可想。第一念头为宜有所吟咏,以酬高谊。然继之即抑其萌蘖,无复损夜眠。嗣后又自慰,徐徐为之,勿着急,固无妨也。

朴初尚未寄还尊书意见表,疑其返寓后或又发病。《兰陵王》之改定亦不急,何况尊抄两家之评,细细玩味,大可寄兴遣时。俟拙稿初改完成,仍当呈请裁酌。(或请驾临小饮,或会于新侨。)最后期得一晤,逐句对面商定,想必蒙许可也。

次囿亦曾来辞行,云回京在春节后。即请

双安

弟圣陶 上 一月廿三下午四点[10]

红学才子
俞平伯

因为午休,让俞平伯的外孙坐待了近一个小时,叶圣陶特在信中郑重致歉,这是多么可敬可仰的风格啊!此信所云"展观尊录",当指由韦奈面致叶圣陶的一份《兰陵王》初步改稿,并附诸多记述。先不说其内容,就是它"细字大字,朱墨灿然"的表面而言,就可知是一份精彩万分的书法作品。

从叶圣陶《兰陵王》的初稿与最后定稿,到俞平伯最主要的一封修改意见信与修改意见表,其中改动的主要情况,就可大致一目了然。

叶圣陶《兰陵王》初稿

猛悲切,怀往纷纭电掣。西湖路承致恳招,拨桨联床共曦月。频翻遇又别,常惜深谈易歇。相逢候杯劝互殷,君辄沉沉醉凝睫。

分襟意还愊,便讲座多勤,瀛路遥涉。鸿鱼犹与传书札。当八表尘黯,万流波涌,成都重复晤叙接,是无上欣悦。　　凄绝,怕言说。记约访江楼,凭眺天体。今生到此成长别,念挟病斠稿,拒粮题帖。斯人先谢,世已改,未暂瞥。

叶圣陶《兰陵王》定稿并小引

一九七四年岁尽前四日,平伯兄惠书言:"瞬将改岁发新,黎旦烛下作此书,忆及佩弦在杭第一师范所做新诗耳。"佩弦之逝已二十余年,览此感逾邻笛,顿然念之不可遏,必欲托之于辞以志永怀,连宵损眠,勉成此阕。复与平伯兄反复商讨,屡承启发,始获定稿。伤逝之同悲,论文之深谊,于此交错,良可记也。

猛悲切,怀往纷纭电掣。西湖路、曾见恩招,击枻连床共曦月。相逢屡间阔,常惜、深谈易歇。明灯坐、杯劝互殷,君辄沉沉醉凝睫。　　离愁自堪豁,便讲舍多勤,瀛海遥涉。鸿鱼犹与传书札。乍八表尘坌,万流腾涌,蓉城重复謦欬接,是何等欣悦。

凄绝,怕言说。记同访江楼,凭眺天末。今生到此成永别,念挟病修稿,拒粮题帖。斯人先谢,世运转,未暂瞥。

1975 年 2 月 2 日

粗看《兰陵王》的初稿至定稿,改动好像也不大,但细细品味,或仅一两个字的酌情改动,定稿自比初稿要完美得多。这全依仗叶圣陶虚怀,与俞平伯改稿的认真细微,更有二人与朱自清间的共同友谊与情怀,本是可互补互通的。俞平伯为叶圣陶改稿,宛如为自己,甚至胜过了为自己改稿。俞平伯于 1975 年 1 月 6 日中午致叶圣陶的信,是集中修改《兰陵王》的。

拟改辞句另列一表,未必皆有用,可供酌取耳。其中移动处亦有当惬意者,览之自知。如更来书商榷,则尤有切磋之乐。

1. "承致恩招"自知勉强,所以然者,一欲纪实,二拘四声。所谓纪实,当时往"一师"短期任课,盖由佩之力劝。尊改"频作携游"自好,然少招邀之意。弟此时尚未想到如何改。倘蒙本弟原意代为造句,感之无极。(留出空白地位,敬请批示。)

弟未想到此指佩弦约至"一师"任课事,漫谓是湖上游耳。若径指湖上,则"联床"便无着落,那时亦稍稍察觉,却未想下去。今谓此句恰当,竟不可改!上句可改为"西湖路"或"杭州路",径用地名,尤为概括,合于事实。

2. 亦曾想到"打桨",惜"打"为上声。拘于周之用"拂"字,故作"拨桨"。不改如何?"拨桨"不如"打桨"自然。彊村此句作"零乱春丝换凄碧","零"平声,则似可不拘。"打"字较好,然否?

3. 依尊改作"相逢又间阔"。"阔"字调到此处,俾后面可用"长别",钦佩之至。弟原意谓多次聚首,多次分别,因而又欲改为"相逢屡间阔"。"屡"字上声,查杨易霖《周词订律》,于"望"字旁加"上去互通"之符号,故易去而用上。弟恒欲拘于事实,殆亦是病。"拘于事实"只是更难写些,并非病。"属"字好,与"常惜",句相应,启下得力。

4. 依尊改用"明灯坐",很漂亮。稍惜只说夜饮,而拘于事实,则佩于昼间沉醉之事亦不少。("相逢候"句原无病,只是与改本上文重出耳。着重在夜饮,不妨午醉。如不另拟"明灯坐"似可采。或改作"擎杯际,酌入作平劝互殷"可否?)

5. 原句"分襟意还慊"自知勉强,意思只是分别也算不了什么,因为书函常通。俟再行思索。敢恳亦代为考虑。

改本是极普通语自不宜采用。前已注明。原句意深刻,弟亦了解到了深亦更明。但"慊"字未妥,须改韵。拟改为"豁",为能够排遣之意,即"分别也算不了什么"。

6. 尊改"讲舍"。

7. 最好用"鲤鸿",惜"鲤"为上声。"鳞"与"鸿"更不平等。弟此意近乎牛角尖乎?"鸿鱼"不改如何?

"鳞鸿"常见。"鸿鱼"自可。

红学才子 俞平伯

8. 尊改"乍八表尘坌"。

9. 本想用"蓉城",既而想"成都"之"成"与后之"成"字不妨重用,故用"成都"。今兄亦提"芙蓉城",因又拟用"蓉城"。"重复"之"复"去声,又也。"晤叙接"自知勉强,盖拘于"去去入"之故。今拟放松些,改为"謦欬接"。请审定之。

10. 尊改"是何等欣悦"。"何等"大胜"无止"。

11. 尊改"长别"。朴初建议此句改"那知此会成长别"。彼似于"今到此"分量重。乞裁定之。(原句甚佳,篇中之主也,不宜动。赵改句虽妥,却嫌软。以为然否?)

12. 原用"挟"字,缘周于此处用"月"字。又觉"挟病"生辣。"修草"尊改。(不改,是。挟病有刚强之气,忍病则弱矣。)

13. 拟保留原句,能邀许可否?(弟曾想到"斯人也而有斯疾也",伯牛之疾,先儒以为非佳,故前云尔。其实亦有些过敏。正不必关连。原句分量重,宜存之。)

14. 将近解放之候,而佩遽谢世,一切新气象新事物全无所见,此最为痛心事。惜此处只余六个字,不能容纳此意。兄改"世事远",意嫌不明。今拟改为"世运转",似较原句"世已改"好些。"改"也可能改向坏的方面,"世运转"则定是好转也。敬乞裁定。《周词订律》于"似"字旁加"上去互通"之符号,"世运"去去固无碍,而"运转"则去上也。"世运转"含蓄欠醒豁,尊评极是。"世运转"确比"世已改"好,弟亦想到"运",却遇"运命"之嫌疑,又是过敏处。"运动"今日常用,故无碍也。去上声合律。

俞平伯的这封信还另附了一份详细的修改意见表。从中可以看出,俞平伯对修改这首《兰陵王》倾注了多少心力!他完全把它当成了自己的作品,甚至看得比自己的作品更重要、更珍贵。信中有些地方简直忘了是谁的作品请谁提意见,甚至颠倒了主客。例如"倘蒙本弟愿意代为造句,感之无极"等,岂不成了俞平伯求叶圣陶帮忙吗?这样的两位大学者、大作家,为了纪念一个共同的挚友,一个原作,一个提意见修改;一个人触动了对方的创作动力,反过来又倾全力促使作品趋于完美,完全忘了彼此……这样动人的事例,好像还没有先例。《兰陵王》调分三阕,属长调,但终究字数有限,篇幅不大,要容纳俞平伯、叶圣陶二人对朱自清几十年的忆念,是件极难的事情。但经过他们两人如此认真的反复磋商与推敲(其中应该说也有赵朴初的部分心力),竟包含了至为深广的意思,真是不容易。功夫不负有心人,撇开深厚的内涵不论,其形式与音律之美,也完全无愧于周邦彦以来的任何一个词人!

《叶圣陶俞平伯通信集》,按乒乓球式一来一回连贯而成的书,终于由叶至善、俞润民、陈煦三人通力合作完成,冠以《暮年上娱》的书名,2002年1月由花山文艺出版社出版。书的前面有许宝骙91岁高龄时写的序,通信字数共计45万言,是一部倾注两位大学者大量心血的重要结集。它对了解两位老人的晚年生活,更是部必不可少的第一手史料。

4. "只有旧醅,却无新酿"

1980年,有九位诗人,愿将他们各自的新作旧体诗词,合编为一集出版问世。这九位诗人都已不年轻,而他们与俞平伯、叶圣陶这一辈人比,显然又都是晚辈。这九位诗人,按姓氏笔画排列是:王以铸、吕剑、宋谋玚、荒芜、孙玄常、陈次园、陈迩冬、舒芜、聂绀弩。这排列显然是按繁体,但从已出版的书(是用简体排的)来看,似乎是排错了。这九位诗人之间,多为过从甚密的朋友,而有的则是朋友的朋友。他们的这些新作,虽为旧体,可也多不是为发表而做的,但却都写出了真情实感。这些诗作编成合集请俞平伯、叶圣陶来题些什么时,他俩首先都表示赞同,但俞平伯此时对这类应酬之事早已看淡,就没答应题写些什么,而只为该书题写了书签。因为联想到他自己,却正是"只有旧醅,却无新酿"。

九位诗人确定集名,是由古谚语"白头如新,倾盖如故"而来的。这部书的出版说明中写道:

> 古谚云:"白头如新,倾盖如故。"本集九位作者之间,有的是时

相过从的朋友,有的是朋友的朋友;他们的年龄、经历、工作虽各不相同,但是在过去动荡的年代中,有过共同的忧虑和喜悦,这正是他们把近年的若干诗作编成合集,并取名《倾盖集》的原因。

叶圣陶在这一时期,为人做序早已感到太费心力,易损眠宁,一般都予以拒绝。而这九位诗人提出请求,实在感到却之不恭,便勉强答应可题写诗词之类。那次记得是由王湜华陪同陈次园、吕剑同去叶家的。不久叶圣陶就写出了一首《满庭芳——题〈倾盖集〉》,并将正式誊写稿交给王湜华转交,随即就将它交给了吕剑,至今这件墨宝真迹还在吕剑手中。

这《倾盖集》是旧体诗词集,叶圣陶便在这首《满庭芳》中再次略陈自己一贯的"旧瓶新酒"的看法:

晴旭开编,诗朋倾盖,上娱无过今晨。抒怀抽思,各自擅风神。唐宋堪师不袭,用心在毕写吾真。春光好,百花竞放,赏此一丛珍。　　尝闻瓶酒喻,斯编启我,颇欲翻新。念瓶无新旧,酒必芳醇。谁愿操觚妄作,几千载,诗已纷纭。然耶否?良难自断,还问九诗人。

叶圣陶　1980年4月[11]

这首词的实际创作日期是1980年3月30日。词中的"念瓶无新旧,酒必芳醇"句,显然是对九位诗人的赞誉,当叶圣陶与俞平伯谈话,为俞平伯的旧体诗抄做序时说:"《倾盖集》是当时九位诗人旧体诗的合集,我凭一点儿自知之明,坦率地说,我是做不到'酒必芳醇'的。我的无论什么文词都意尽于言,别无含蓄,其不'芳醇'可知。"这话后来就正式写入了序文,可见"旧瓶新酒"也好,"旧醅新酿"也好,正是那一时期俞平伯、叶圣陶之间经常涉及的话题之一。

"只有旧醅,却无新酿"这八个字,是俞平伯那个时期对他自己当时文学研究与创作的一个自嘲性的概述。韦奈曾说:"这是事实,感叹之中可看到他的遗憾。无奈历史无法重写。除少量的诗词之外,自干校返家后的二十多年中,他几乎没有新作;偶有议论,也多是依旧稿整理而成的。"

这现象固然可以一笔账全推到个"老"字上,应该说,到了这个年龄,江郎才尽,也属自然规律。但从俞平伯这个时期所写的诗词来看,再从与叶圣陶打乒乓球式的通信,改稿如此严密不苟,还列表辅述等来看,他不但没有才尽,更可说还大有潜力。且不要说再写出多少红学论文,至少还可以再编出几本类似《唐宋词选释》,写出些《读词偶得》、《清真词释》这一类的书来吧！但《唐宋词选》一拖就被拖了那么多年,还要加上个"释"字,才终于获得正式出版的可能。好像他的著作,得不到某种特殊批准,谁也难负其责……这样,能不打击俞平伯创作的积极性吗！难道是他自己甘于只有"旧醅",却无"新酿"的现状吗！他之所以出版了《论诗词曲杂著》,送书给为他定书名的叶圣陶,竟连款也不肯题,只让人顺便带一本去送给叶圣陶,难道这背后没有潜台词吗！这与他癸亥除夕自题联语"掩卷古今如在眼,拥衾寒暖不关情",外加自题"无眠爱夜—当无乐之轩"这样的轩名对照来看,这样一位文学巨子,被浪费、被压抑掉了多少才华,又该怎么算呢？这笔账实在算不清,但粗略算算,又可说大致还是算得清的,他半生的年华,而且是更成熟了的才华,多数被扼杀在摇篮里。那么也就是说,如若不遭受不公正的对待,而是继续发挥他的才华,那么他现存的著述,将不是现在的数量,而有可能会翻一番。

从韦奈所著《我的外祖父俞平伯》一文中见到,俞平伯曾写有《〈唐宋词选释〉编写琐记》,可惜全文至今尚未披露。而仅从书中所引的两则,也已可看出他对"只有旧醅,却无新酿"的现状,到底是怎么想的:

> 五十年代之末,我在文学研究所拟编唐五代词选,后扩展到两宋,名《唐宋词选》,其编写经过,事隔二十年已不大记得。前言初载于《文学评论》。一九六五年十一月有试印书三百册。

俞平伯深怕再衰老后,记忆力进一步衰退,恐怕连这简单的轮廓都真的记不清,所以他及早追忆。他的红学研究观点就算真的错了,难道他的词学研究也跟着错了吗？为什么压他的著作一压就压了20年？自己编选注的经过,弄得自己都"已不大记得",这又是番什么滋味！

> 且不说诗不能解释的神秘性,总不能否认它的本身和诠表,其中有相当的距离。真正了解,需要用功,不能单靠注解。做注略如古翻译家所谓"嚼饭哺人",虽能勉强充腹而滋味已非。欲图补救缩短距离,唯有诵读以至吟咏,能够背诵则尤佳。盖所谓声入心通,耳治胜于目治也。
>
> 诗词于空里传神处,吟诵有时比解释更为切用,现在还是这个意思。杜甫诗云"新诗改罢自长吟",可见他的诗句从吟诵得来……[7]

俞平伯这段话的主旨是:要得到诗词的真谛,诵读比诠释更为重要。可惜不知它的上下文，如此理解或许断章取义。这篇编写琐记，从篇名看涉及面极广，而究竟都记了些什么，现在尚难知其详。

《俞平伯全集》中也没有收入这篇《〈唐宋词选释〉编写琐记》，看来只能暂时读到这两段节引的文字了。

作为一位诗人兼诗学学者的俞平伯，对诗的体会与理解自有其独到的见解。他特别重视吟诵，甚至认为杜甫的诗，也是全由他吟诵而来，这确是十分精辟的见解。当然，这一观点也本非俞平伯的发明，乃古已有之。只是近现代在提倡新的教学法和提倡启发式的同时，却片面地贬低了吟诵，甚至认为背书是不可取的，其实这是根本不懂得背诵的重要性。建国后成长起来的几代人，或多或少地都吃了不少这方面的亏。俞平伯受批判后，本已成惊弓之鸟，自然不敢为背诵的优越性站出来说公允话，更不敢为之翻案，但在家人的范围内，他依然十分重视吟诵，甚至要求背诵。似乎也可以说，他的诗作确实是从吟诵而来的。

红学才子 俞平伯

俞平伯那部写了八卷而亡佚的《古槐书屋诗》，有一些就是靠他自己能背得出来，才得以追忆默诵保存下来。他曾祖父俞曲园的集外语，比如《病中呓语》九首，也是靠他从小的吟诵熟背，才得以一字不漏地追忆出来。《病中呓语》九首，他背出来书赠王伯祥，题下有小引：

> 曲园公做于清光绪庚子年，后未入集中，原稿已佚，凭忆录出。

俞平伯背书的本领，可谓十分高强。他在文学研究和创作方面有如此深厚的造诣，也有有很大一部分得力于背诵的成分。据韦奈《我的外祖父俞平伯》记载，俞平伯曾在笔记本中抄有 Karlgreen 的一段话，并在这段话旁边写着"诵读的重要"五个字。这段话的大意是：

> 对中国语言的语法分析，只能起很少的作用，唯一有效的方法是从广泛的阅读中获得经验……唯一的方法就是读原文，读，读……[12]

这当然是一个外国人学中文的经验之谈，其实移用到任何一个中国人自己身上，看来也是十分实用而有效的好方法。在任何一种语文的学习过程中，背诵都是不可或缺的手段。当今中小学生学中文，与古文越来越脱节，其症结的主要一点，也正在不重视背诵上，背正是学习语文的最佳捷径。俞平伯讲解古文也好，诠解诗词也好，很少逐字逐句地死讲，而多用阐发，引导人们自己去理解、联想。韦奈在《我的外祖父俞平伯》中，讲到《唐宋词选释》时，写了这么一段话：

《唐宋词选释》是他多年潜心研究的结果,在注释方面独具特色,即:不逐字逐句作解释或译为白话,可不加注释的则不加。这种做法,与他一贯的主张相通。他一向不赞成将诗词、古文一字一句地释为白话,认为那种做法无助于对原著的理解。他主张:"对治学也别无妙法,恐只有多看细读。"并常以此告诫我。在一次接待研究生的回答中,有人问他学习中国文学有什么捷径。他回答说:"没有!只有多读。读多了,自然就通了。俗话说'读书破万卷,下笔如有神',想'神',就得读破万卷书。"这番话,实际上也是他所以能成功的经验之谈。据我外祖母回忆说,他读的第一本书是《大学》,到7岁时,所读过的线装书,摞起来已比他的人还要高。从此,80余年,书未曾离开过他的手。他说:"我哪里会是什么都懂呢?不会的,只有查书,那上面都写着。"这绝非谦逊之词。[13]

这看来似乎也不过是老生常谈,其实真是万分精辟的经验之谈。所谓"书山有路勤为径,学海无涯苦作舟",乃是有益的古训。

写到这里,不由使我想起和外祖父的一次谈话。那次我们谈到创作,他说:"我告诉你,你若想写出好文章,我劝你少看有关语法的书。语法书看多了,你反而不会写文章。为什么许多教师,会改学生的文章,自己却写不出好文章呢?原因就在于他脑子里的条条框框太多了。尚未动笔,就被缚住手脚。当然,我劝你少读语法方面的书,并非要你不读书;恰恰相反,你一定要大量、广泛地看书。讲句老实话,我是很不赞成现在的升学考试方法;现在若让我去考大学,一定考不上!"这该不是开玩笑的话。[14]

5. 赴香港讲学

1986年11月,俞平伯应香港中华文化促进中心和香港三联书店的邀请,在外孙韦奈的陪同下,赴香港进行了为期一周的学术讲学活动。这是在1月20日举行纪念俞平伯从事学术活动65周年庆祝会后又一桩令他欣慰的事。那次会后,香港三联书店副总编辑潘耀明就告诉俞平伯,在香港发表了会上由韦奈宣读的那篇文章,接着又向他发出邀请,请他去香港讲学。经过多次的磋商与具体安排,俞平伯终于在1986年11月19日成行,飞往香港。

1986年，俞平伯与潘耀明在香港。

潘耀明是俞平伯的忘年交,始订交于1978年,一开始只是通信。他是通过香港篆刻家许晴野介绍才认识俞平伯的,但后来每次到北京,则必然要去拜望俞平伯。而俞平伯又十分器重他的为人,也爱他的文才,常夸奖他是一个很有作为的青年。当潘耀明迁居太古城时,俞平伯还特地写了副对联送给他:

> 既醉情拈杯酒绿,迟归喜遇碗灯红。

潘耀明萌生邀请俞平伯去香港讲学的念头,是在1986年3月。一次潘耀明拜访俞平伯,闲谈中俞平伯回忆起他20年代经香港赴英国留学的事,流露出对香港的怀念。潘耀明便想到,如请俞平伯重游旧地,并进行一次平反后可以一吐真情的讲学活动,岂不是一件极有意义的事。这不但有其不凡的意义,更可轰动香港乃至全世界。

这件事在韦奈7月去香港时,得到了进一步的敲定,于是决定日期定在本年冬月。

俞平伯当然很兴奋,但也不免为这次讲学而紧张。已经几乎从不出门的俞平伯,想到要坐飞机出远门,虽然一切都可由韦奈操办,但在心情上总不易放松。

韦奈在《俞平伯的晚年生活》一文中,专门写了一节,题为《旧地重游访香港》,其中写到他7月敲定这件事后的心情时说:

> 韦奈此举可谓大胆,因为当时他并不知道外祖父的意见。但出于对老人的了解,也想能通过这一活动,改变一下外祖父的生活,他自信是可以成功的。回到北京,他立即将此事告知,果然不出所料,俞平伯没有回绝,只说了句:"到时再看吧。"[15]

俞平伯之所以说"到时再看吧",也为的是想使自己精神上有所放松。可事实上从他得知消息后就一直把这次去香港的事挂在了心上。韦奈自然立即为外祖父办起方方面面的事情来,从办签证到着手准备论文等无一例外:

> 韦奈心领神会,心中已有了七八分把握。当然,他知道,要办理出境手续及做好各项准备工作,决不是"到时再看吧"的事,便暗地里着手进行,并经常不断在闲谈中给外祖父一些"没有退路"的暗示,敦促他下定决心。[15]

就在韦奈不断杜绝退路,敦促他下定决心的过程中,俞平伯的心情自然日益不得松弛。而下定决心的时间是早在8月初,即韦奈又称之为"进入角色"的时刻,由此俞平伯便天天在考虑演说的内容。作为一次学术性的讲学活动,总得讲些近年来新的看法,总不能完全都还是"炒冷饭"。俞平伯一辈子办事认真,既然到了没有退路的地步,他当然要一丝不苟地来准备。韦奈文中对这方面有较详细与生动的第一手描写:

> 一旦"进入角色",俞平伯又拿出他那股子认真的劲头。他首先捡出几篇未发表的旧稿,反复推敲选哪一篇更为合适,往往是刚与外孙商定,不一会儿又推翻重新考虑,韦奈则是时刻待命,随叫随到,最多的时候,一天要被传十几次!方案终于决定了,修改了一九七八年所做《索隐派与自传说闲评》,并附《评〈好了歌〉》。[15]

红学才子 俞平伯

俞平伯为韦奈的文字稿所做修改的手迹

俞平伯为了这次只短短一周的讲学，花了很多的心血。他最后选定《索隐派与自传说闲评》，也是很有道理的。文章原文为文言，决定采用它后，他又做了仔细的订正与修改。为了适应口头讲学的需要，必须要翻译成白话。这一任务落到了韦奈的头上。这翻译又不像一般文白对照出版物中的译文，而是要串讲成文，有些在文言文中本可极简洁而自明的地方，改写成白话文则必须作适当的补充。韦奈在改写成白话文后，又由俞平伯本人一再细阅，然后一一与韦奈商量着改定。这篇《索隐派与自传说闲评》在收入《俞平伯论红楼梦》一书时，用的是他自己订正修改的文言定稿，它是那部集子的压卷之作。而韦奈改写的这一白话文稿，只是带去香港用了用，并未与更多的读者见面。而实际上俞平伯在它上面所花的力气也很不小，完全可以作为另一篇文章，至少可当文章的另一个文本来对待。关于如何修订改写的，韦奈文章中说：

"闲评"原为文言，为方便听讲者，俞平伯决意改写为白话文，交韦奈完成。对这次改写，俞平伯严格把关，往往为一个字，便要与外孙商讨多次，直到他认为妥当了为止。"总要让大家都满意才好。"他反复对外孙说。[16]

这样反复地改，改得外孙韦奈都快要不耐烦了。韦奈改写的白话文本是这样的：

索隐与自传说闲评

红楼梦研究，有如大海，浩瀚无边。对它的研究，历来有索隐、自传说两派，这两派的分歧很大，在他们各自的研究领域内又是互有得失。谁是谁非，很难一言论定。我们不妨来分析一下。

索隐派、自传说的产生，绝非偶然，它们各自的根底都在开宗明义的第一回"甄士隐梦幻识通灵，贾雨村风尘怀闺秀"之中。"梦幻识通灵"虚，"风尘怀闺秀"实，索隐派务虚，自传说务实，两派对立，像两座对峙的山峰，分流的河水。但是，如果看不到两者之间的联系及共通之处，将无助于对《红楼梦》全书的理解。下面先把两派分别比较一下。

一、研究方向相反

索隐派的研究方向是逆入，自传说则是顺流。什么叫"逆入"？在第一回中，作者自己说是"将真事隐去"，要把"隐"去的"索"出来，这是逆入。说自传说的研究方向是顺流，是因为正文中有：（欲将往事）"编述一集以告天下人"的文字，于是在往事上做文章,牵涉到曹氏家族,这是顺流。好像是顺流对,逆入错,但也并不一定。因为辩证地看,逆中也会有顺,而顺中亦会有逆。为什么这样说呢?既然作者明说有"隐",为什么不能"索"?如果有所收获,不也很好吗?至于自传说,详细地考查曹氏家族、考定作者是谁,虽与"亲睹亲闻"(见《红楼梦》),"嫡真实事"(见"脂评")等文字相符合,但作者又明明白白地说是,"假语村言",你说该拿这"满纸荒唐言"怎么办?由于矛盾很多,两派搞来搞去,到最后往往是不能自圆其说,于是便引出了许多奇谈怪论,结果是齐国丢了,楚国也没得到("齐则失之,楚亦未为得也")。

二、所用方法不同

前面已经说过了,索隐派是从"虚"入手进行研究的,因此没有依据,只好靠猜谜;而自传说务实,考证的方法帮了他的大忙。这样看来,是非曲直似已不成问题,我自己也曾是自传说的赞同者。但问题并非这样简单,对两派各自的得失,还是有点儿可说的。

红学才子 俞平伯

自传说借助考证的方法,但考证的含义广,作用多,决不仅仅限于自传说。如果抛开自传说,考证的功绩依然存在。把后四十回从一百二十回中分出来,就是考证的成果,它与自传说没有必然的联系,更不能把考证与自传说混为一谈。考证的功绩,也无法掩饰自传说的错误。新索隐派在研究《红楼梦》时,也应用考证取得的成果,不能把一百二十回看成是一本账。桥是桥,路是路,一定要有所区别。

《石头记索隐》一书认为金陵十二钗是影射士大夫的,这个构思虽然很巧妙,但他们"索"来"索"去,却始终没个结果。我们很难断言作者在著书时,没有影射人、事的意思,但这些都是在有意无意之间,"若即若离,轻描淡写"。比如在第五十四回"史太君破陈腐旧套,王熙凤效戏彩斑衣"中,就借女先儿之口,说出了一个男王熙凤。据此索隐者,如只关合字面不太认真,点到而已,那便是好,如一定要追问下去,闹个水落石出,岂不成为笨伯了。

三、对作者问题看法之异

作者问题,关系到《红楼梦》一书的来历,这也是索隐、自传两派历来争论之点。简单地说,索隐派是在那里,大都是空想,而自传说标榜自己的方法最为科学,他们的说法也不够严谨。其实曹雪芹从来就没说过是他自己独写《红楼梦》!不要小看这件事,这个问题关系太大了。关于作者是谁的问题,众口相传说法不同,还有的说是另一个曹雪芹呢!若依自传说,又把《红楼梦》完全归于曹氏一人。情况到底怎样呢?从最早的甲戌本看,那上面列了一大堆名字,有:空空道人、情僧、吴玉峰题《红楼梦》,孔梅溪题《风月宝鉴》、曹雪芹题《金陵十二钗》、脂砚斋仍用《石头记》。这众多人名中,曹雪芹固然是真名之一,但那些假托的人名,也未必毫无含义。甲戌本与其他本还有很大不同,不同有两处:(一)是在众多人名中多出个"吴玉峰",这一点很该重视。(二)是在"满纸荒唐言,一把辛酸泪,都云作者痴,谁解其中味"四句之后,多出了"至脂砚斋甲戌抄阅再评仍用《石头记》"一句,似乎要把功归于脂砚斋,大有与曹氏争著作权的味道,实在很奇。到底谁写《红楼梦》?依我个人之见,《红楼梦》的完成,不是一个人的力量,它凝聚着许多人的心血,如不能认清这一点,评注只能是越来越乱,分歧也只会越来越大。自传说不能成立,索隐派又能有什么妙法可施?

从上述三点看两派得失,显然有着共通之处和共同的疑惑。追踪他们共同的疑惑,源远流长,历时二百年,这绝非出自偶然,是与明、清改朝换代的历史有关。其他小说都不标以"学"字。如《水浒》不叫"水浒学",《三国演义》不叫"三国学",何以只有《红楼梦》称为"红学"?难道是因为它超越其他小说之上吗?也未必。对"红学"这一叫法,我小的时候只当做笑话看,后来仔细想想,也是有些道理的。

"红学"能够叫开,含有实际意义,也关系到对《红楼梦》这书性质的认识。最早的时候,对《红楼梦》不过是纷纷谈论,偶尔有一两篇文章出现,也还称不上什么"学"。到了清朝末年民国初年,王国维、蔡元培、胡适三位,以学者身份大谈起《红楼梦》,从此一向被看成是小道传阅的小说,便登上了大雅之堂。王国维说《红楼梦》里含有哲理,可惜无人响应。蔡元培、胡适两位是平分秋色,一个索隐、一个持自传说,各具门庭。自传说是后来居上,到了大量脂批被发现后,自传说更是风靡一时了。到五十年代,"辑评"一书出版了,原只是为工作需要,却也附带起了对自传说推波助澜的作用,对此我感到很惭愧。

索隐、自传两派走的是完全不同的路。但他们都把《红楼梦》当做历史资料这一点却是完全相同。只是蔡元培把它当做政治的野史,而胡适把它看成是一姓的家传。尽管两派各立门庭,但出发点是一个,而且还都有着一个共同的误会。

《红楼梦》是小说,这一点大家好像都不怀疑,而事实上并非如此。两派总想把它当做一种史料来研究,像考古学家那样,敲敲打打,似乎非如此便不能过瘾,就会贬低了《红楼梦》的身价。其实这种做法,都出自一个误会,那就是钻牛角尖。结果非但不能有更深一步的研究,反而把自己也给弄糊涂了。

当然,我们不能否认《红楼梦》有着极为复杂的背景和多元的性质,从不同的角度看,而会有差别。但是无论如何它毕竟是一部小说,这一点并不会因为观看角度不同而变化、动摇。小说是什么?小说就是虚构。虚构并不排斥实在,但那些所谓"亲睹亲闻的素材",早已被统一在作者的意图之下而加以融化。以虚为主,实为从,所以一切实的,都融入虚的意境之中。对这"化实为虚"的分寸,在研究过程中必须牢牢把握。如果颠倒虚实,喧宾夺主,把灵活的化为呆板,把委婉的变作质实,岂不糟糕?有很多事,是只可意会不可言传的,掌握了"意会",对各种说法就能看到它们的会通之处。否则,只要一动便有障碍,任何一个问题都可以引起无休止的争论。这边虽打得热闹,而那边《红楼梦》还是《红楼梦》!

如果对存在的问题提出正问,那么问题实际上已解决了一半。问《红楼梦》的来历如何,得失如何,都是正问。问宝玉是谁。大观园在哪儿,就不是正问了。为什么这样说呢?问宝玉是谁。他是小说中的主角呀!问大观园在哪儿,它是小说中一个很漂亮的花园,不一定非要有这么个地方吧!即使是作者在构思时,多少有些凭据,那也是如烟如雾的往事,就是起作者于九泉,怕也难以一一核实。再者说,如果全都是照实写来,不差分毫,那还能叫小说吗?那样的小说还有什么可看呢?

我认为,考证学原是共通的,如使用得当,不蔓不枝,对研究工作是有益的。猜谜的即使猜不着,也无伤大雅,一笑了之就是了。唯有自传说,成绩受到材料的局限,到后来只得"以假混真",滥竽充数了,这实在很可惜!

(此文为一九七八年十月十七日未发表之旧作,一九八六年八月二十六日重新整理。韦奈记录。)[17]

这篇韦奈记录的白话文《索隐派与传记说闲评》,应该说与原文言文的本子出入不小。白话文本比文言文本要细,多分了两个段落;有删去原句的,如小标题二中的第一段里"有人说他'猜笨谜',虽胡博士之于蔡先生亦初不假借"等语,白话文本没有;"'红学'能够叫开"那一段中,"'脂批'非不可用也,然不可尽信"等语,白话文本中也没有保留;而小标题三这一段中，则增添了大量的内容，可说比原文言文本说得透彻多了。

1978年10月俞平伯写的原稿究竟怎样，现在未能见到，而1986年8月26日，就应讲学之需而重订改写的文言文本看，他经过32年的磨难，已被磨得在几乎闭口不谈红学的情况下，以闲评的方式，来略谈索隐与自传两说得失，是相当耐人寻味的。他写《红楼梦辨》时，是力据考证为基础的自传说，斥索隐为"猜笨谜"的。这一观点在《红楼梦研究》中改变不大，因此而挨批，主要内容就是在自传说。32年后则能看淡这一切，不斤斤于一己的得失，却站得更高，看得更远，从索隐派与自传说二者的差异与相通处入手，指出二者各自的优劣，二者既各自成体系，又都有不足与错误。谁也不否认《红楼梦》是部小说，但红学家们研究起它来时，却往往会越出小说的范围，把它当做历史，甚至更高。这篇论文的文言文本也好，白话文本也好，在这一问题上，俞平伯都提出了现时的新看法。至于说到作者问题，两个文本差异略大，文言文本提出的是："盖非一人之力、旦夕之功，最后特标脂砚斋，又将各异名归一，'仍用石头记'似有与曹雪芹争著作权者，可谓奇矣。多设烟幕，似成蛇足。"这似乎并不十分明确，也很简单。而在白话文本中，这一段大为扩大，已变成："甲戌本与其他本还有很大不同，不同有两处。……到底谁写《红楼梦》？依我个人之见，《红楼梦》的完成，不是一个人的力量，它凝聚着许多人的心血。"这一大段是文言文本所完全没有的。尤其是这里加点的那几句话，更完全是他在改写成白话文本时萌发出来的新意。

俞平伯把这些新意在香港宣读后，听讲人便纷纷围绕这一点提出问题，于是他脱离开讲稿与事前准备好的书面文字，做了口头的直接回答，这些话很快便被披露于香港的报刊上。

我想可以简单地说一句：曹雪芹和《红楼梦》都是很伟大的，但是曹雪芹没有做《红楼梦》。用我们现在的话说，《红楼梦》是"集体创作"，不是一个人做的，怎么可能是曹雪芹一个人写出这八十回书的呢？他一个人是写不出来的。但曹雪芹和《红楼梦》都是好的，这点是可以肯定的。

俞平伯这一即席回答的内容，在当时几乎笼罩了香港各报刊，而且多被编成了"醒目"的标题，多为"俞平伯说《红楼梦》是'集体创作'"之类，好像所谓要"动摇曹雪芹的著作权"这股风，正是俞平伯在幕后指使着似的。要弄清这一点，还必须顺着讲学后，俞平伯回答诸问题的顺序来一起谈，才能从上下文来全面考察。记者先问的是："《红楼梦》中唯'二尤'部分写作风格与全书迥异，近似唐宋传奇布局，可否解释一下?"俞平伯指出《红楼梦》中写"二尤"那部分的风格与全书不同,那是很早的事了。这次针对这个问题,俞平伯口头做了回答:

> 这个问题可以稍微说一下。我认为《红楼梦》本来就不是一个整个的东西,不是一个人从头到尾写完八十回,这不可能,写的时候断断续续,其中有旧稿子,有新稿子;而"红楼二尤"恐怕是另外一种笔墨。我还可以举一个证据。大家对《红楼梦》有一个老问题,书中的女人大部是满族装饰放脚的,但"二尤"明白是小脚,因此它不是只有一个本子的。

俞平伯虽是即席答问,证据却十分过硬,仅这一点即足以证明"二尤"部分确实是另一种笔墨。前引关于"集体创作"的话,则是在这段即席答问后又接着说的。俞平伯一向愿把口头发言说得十分的"白",以便人人听了都明白;因为掌握了大量的时代词汇,这"集体创作"一词,正是"文革"期间最为流行的话,所以俞平伯顺口就用上了这词儿。当然,在使用这个词前,他还是加了说明,"用我们现在的话说"。王湜华在撰写《国庆40周年访俞老》一文时,已就这一问题展开阐述,在引录了俞平伯即席回答的提及"集体创作"的那段话后写道:

红学才子

俞平伯

> 这里明显地交代,是"用我们现在的话说",只是借用了"集体创作"这一现代词语,决不是说当时会组织一个集体写作班子,共同坐下来切磋如何分工合作,然后由主笔曹雪芹一人来统稿。此其一。其二是:这里只是顺着回答"二尤"问题而谈的,我想,仔细的读者,自会把二者严格区分开的。但在香港那些天的报刊上,却把二者联系了,并且进一步混淆了起来,去了上下文,不区分文章里的话和口头的即席作答,几乎成为俞老认为:"《红楼梦》的完成,就是个正式的集体创作,根本否定了曹雪芹的著作权。"笔者认为,这不免在一定程度上歪曲了俞老的本意。因为俞老在这"闲评"中也好,在答记者问中说的话也好,都特别肯定了曹雪芹和《红楼梦》都是好的、伟大的。[18]

有人刻意要否定曹雪芹的著作权,想从俞平伯这次讲学涉及的一些内容来做救命稻草,那是枉费心机。韦奈在《俞平伯的晚年生活》一文中的一段话,正可用来互相印证:

> 在回答有关"二尤"写作风格为何与全书迥异的问题时,俞平伯谈到"《红楼梦》是'集体创作'"的看法。此说在以后的报道中似有些误会。值得注意的是:俞平伯所说的集体创作是加了引

号的,就这个问题,他在家中也发过一些议论,所谓"集体创作",实际是指在各手抄本流行于世时,抄书者往往会依自己的观点有所增删,做某些改动,而这些改动,亦使得该书更为完美。现今各版本的不同之处,即是俞平伯此说的依据。若把他的"集体创作"理解为像现在那样,众人分段执笔,就完全错了。[19]

当时确实颇有些讹传,好像俞平伯已老糊涂了,为什么会去否定曹雪芹的著作权。误会确实有,而以误传讹更可怕,故不得不为俞平伯澄清。

一位年已八十有七的耄耋老人,居然能飞赴香港,进行有关红学的讲学活动,不但发表了没发表过的论文,还当场口头直接回答记者提问,记者又问得相当"高精尖",回答虽引起一定的误会,这是另一个问题,而反应敏捷地回答得很完满。这样一次讲学活动,应该说是十分成功的,轰动了全香港,那更是不在话下。

1986年11月19日一大早5点不到,俞平伯就起了床,看来一晚上他都没有睡个安稳觉。因为飞机原定是上午9时多就起飞的。不料到了机场才得到通知,改为中午12点多起飞,这下可把韦奈急坏了,他深知外公不但那天起得太早,而且一夜的睡眠质量肯定不高,如果起个大早赶个晚集,又在候机室呆坐傻熬上半日,外公体力不支,到了香港讲学时如果病倒,那可是大事。折回南沙沟寓所,近中午再来,肯定来不及了。当时还没有高速公路,即使有,回家后再来也几乎不可能。韦奈灵机一动,当机立断,就陪外公在机场附近的旅馆开了一个房间,以便让他可利用这半天时间,得到充分休息,以保养身体。这一方法还真对,要不俞平伯将会受不了。在还没踏上真正征途,先遇上飞机不按时起飞的"巧事",几乎要闹出病来,也可算此行的小插曲吧!这时的俞平伯在生活中最听韦奈的话,韦奈也确实帮了外公不少的忙。此行本是韦奈一手联系的,除了讲学本身的事由他协助办理外,前前后后一切的一切,更全是他一个人在操办。这时到了机场,发生如此意外的尴尬事,俞平伯当然也只有一切听韦奈安排了。到了旅馆,送行的人都劝他好好睡一会儿,可他这时的精神状态已极度兴奋,虽然躺下了,但还是合不上眼,却愿意与送行人闲聊天,几乎也没睡什么觉,而总算平躺上几个小时,聊补昨夜少眠的缺损,也对恢复体力起了一定的作用。

飞机于下午1时5分起飞。由于俞平伯当时耳聋已甚,起飞时的轰鸣噪音他竟一点也没听见。当飞机已飞到8 000米高空时,他竟全然不知,还以为飞机仍停在机坪上。他在那天的日记里,有"平稳无异常感觉,似不动亦不向前行"等语。要说俞平伯一生乘坐飞机,一共也只有三趟,这次赴港来回,就是其中的第二、第三趟。那第一趟还是早在50年前的事,并且还只是短途,从北京飞天津。但那时飞机小,又飞得低,所以虽只是短短几百里,所受的颠簸,对30岁的人大概也够呛。相比之下,这次又托了耳聋之"福",所以给他突出的感觉就是"平稳","似不动"。

飞机下午3时50分在香港安全着陆。在机场迎接的有中华文化促进中心总经理杨裕平、高级行政主任赵小霞、香港三联书店副总经理杜文灿、老友潘际炯和潘耀明等,以及已在香港定居的外孙女韦梅一家。这一场面既热烈隆重,又富家人团聚的亲切气氛,当然十分激动人心。而俞平伯要应付这样的场面,应该说也是很累的事情。

～ 1986年,俞平伯在香港街头。

俞平伯这次香港之行,下榻在亚洲饭店。驱车到下榻处后,又是一番洗尘宴,祝酒碰杯,兴奋状态自是难抑。在客散人静之后,他还让韦奈搀扶着,在房间里四处走走。在准备睡觉前,他还坚持让韦奈在床与卫生间之间,摆上三张椅子,与在北京寓所卧室内一样,为的是起夜可以自行上厕所。在三里河南沙沟卧室里,自打夫人许宝驯谢世后,他换了张单人床,距离他的写字桌绝对不足2米远,他就在这中间摆了三张桌子与方凳,为的是靠扶着它们,可以来回走动。有时去走访,他正高卧,俞成一声通报。他往往就说:"请他进来!"进到卧室,想扶他起来坐到写字桌前,可他总是谢绝,坚持要自己扶着椅子凳子走,坐定后还有一种自豪感,表示自己腿脚不便,可依然尚能自理。他在生活上,总是坚持自理,尽量不给家人增添麻烦。这次香港之行,他也一定要反过来照顾韦奈,以便让他晚上能睡上安稳觉,不再去惊扰他。韦奈也深知外公的为人与脾气,便为他放置了三把椅子。

那天晚上,正赶上跑马场有赛事,临窗远眺,只见灯火明亮之极,胜如白昼,这一景象给他留下至深的印象。后来不少人问起他对香港的印象时,他往往就回答四个字:"香港很亮。"当夜俞平伯正式入睡已近11点。从那天早晨5点起床算起,已经整整17个小时了,这对他平时在家中多数是卧床的生活习惯而言,可以说是劳累过度得相当厉害了。但他直至深夜始终没感到累,更没说过一句累。幸而当夜他睡得较好,第二天醒来,已是清晨6点了。这一点真大大出乎韦奈的意料之外,从而也才稍稍放下心来。应该说,这些天的劳累,韦奈要比外公重得多,单就精神负担而言,就肯定比外公还重,至于其他体力、脑力的付出,那就更不用说了。

俞平伯在这一天的感觉,他自己在日记中写道:"北京久居,很少活动,此行更换环境,耳目全新,想来对身体有益……"韦奈在文章中透露:"实际上,为能应付香港七日访问的繁忙生活,早在动身两个月前,他便在家中'锻炼',调整了休息时间,保持半日'工作'状态。"这正从另一个角度又一次反映出俞平伯办事的认真态度。当然,同时可以看出他对这次香港之行是十分欣喜的。

俞平伯香港之行在生活上的第一大愿望,是想配上一副合适的眼镜。这是他早就有的一大愿望,被记者们得知就成了他们笔下的趣闻。他想重配眼镜,其实在北京完全能解决。最多因为当时北京的水平与香港差距还较大,那也只是稍慢几天,还要跑第二趟去取镜而已。他自己却始终提不起兴趣来,一拖再拖。这次利用赴港之便,这事当然便可不费吹灰之力,手到镜拿了。20日专程去配眼镜,经检验查出,他患有视网膜萎缩症。他即使重新配镜后,视力状况的改善也不会很好。但既已去了,当然决定还是要配一副。后来终因确实改善不大而镜片又过厚过重,才退了货。但视力既已如此,也只好听之任之,总算还没有太影响他"好好睇下香港"的愿望。在眼镜店里,却又发生了一件事:俞平伯被一位普通妇女认了出来。她是通过报刊上登载的照片与新闻,一下子认出来的。如此邂逅,那妇女自然非常高兴与得意;反馈给俞平伯的却是使他进一步知道,为了迎接他来港讲学,香港的宣传工作做得有多大。本来对 22 日讲学就十分重视的俞平伯,便更加重视起来,自然又在精神压力方面增添了几分。

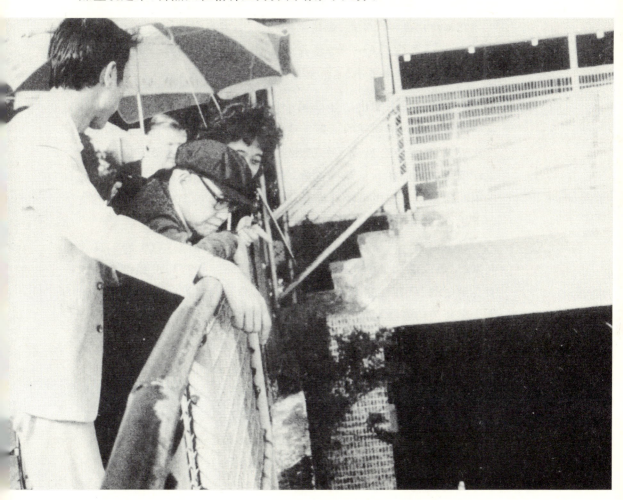

1986 年,俞平伯在香港观光。

俞平伯很小的时候,曾祖父就给过他"性喜涂抹"的四字评语,他平生好写;他平生又一爱好,即是喜吃,真堪善于品尝的美食家。而香港那些年来颇以其美食扬名世界,好像全世界的所有美食在香港也都能吃到。

对喜吃的俞平伯来说,到了"吃在香港"的美食城,可谓"如鱼得水"。韦奈、韦梅深知他的嗜好,对他的三餐精心安排,除宴请外,尽量让他吃到不同风味的菜肴。巨龟庄的韩国烧烤,菩提素食馆的全素席,水车屋的日本料理,下榻酒店的匈牙利牛肉汤、大虾……总之,美食不断。对食物的精美,服务的热情周到,俞平伯赞赏备至,在访港日记中,有这样的记述:"菜精美,蟹、鱼、烧二冬均佳。尤以海蜇头为最,鲜嫩无比,久未吃过。菜丰盛,不敢多吃,每样一点,便很饱。自饭店步行十余级台阶出至大街,扶街旁铁栏杆观市夜景,霓虹灯广告比比皆是,金铺中珠光宝气,富丽堂皇。守门者多为印度人,此久已不见……香港夜景之明,留下深刻印象。各种服务热情周到,此种事虽小,亦很重要,可由小见大。"[20]

俞平伯日记中突出的还是两个印象——美食很美、香港很亮,却又引出了服务热情周到的话题。他晚年虽深居简出,即使极偶尔地进一次饭馆,也不免会见到不好的服务态度。当然,他也早习以为常而见怪不怪了。现在一旦从天而降,来到了香港,对比之下便留下至为深刻的印象。日记中虽没有提北京的服务态度,而会对香港服务态度留下这么好的印象,估计是由对比而来。

俞平伯上一次路过香港,那已是六十多年前的事,这中间的变化与发展,可以说几乎已无从对比。因为他所见到的,几乎都是从前没有见到过的,只有在登太平山时,山的一部分自然景观才勾起了他对六十多年前的朦胧回忆:

旧地重游,他记忆中的香港已不复存在,六十多年的巨大变迁,使他感慨万分。23日,潘耀明陪他游太平山,见缆车缓缓爬上山,顿使他忆起66年前乘缆车上山的情景,往事历历,恍如隔世。当他们坐在顶楼喝咖啡时,随笔为潘耀明写下杜甫句:"春水船如天上坐,老年花似雾中看。"道出了他的感受。

现代化的香港,给他留下极其深刻的印象,他赞叹香港的社会服务,喜欢"招手即来,不挑肥拣瘦"的"的士",更为香港有一批成为社会中坚的有为青年感到欣慰……

这一年的圣诞节,他写了"梦里香江留昨醉"寄香港报刊,以此寄托对香港友人们的思念。在香港的七天,他得到了晚年生活难得的一醉。[21]

那时北京的情况跟香港比,就显得差距很大,难怪俞平伯在港短短七天,竟会留下如此美好的印象。"梦里香江留昨醉",是俞平伯当年从香港回北京后所做的一首七绝中的第三句,后来收入《俞平伯诗全编》时题为《沧桑》,也即借用首二字为题。

> 沧桑易代繁华逝,更有何人道短长。
> 梦里香江留昨醉,芙蓉秋色一平章。[22]

要说含蓄,此诗也颇有之;要说隐晦,其实也并不是。从韦奈的文章看,好像是只摘了这第三句写给香港友人留念。若如此,更可见他用心之良苦。

俞平伯七天的香港之行,正式公开露面只有两次。第一次是21日下午的记者招待会,出席的记者有40人。俞平伯首先说了段简短的开场白:"第一次来港还是1920年的事,66年后重访,完全不认得了。因口齿不清,下面由外孙韦奈代讲。多谢中华文化促进中心、香港三联书店热情接待,多谢各位光临,谢谢!"他的开场白过后,便是韦奈按事先商定好的方案,分"来港前后之经过"、"'文革'期间的情况"和"对香港的印象"三方面向记者做了介绍。第二次是11月22日在中华文化促进中心的讲座。那个能直接见到俞平伯面的会议厅座无虚席自不在话下,为了尽可能满足听讲者的要求,又另开一室接上闭路电视来传送会场实况,那里也几乎坐满了人,场面也是很不一般。讲座由香港中文大学教授黄继持主持。总之,对大红学家俞平伯的到访,由于新闻媒介的大力宣传,以及各界人士的关注,在那些天里几乎成了香港的焦点新闻,有关他的活动各报几乎天天都有报道。《大公报》是讲座的主办单位,更是前前后后全程追踪报道,不是详细的新闻,就是长篇的专稿,所述又都较为公允。其他报纸,也多有文章来专谈俞平伯的讲学,并对俞平伯的治学与为人表示敬仰:

红学才子
俞平伯

> 治学者可以平实,可以哗众。俞平伯人如其字,平实而已。[23]

> 我对"红学"全无研究,对他的倾慕,不因他是研究《红楼梦》的权威,而是他治学、处世的雍容大度。[24]

> 笔者除对他敬重,还对俞老伯多添一份亲切感;会场门外,各人也被俞的魄力,及研究学问的精神和热心而感动。[25]

后一则带有一定的感情色彩,并有一些亲临现场的真感受,见到俞平伯本人而自然萌生的一种激情,也是十分真切而感人的。总之,仅从这寥寥数则简单的评说中,已可清楚地看出,这次讲学是成功的。单就俞平伯为人的恳挚、治学的认真踏实这些而言,已在听讲人心中产生了一种威慑力。这是勉强不来的,人们对他的敬仰,决不是弄虚作假,强迫命令所能办得到的。当然,也有若干人是来看"出土文物"的,这种心态依然十分亲切而逼真。人们确实有一股对俞平伯被压数十年的怨气,对他能赴港讲学大有舒一口气的感慨。

11月22日正式讲座时,先由俞平伯亲自致简短的开场白,略谈了《红楼梦》的三种版本,从而又谈到他在读"列宁格勒藏本"时,发现唯有该本缺失《芙蓉诔》中的四句话,这四句话是:"箝诐奴之口,讨岂从宽;剖悍妇之心,愤犹未释。"他认为这一点很值得注意。可谓开场白就讲得颇生动,内容至为丰富,涉及的面已很广,从版本学入手,还谈到了对校勘比较中的如此细节,真可谓治学至勤至细。在俞平伯认真研究八十回校本时,"列宁格勒藏本"尚未公之于世。它的出版已是1986年4月的事了。也就是说,俞平伯在准备香港之行前不久,甚至是同时,才见到中华书局印行的"列宁格勒藏本"。这样短的时间已能发现如此细小的差异,可见他对《红楼梦》版本之熟悉,所下功夫之细密;同时也可见,他在同年1月20日得以公开平反后的情况,不是一般的高兴一番,感叹一番而已,而且是立刻付诸行动,重操起红学的旧业来。

在这一富有真切内容的开场白后,由韦奈代为宣读事前充分准备好的两篇论文。就在韦奈宣读的过程中,他本人认认真真听还不算,还不时打断宣读,插进话来进行解说。会场上的气氛非常活跃,人们无不为久经折磨并且已86岁高龄的老人精神有如此之矍铄,反应有如此之敏捷,而欣慰惊讶并生。全场没有一个人听得懈怠,正相反,个个都越听兴致越高。论文宣读完毕,原想回答一两个提问也就可以结束了,不料听众群情激动,提问踊跃。俞平伯来者不拒,一一作答,一连竟解答了将近30个问题。当然,主持人与部分由衷爱戴俞平伯的人,都深怕累着了他,但听他一一作答又都答得这么丝丝入扣,也又都打心眼里想多听他讲讲。他思维的敏捷,答问之巧妙得体,实在让人惊喜与敬佩,不料一位一辈子口讷的人,这次临场发挥竟能达到如此高超的水平。此情此景,是韦奈也始所未料的。他在文章中说:"就连生活在他身边四十多年的韦奈也未曾见过,事后他连连称赞外祖父的表现'真是神了'!"

在香港的七天,也实在真够俞平伯忙的。在一日三餐、大小宴会等活动之余,还往往要提笔写字,记日记倒是较简单,为朋友、单位、报刊等题字外,还有大量热爱俞平伯的读者,拿了收藏的他的著作来请求签名留念,这些他当然也都来者不拒。他为香港的《东方日报》题写的是:"千里之行,起于足下。赠香港青少年。"为梁通题词,则写了黄公度的两句诗:"我手写我口,古岂能拘牵。"为《新晚报》则题写了"旧地重游"四个字。《香港文学》正好将创刊两周年,于是他就题写了"香港文学两周年纪念"几个字。在临别前,又为下榻处亚洲饭店留题了《左传》中的成句:"虽一日必葺其房屋,去之如始至。"他题词向来不是信手拈来,随便写赠的,即使极不相干辗转代求的,他根本不认识的人,也总能找出一些空灵而仍有一定寓意的文词来写。在香港七天的这些题词,则更是则则不同,都极有针对性又非常切题。

1986年,俞平伯在香港讲学现场。

据在场看着他题词的韦奈记载:"由于兴致高,那几日的字也比往常写得好。用北京话说是'有精气神儿'。他每日忙于应酬,活动量比在北京时不知要多了多少倍,但毫无倦意。那出色的表现可说是空前绝后了。"不幸而被韦奈言中,俞平伯从香港回到北京后,就再也没有像去香港讲学那样,既有精气神儿,又毫无倦意;既兴奋和表现出色,又不乱方寸,应对得体。

一般人都认为,俞平伯事先就已过度紧张,精神负担那么重,在香港一周更是难免劳顿,回到北京闹场病,很久都难以彻底恢复,恐怕是在所难免了。结果倒完全出人意料,他并没有闹病,连小小的感冒之类也并未发生。但一张一弛,一旦松弛下来,又恢复了往日的平静,回到了悼亡以来的孤寂生活中,健康状况与精神状况还是很明显地日见衰退了。按说本也很正常,据一般老人代代相传的经验之谈,所谓六十以后,自我感觉年年都会有所不同;七十以后则月月都会有所不同;到了八十以后,甚至就会日日有所不同。俞平伯则已八十六七,早已是所谓望九之人了,能够提起精神,成功而出色地完成这次香港讲学,已属很不容易,甚至堪称特大奇迹。要他恢复平静的正常生活后,依然都表现得像在香港时那样出色,已是不现实的奢望,那是根本不可能的。

韦奈在《旧地重游访香港》的最后一段记述道:

> 重游香港带给他的兴奋,在回京后不久,有如大海退潮!很快便平静下去。他又一头扎进"故室",过他那清寂的生活,随年事的增长,健康及精神每况愈下,夜间时常大嚷大叫,脾气愈发古怪,与在香港的杰出表现,判若两人。可以说,他的生活,从飞机降落在北京机场那刻起,便全部结束了。对他此后的生活,似不应多讲,除给读者们添几分惆怅和感慨外,再不会有什么别的了。[26]

韦奈写该文时,俞平伯还健在,年龄还未满九十,可他却已写得如此悲观,可见这"判若两人"的景象,不是与俞平伯生活在一起的人,大概都已难以想象了。老人的寂寞与悲凉,或许也是每个人都不可避免的吧。而对一位后半生一直遭到不公正对待,在老伴先走后虽又得到平反与赴港这两大喜事,但退潮后的凄凉,岂仅倍之。"汐净染德",应该说是基本实现了,然而孤寂的人生,依然是那样的不可抗衡!

6. 旧作新版

俞平伯从1986年11月下旬自港返京,直到1990年1月4日九十华诞,跨着三个年头,足有两年一个月,这期间他真是几乎什么作品也没有了。

1987年6月7日,俞平伯的老友章元善去世,他竟连一副简单的挽联也没有写出来。要是他的健康与精神不是坏到那种程度,他怎么着也会用文字对章元善的谢世有所表示。章元善是章钰的长子,在"五老"中,论年龄是排老二,仅比王伯祥小两岁,比顾颉刚、叶圣陶、俞平伯都大,尤其比俞平伯要大上8岁。章、俞两家的交谊,已绵延有七世之久。章元善在王湜华手抄的俞平伯《寒涧诗存》上题诗,就特别讲到了两家的交往之深:

> 两家韵事记依稀,最是相携小市西。
> 获读新篇人未老,益珍七叶总怡怡。

章、俞两家的绵长世谊,也足称文苑艺坛中一段不可多得的佳话。这首诗虽题写在王湜华的抄本上,落款实在很妙,所题是:"题《寒涧诗存》,即乞平伯大弟吟正。章元善1976年之冬。"关于"小市西",有注,但只是草写在一小方日历纸的背面云:"小市西指道堂巷、长春巷、养育巷一带。俞家在马医科,与我家所在金太史场是前后巷,两家相距不及一百步,要经过小市桥西塊。"在俞平伯家从永安南里迁到南沙沟不久,章元善家也由东城锡拉胡同迁到了复外大街13号楼,两家的距离比原来更近了,他俩要互访也并不十分困难,至少家人间的来往是相当方便的。应该说晚年他俩的交往也还是密切的,但章元善去世,俞平伯竟未着一字,这不能不归于健康与精神的极度衰退。当然,也有可能怕引起他的悲伤,进一步影响他的健康,家人们根本就向他封锁了这一噩耗。章元善享年九十有六,在90岁时,俞平伯还写过贺诗,题为《题张人希画〈月月红〉贺章元善九十寿》。

红学才子 俞平伯

> 直谅谈何易,多闻合占魁。
> 花开红四季,犹胜一枝梅。[27]

无独有偶,章元善90岁生日时叶圣陶有诗;而他去世时,叶圣陶也是无一文字表示。这时距叶圣陶谢世也还有一年多,遗体告别时叶圣陶还亲自前往北京医院参加仪式,他的体力精神也已至差,要表达心中的悲痛已力不从心,这也真是无可奈何的事。

1988年3月,俞平伯的《俞平伯论红楼梦》一书全二册,由上海古籍出版社与香港三联书店联合出版。全书1 145页,字数达77.1万,共印了1万册,这无疑是可以告慰老人的好事。香港之行,他带回了一些东西,可称为现代化的印鉴,内容即"平伯"二字签名,右方附有"俞"字朱文双边印,还是俞曲园传下来已用了四代的遗物,刻印的人是李彬。以这形式,湖州费在山曾为他印制了几盒名片。此次香港为他制作印鉴,也用了这一内容。这印鉴使用至为方便,不用每次蘸印泥或印油,只要在纸上轻轻一按,印已清楚地印上。只是名与印全为浅紫红色,与费在山所印名片之黑是黑、红是红,自有不同。这之前,俞平伯为所谓炒冷饭出旧著,赠送友朋时不是早已连名也不肯签吗,有了这一形式的印鉴,他倒是很乐意用,从抽屉中取出,打开盒子,在书中选好的固定位置上,轻轻一按,印就完成了。俞平伯在扉页上亲手钤上这现代化印鉴的《俞平伯论红楼梦》,打开书内封的头一张插图,即1979年俞平伯与许宝驯重圆花烛时在寓所内的合影,反面即1983年俞平伯与叶圣陶、章元善三人在叶家庭院观赏海棠花的留影。由此也可看出,俞平伯对夫人许宝驯的怀念有多深,俞平伯一生的学术成就,都是与夫人许宝驯密不可分的,《红楼梦》研究方面的成就焉能例外!1983年,"五老"已只剩下"三老",而"三老"居然还都站着照相,则更感不容易。俞平伯虽然拄着手杖,穿的是布衣布鞋,却显得格外精神。书中还印了多幅俞平伯手迹的书影,尤其最后一帧《索隐与自传说闲评》的手稿头一页,更显得珍贵。这样一本有分量的书,反映了他一生治学的重要成就,样书到手,他的思绪一定是至为复杂的,用思绪万千来形容一定不会过分。俞平伯首先想到的,当然还是他的夫人许宝驯,而印在书中的两位老友,此时又已凋零了一位,老去情怀之多哀少喜,真是十分乏味的。更何况这部集其《红楼梦》研究方面之大成的著作,内中又蕴涵着多少令人怅失的往事啊!

1979年,俞平伯与叶圣陶(右二)、章元善(右三)、叶至善(右一)、叶至诚(右四)、俞成(右六)在叶圣陶家赏海棠花留影。

这一年的6月,北京师范学院出版社还出版了《俞平伯学术精华录》,是作为《中国当代社会科学名家自选学术精华丛书》第一辑中的一种出版的。能在这套丛书中占有一席之地的名家,那是为数极少的,俞平伯能在第一辑中就入选,当然也是对他晚年的一种告慰。

10月,上海古籍出版社准备为俞平伯出版《俞平伯散文杂论编》,要请他本人写一篇后记,俞平伯三个月内就完成了。该书总算在1990年4月,赶在他谢世前半年出版,让作者生前能得以亲见。

红学才子
俞平伯

颖南兄呈海贻书情殷殷思旧以愚昔与紫山老人早岁申江忝同砚席推屋乌之爱公以师见俪夫何敢当而重违强意乃请従友生之列籍展芹献南鸿时玉慰我窜窜顷捡以昨岁谢别主翁为书拙作七言歌行赠之流傳海外亦文字因缘也 一九七九己未新春
俞平伯识于京华

俞平伯致周颖南的信

1989年2月,作为《中国现代作家选集丛书》之一的《俞平伯》,由香港三联书店和人民文学出版社联合编辑出版了香港第一版。这一年,按中国传统习惯,俞平伯应该算虚岁90岁。要在这一年就来为他做九十大寿,也完全是可以的,所谓做九不做十,但俞家在这一点上并没有按旧习惯。

这年的10月,新加坡的周颖南,为祝贺俞平伯九十大寿而印制的《重圆花烛歌》,作为非卖品,提前在他九十整寿前出版。出版者用的是新加坡文化学术协会的名义,赞助者是周颖南,承印者是美中印务公司。正册印的是周颖南收藏的长卷全文,影印,朱黑套色;还有一薄本附册,标着"周颖南编"的字样。内收《俞平伯传略》,选自孙玉蓉所编的《俞平伯研究资料》。其中又收入了周颖南的文章《俞平伯教授的新作〈重圆花烛歌〉》、《〈题俞平老重圆花烛歌卷子〉书后》两文,《〈古槐书屋词〉叶遐庵叙》,俞夫人许宝驯的《〈古槐书屋词〉卷一书后忆旧》(节录)、《〈古槐书屋词〉跋》,最后又殿以周颖南写的《俞平伯教授〈古槐书屋词〉的出版》一文。这些都是电脑排版的,字较大,正文相当于老四号。这可谓送给俞平伯九十大寿的一份厚礼。

还是在这1989年10月,孙玉蓉选编的《俞平伯旧体诗钞》直排繁体字线装本,由四川人民出版社出版。虽然印制方面也花了大力气,用料装订也至为讲究,但用的是现代化的纸张材料,从版面设计、贴书签的位置,到订眼的位置等,都与传统的线装书不一样,看上去中不中,西不西,颇像身穿长袍而头顶洋帽、足穿革履,这本书拿在手里总感到不太顺眼。

7. 九十大寿

俞平伯一向不主张搞什么生日庆典。以往过生日,一般朋友也都不去祝寿,因为都知道他是讨厌这种俗套的。一向的生日他是怎么过的,世人也多不太知道。韦奈在《俞平伯的晚年生活》中有一节,题为《九十诞辰记》,其中带及谈到往年过生日的情况,大家才略有所知。"往年俞平伯的生日过得很简单,十几个近亲来拜寿,中午一顿较丰富的家宴,已成惯例。"这情形真可谓普普通通,与一般平民百姓没有两样。看来这样简单的活动,也决不是俞平伯自己一定要操办的,只是至亲要来,无法却之而已。他在生活上一向是至为随和的。

1990年1月4日,即夏历己巳岁的腊八,是俞平伯的九十华诞,又在他彻底平反、赴港讲学、陆续出文集的东风吹动下,如果只像平常那样过生日总有些说不过去。为此，俞家也煞费苦心。若一如既往，恐怕有不少亲友会因为无缘前来祝寿而感到遗憾；如果真的搞大了，把海外的朋友适当地请一请，则势必太大，俞平伯本人是决不会同意的。最后决定采取折中方案，即在家人过生日的基础上，适当扩大范围，有重点地去邀约部分在京的密友晚辈等，人数不超过四十，就在俞家附近的贵阳饭庄，定上四桌，以示与小生日有所不同。

这一方案商定后，俞平伯本人居然也表示同意。于是一切都按照这个方案办理。但在这生日的前夕，往往还不能让家人安心，据韦奈文中记载，他常常半夜里大喊："我要死了，不过生日！"家人闻之，能不为他担心吗？要是到了正日，客人陆续来了，他又为此大喊起来，这局面该如何处置呢？为此家人伤透了脑筋。最后决定，如果届时出现类似的尴尬局面，则由韦奈出面来说服外公。韦奈一向最能体会外公的心，他的专业虽然是钢琴，在晚辈中却最熟悉俞平伯的文学学术事业。尤其是俞平伯晚年他又一直相伴，耳濡目染最多。在纪念俞平伯从事学术活动65周年庆祝会与赴香港讲学这两件俞平伯晚年的大事中，更是全靠韦奈里里外外操持。

红学才子 俞平伯

俞平伯九十寿辰时留影

王湜华被列于邀请的少数密友晚辈中,可当时编校王伯祥100年诞辰的纪念文集,他正在太原校读三校样。他得到这个消息后,特地在前一天赶回北京。即使不被邀请,九十大寿的寿礼也总是要送的,礼物还得要有一定的意义。俞平伯八十大寿时,王湜华就承命为他刻过一块"平伯八十后所书"的白文印,他八十到九十期间的不少书法作品都钤用过这方印。俞夫人许宝驯80岁时,俞平伯也命王湜华刻了方"耐圃老人八十后所作"的白文印。俞平伯似乎早有预想,过了90岁不想再多活,所以在90岁生日前,曾命王湜华刻一方"平伯九十所作"的印,特别点出,不要"后"字,意思是只准备用一年。王湜华得命后自然迅速刻好送去,这离他的生日尚早。他对印尚满意,接到手后却说:"现在还不能用。"为祝九十大寿,既已为他刻过"平伯九十所作"的印,又能刻块什么样的印来做寿礼呢?王湜华亦煞费苦心。正好顾颉刚曾给过他一旧印的印蜕,乃名家所刻,却一时记不起是哪位大名家,印文是"寿如金石固",白文,长方印,至为端厚古朴。当时与它形状相同的长方印石还没有,王湜华特地从一大方石上,照印的大小开了一方,打磨好后,照此古印临摹了一方,准备作为九十大寿的寿礼,敬赠俞平伯。现既正式受到邀请,并特地从太原赶回北京,在次日腊八的一早,他就带上这方印,赶到俞家去祝寿。去时俞平伯已穿好了出门的"礼服",端坐在客厅里,已有几位亲友先到,围坐在他四周。这天上午的情况,仍可从韦奈的文章中窥个大概:

> 是日,俞平伯强打精神,整整一个上午在客厅接待络绎不绝的客人。无论辈分大小,在给他拜寿时,他都坚持要站起来还礼,这也是他从不倚老卖老的一贯作风。更为有趣的是,从寓所去饭庄,他乘坐的是租赁来的,专供老人使用的小型三轮车,由他的外曾孙韦宁蹬着,缓缓行去。路人恐不会想到,坐在那辆"嘎吱嘎吱"乱响的破旧小三轮车上,穿着一件旧中式大棉袄的老头儿,会是一位世界闻名、跨越了近一个世纪的大文豪!自有这小三轮车可租用以来,他多次近程外出都靠它。有一年的八月十五去玉渊潭公园赏月,也是用这辆破车,虽不够"派",却潇洒自如,另有一番情趣。由他的第四代人驾车,这之中的天伦之乐,更不是人人可享受到的呢![28]

那天前来祝寿的,还有俞平伯的二女婿易礼容,他的年岁虽比俞平伯还大,但总是下一辈,所以与王湜华等人坐一桌。还有叶圣陶的长子叶至善,章元善的长子章鼎,俞平伯的入室弟子、吴玉如的长子吴小如，周有光、张允和夫妇等。因为贵阳饭庄的条件有限，四桌不得不分在两间屋子。怕俞平伯吃得不安宁，把他与许宝骙、许宝骏等舅、姨直系平辈安排在小间，只一桌；另三桌则在隔壁较大的屋，大家只是分别举杯去小屋向俞平伯祝酒。

那天俞平伯收到的礼物还有：他的老友、著名国画家徐北汀赠的《松》，香港篆刻家许晴野刻的"俞平伯九十后所作"朱文印，许以林刻的"九十以后作"朱文印，等等。九三学社中央委员会、人民文学出版社、中国现代文学馆等，还送来了鲜花篮。那天的客厅显得特别的热闹与拥挤，不少客人都没凳子坐，可是华诞的寿日气氛却十分吉庆喜人。就在这一片吉庆喜人的气氛中，却已隐喻着俞平伯不久于人世的阴影，这实在是至为悲凉的。

红学才子 俞平伯

午宴后，大多数客人也就不再去俞家，都各自散去了，有韦奈文中的记载：

> 下午，家中备茶点待客，生日蛋糕订做得很漂亮，在过去，这是俞平伯很喜欢的食物，但那天只象征性地吃了一小块，也未在客厅久坐，略与客人们寒暄了几句便回到卧室。
>
> 九十寿辰的纪念活动，在家人和亲友们通力协作下，隆重而又圆满地度过了。然而，看得出，俞平伯的心气儿并不高。早在生日之前他便常说："过了九十岁就死了。"这自然是一种呓语，但也可看出他丧失了对生活的兴趣的郁闷心境。亲友对他九十寿辰的重视，实际上也是出于一种不办说不过去的传统习惯，若依俞平伯，恐以不办为最好。[15]

自打九十寿诞之后，俞平伯的身体是进一步衰弱，意志也随之进一步消沉，总有一种不愿再活下去的表示，韦奈接着还写道：

> 许晴野先生所刻"俞平伯九十后所作"的印章，自是对他的良好祝愿，无奈这番美意，在现实生活中，已不可能实现。他为家乡德清城关中心学校所题匾额，是他最后的作品，这或是天意，是他与家乡的一点情缘。
>
> 做寿总是喜庆的事，然而细心人可以看出，在俞平伯的九十寿筵的欢快气氛中，掩隐着一种沉闷的不祥之兆。这种预感，在与他共同生活了几十年的长女和韦奈心中尤为深切。他们知道，一切就将要结束了。[28]

韦奈写此文时所署的时间是1990年7月8日，下距俞平伯谢世已不足四个月，在《新文学史料》1990年第4期上刊出时，俞平伯则已经下世一个多月。这寿诞时所显现的阴影,以及他本人不断的呓语、喊叫,果真一一应验。

注释

[1] 见《纪念俞平伯从事学术活动65周年纪念文集》。

[2] 俞平伯:《俞平伯全集》(第6卷),石家庄:花山文艺出版社2001年版,第428—429页。

[3] 载《新观察》1981年8月10日,15期。

[4] 俞平伯:《俞平伯全集》(第6卷),石家庄:花山文艺出版社2001年版,第430—432页。

[5] 同上书,第1卷,第574页。

[6] 同上书,第1卷,第379—381页。

[7] 叶圣陶　俞平伯:《叶圣陶俞平伯通信集·暮年上娱》,石家庄:花山文艺出版社2002年版,第23页。

[8] 同上书,第24至27页。

[9] 同上书,第28页。

[10] 同上书,第30页。

[11] 叶圣陶:《叶圣陶集》(第8卷),南京:江苏教育出版社1987年版,第441页。

[12] 韦奈:《我的外祖父俞平伯》,上海:上海书店出版社1993年版,第115至116页。

[13] 同上书,第114页。

[14] 同上书,第116页。

[15] 载《新文学史料》1990年第4期。

[16] 同上。

[17] 可与《俞平伯全集》(第6卷),第433—436页参读。

[18] 载《红楼梦学刊》1990年第1辑(总43辑)。

[19] 载《新文学史料》1990年第4期。

[20] 同上。

[21] 韦奈:《我的外祖父俞平伯》,上海:上海书店出版社1993年版,第22—23页。

[22] 俞平伯:《俞平伯全集》(第6卷),石家庄:花山文艺出版社2001年版,第623页。

[23] 载香港《明报》1986年11月30日。

[24] 载香港《晶报》1986年11月24日。

[25] 载香港《申报》1986年11月25日。

[26]　载《新文学史料》1990 年第 4 期。

[27]　俞平伯:《俞平伯全集》(第 1 卷),石家庄:花山文艺出版社 2001 年版,第 604 页。

[28]　载《新文学史料》1990 年第 4 期。

红 学 才 子
俞平伯

昔苏州马医科巷寓,其大厅曰乐知堂。予生于此屋,十六离家北来,堂额久不存矣。

儿语者言其无知,余之耄学即蒙学也。民国壬子在沪初得读《红楼梦》,迄今六十七年,管窥蠡测曾无是处,为世人所嗤,不亦宜乎。炳烛余光或有一隙之明,可赎前愆欤。

——俞平伯:《乐知儿语说〈红楼〉》小引

红学才子
HONG XUE CAI ZI

俞平伯

1. 四世印汇

2. 奖掖抄书

3. 翰墨前缘

4. "千秋功罪,难于辞达"

5. 长留遗憾在人间

第十一章 千秋功罪 难于辞达

1. 四世印汇

1986年,王湜华由原来的小雅宝旧居四合院,搬到了永定门外洋桥海户西里,这里已在后来的三环路外,当时洋桥一带生活条件还十分不便,只有一辆郊区公交车经过。首先是邮路不通,这是十分令人恼火的事。俞平伯与他通信至勤,为了应付这"临时情况",他不得不请俞平伯有信寄到单位。而他又不坐班,按规定一周只需去两次。此时俞平伯给他的信虽已渐少,但也总还是有,就在1987年9月到1988年3月这短短半年的时间里,他还收到了俞平伯的三张明信片。这一时期俞平伯写毛笔字已日感吃力,多用钢笔蘸墨水写,字迹也已歪歪扭扭,可见他的右腕已日见不听使唤了。改用明信片,一是为了投寄省力,免去了贴邮票封信封等诸多麻烦;其次是此时写信更力求简单,能少写就尽量少写,看得出他握硬笔写字也已相当吃力。但给王湜华的这三张明信片,两张还是正反面都写满了。这是对俞平伯晚年的极好纪念,它不能像其他信件那样贴在大本子中保存,所以一直夹在《德清俞氏印章》中单独保存。

头一个明信片,俞平伯所落日期是"九、二四",王湜华正好9月24到班,就很及时地收到了。明信片正文是:

湜华兄:

前惠临,适外出,失迎万歉。我患病约两月,向愈可释念。

悉移家至永定门外,已直南苑大红门,且书信不通,可谓远矣。所谓"海户",其名甚古,详见吴梅村诗集。与前住"小雅音谷"大不侔矣。眼俟面谈,匆复,候安。

平伯　九、二四

明信片反面还有附启：

> 迄未出书，不知何故；总听其自然耳。近无写作。
>
> 平　附启

当时电话尚不普遍，拜访前向来不先电告，故去时扑空的事自然难免。这对晚辈来说本来没什么，而俞平伯却一定要写上一信，可为失迎而致歉。信中还为王湜华指出海户地名之古，又联想到原来在小雅宝胡同住时称为"小雅音谷"，两地之"大不侔"，可见他对晚辈一向的关切，并且关切得如此细致。

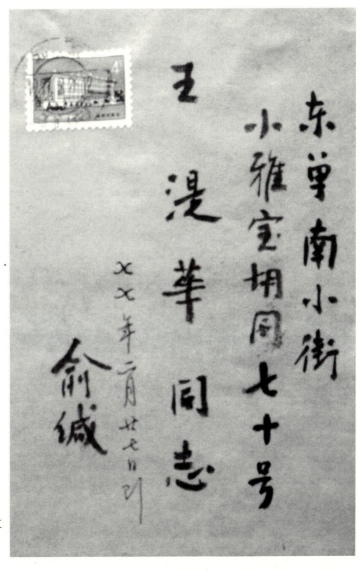

俞平伯致王湜华的信件

第二个明信片写于1988年1月29日,信是1月30日到的,可是王湜华2月5日才去单位,迟见了一周,正是俞平伯让他刻"平伯九十所作"印后,结果这封信迟见,见到时,图章已刻好。

湜华兄:

  日前惠临面荷,且将携章以赠,但我前拟句不大安当,且时病卧,名曰"九十",实无所"作"也。因此请缓刻文,俟春节后再面谈。余不一,即欲
  近安

平 伯 一月廿九日

接信后,把已刻好的章送去,俞平伯当然也没再说什么。他坚持要到满90周岁后才启用,就一直在抽屉里搁置了近一年。后来,看到他为老家城关中心学校题写"业精于勤"时钤用了这方印。

第三张明信片,俞平伯根本就没落日期,从邮戳看,收递戳是"1988年3月6日22时",递出戳是"1988年3月8日8时",而收到已是3月11日了。

湜华兄:

  日前惠书,并刻赠佳章,不胜感谢!以多病迟答为歉。铁笔视前,更多进步矣。以措辞郑重,未敢多钤。近用两次:(一)所谓自选集,闻将于六月(八月)出版。(二)为韦奈题写桃李杯"闻鸡起舞"四字用之。皆署年九十也。

  来书提到绪杰亦承贺岁,青年进步,可喜可贺。顺贺
  新年

平 伯

由这封信可知,那方"平伯九十所作"印,俞平伯还是"提前"启用了,而且第一次还用在了他的自选集上,破了他原来非满90周岁才启用的"规定"。但他还特地说一声,这又是一种多么值得学习的品格啊!

俞平伯写信事小,可是从此等小事中,同样可看出他为人的谦恭与善于启迪后学。信中俞平伯都称王湜华为兄,这中间乃是大有学问的。对挚友的孩子,一般称世兄,更亲密些,则可称世侄、世阮,或客气些称世讲,但都不可省去这"世"字,表示的是世交之谊,而且与世字搭配,这"兄"实在是虚的,指的必是下一辈。而唯独挚友已过世后,为了亲切与便捷,又往往可省却这一"世"字,可以不出现于书面,而内中仍含其义。俞平伯在王伯祥在世时,给王湜华的所有信件,不是称世兄,就是称世阮、世侄、世讲,那是绝对不会含糊的。

湜华老兄鉴览 前有陈从周君请
顾老写件昨日得代为一询居又
前呈
尊公家师诗词小册子于他日
惠来时希并携致为荷节将
五一而天气仍寒即颂
侍祺　平伯　四月廿七日

俞平伯给王湜华的信

　　早年俞平伯写给王湜华的信，绝大部分都按年代顺序被黏贴在几个大本子中。孙玉蓉在选编《俞平伯书信集》时，整整抄录了两天，把俞平伯给王伯祥、王湜华父子二人的信，主要的几乎已全抄了去。收入写给王伯祥的信有22封，写给王湜华的信也有20封。早在1975年时，王湜华去俞家钤拓了俞氏四世用印后订成册，俞平伯在册首做了题记：

家中印章，所存寥寥。日前湜华世阮惠来，拟钤写若干，藉留鸿迹。余以常用之品，仅记姓名，固无足称者，而重违其意，遂成一帙。其中先曾祖曲园公者四，先君乐静公者七。亦有旧章数方，不知其所从来者，附见焉。新秋阑暑，聊为湜华君存一日之兴，供趋庭之娱，印谱云何哉。

公元一九七五，乙卯中元节　俞平伯记（下钤"性喜涂抹"印。）

俞平伯亲笔为《德清俞氏印赏》写的题记

当时俞平伯还未得病，王伯祥也还健在，而他的字也已显得比以前苍劲有余而娟秀稍减。这段题记写了三面，后面略有空余。我拿给恽宝惠看时，他便在俞平伯的下款左下落了个简单的观款，即"恽宝惠敬观"五个字并钤一朱白合璧的名章；拿给叶圣陶看时，他也没做大段题记，却在"恽宝惠敬观"款的左边写了条带年月的观款"一九七六年三月二十六日叶圣陶敬观"，下钤"圣陶"二字朱文牙章。

启功的祖父曾与俞陛云同去四川任科举考官，俞平伯、启功两家已有五代的交情。当王湜华拿此印谱去求题时，启功即在俞平伯题记末页的背面题道：

功家与德清奕世交谊已绵五代。今观平伯先生所宝先德遗印，倍增歆慕。又有平伯自用诸印，具见翰墨风流，不独诸家篆刻之可赏也。

一九七六年四月启功（下钤"再壬子以后作"双边白文印。）

因为这册印存,王湜华自题封签是"德清俞氏印赏"六个字,后来刘博琴也用这六个字题了内封,系大篆。启功所云"不独诸家篆刻之可赏也"一语,实有指出题签欠安的意思。无独有偶,启功题记后也有余地,夏承焘、陈从周二人也仿效恽宝惠、叶圣陶二人的方法,挤在这余空中各题了观款。

1991年冬日,俞平伯的入室弟子吴小如闻得有这册印谱。那时俞成因整理父亲遗物,叫王湜华去钤拓全部藏印,他顺便又为自己也钤拓了一份,想借去一观。他便将两册印谱都携去供吴小如观览,并求题,吴小如便在《德清俞氏印赏》后面题道:

> 昔子云称雕虫篆刻,壮夫不为。然周彝汉玺,世所珍藏;学者私印,尤为世重。仆师事平伯先生四十五年,独未能尽窥师所藏印。今从湜华所得尽赏之,亦可纪也。谨识数语,企鸿泥之迹。辛未冬莎记。(下钤"莎斋"朱文印。)

红学才子 俞平伯

王湜华能一而再地收藏俞平伯家世代用印,确实弥足珍视。吴小如在另一册他自题为《德清俞氏四世印汇》的印谱上,题了内封后,加附识道:

> 德清俞氏四世印汇
>
> 湜华与平伯师有世谊,莎斋忝列平师之门,今获观此帙,如对先师之手泽也。辛未冬至莎识

△ 吴小如为《德清俞氏四世印汇》题写的内封

湜华与平伯师有世谊,莎则忝列平师之门。今获观此帙,如对先师之手泽也。辛未冬莎识。(下钤笔者为他刻的"莎斋"白文长方印。)

俞平伯用印的事,王湜华在《德清俞氏四世印汇》上所题原跋可存当年情况的原貌:

余夙喜印章,偶亦奏刀。惜乏师承,终无成焉。而尤喜蒐集印谱、印蜕,所憾置备力薄,仅赖现代印刷术之助,得偶置一二,远逊原玺钤拓之印谱,聊存隔雾观花之意耳。岁次乙卯,公元一九七五年,得缘为颉刚丈整理其先祖廉军公《古慕轩印蜕》残片,丈嘱,凡有复出者,即贻余,遂得《古慕轩印蜕零拾》一册,并得丈亲笔题识其上。未几,复征得平伯丈同意,选钤丈之曾祖曲园公、父乐静公,以及平伯丈与夫人耐圃老人之用印,汇为一册,题之曰《德清俞氏印赏》,亦得丈之亲笔题识。是岁暮,家父见背,整理遗物,将圣陶丈早年为先父治印汇钤成一式两册,一册奉赠圣陶丈,一册即由丈题识后余保存之,署其端曰《圣陶先生早年为先君治印》。上述三种印集,遂成余自蒐自辑,珍藏印谱之始。其后每有增益,或一家之治印,或一家之用印,或一家之藏印,虽无定则,而每册均自具特色也。挚友远志费君在山,尝为余之印谱集,精制书套,而迄今已难容于一函矣。庚午岁暮,平伯丈谢世后,俞成姐及韦奈整理遗物,得印凡百零五方,属为钤拓成册。余于腊月初四,公元一九九一年元月十九日,专程往三里河俞寓,以一日之功,拓成四份,两份俞成姐留之,一为厚塋沈兄属代钤,一则余自存之。次晨即手订成册,署签曰《德清俞氏四世印汇》。其中若干方,乃当年平伯丈未允钤拓者,而有数方当年尚存,而后来已磨去或佚失者,更有一二乃乙卯年已佚,而仅在余早年收藏平伯丈之手迹上得见钤用者。几相比对,弥见早岁收藏之更足珍贵,而益增世事沧桑之可叹焉。庚午腊月之十三日,公元一九九一年元月廿八日,吴门正甫王湜华识。

2. 奖掖抄书

1972年顷,浩劫余波已渐趋平息。当时王湜华在外文局从事翻译工作,领导提出外文局是业务单位,晚间不宜再多开会学习等,应让干部进行自学以提高业务水平。从此几乎每晚都可自由支配,下班铃响,即可蹬自行车回家。晚上的宝贵时间该怎么利用呢?他从北京大学毕业分配到外文局,到 1972 年已有 14 个年头,坐下来安心搞业务的时间,还不足一个零头,印刷厂"改造"三四年,"五七"干校整整三年,剩下的还有下农场、拔麦子、种白菜……反正在外文局是个"劳动专业户",阿拉伯语文的业务被抛荒,已不是今生所能补回来的。王湜华利用这晚上的时间,便兴之所至地用毛笔端楷抄起书来。抄书实际上是最仔细的读书方法之一,还有更大的好处,抄完了,还能订成册收藏起来。这抄书不是泛泛地随便抄,而是选择极精地抄,多为从父执辈家中借阅孤本、秘籍、善本来抄,抄好后可为世上行本存副,岂不两得。顾颉刚、叶圣陶、谢刚主等人,都极支持抄书,把他们最宝爱的珍秘,都无私地提供出来。而抄书之滥觞,却又是从俞平伯开始的,抄好订成册的抄本中,又多有他的题字。可以说,不但从抄他的诗开的头,他对抄书治学的全过程,都始终是鼓励,并大力支持的。

红学才子

俞平伯

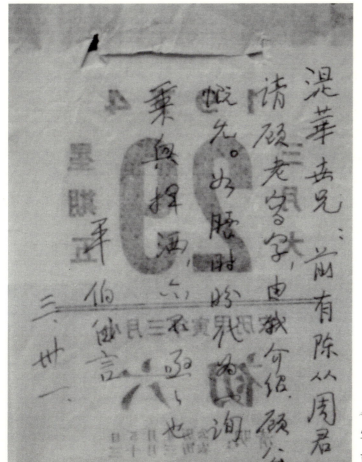

俞平伯写在日历背面的给王湜华的信

从1972年算起王湜华抄的头一部书,即《俞平伯题顾颉刚藏〈桐桥倚棹录〉兼感吴下旧踪绝句(18章)》。这抄本抄在略呈方形的宣纸上,抄好后,先请顾颉刚写了题记,颇长。顾颉刚又代顾起潜用小篆题写了内封,竟题满了正反两面,顾颉刚自己则题写了封签。拿抄本请俞平伯题词时,他竟也一气儿题满了几乎四页。俞平伯是一向惜墨如金的,行文以简洁精炼闻名于世。他这篇题记,应该说是比较长了,尤其相对于这小册子而言。

当六十年代初,仆辄偕诸友或品茗社园,或沽饮市肆,遂从顾颉刚兄处借阅其所藏《桐桥倚棹录》,得俚句若干首。瞬逾十载,旧稿零落,弃置勿道。不意湜华贤世讲顷于趋庭暇日,读而喜之,爰承寒宵搦管,呵冻力书,移录成篇,就吾题识。感其意切,而宝彼瓴甋,良为过爱已。夫吟咏小道,亦通乎性情。寄怀于风月之间,致赏于骊黄之外,其邂逅离合,有不期然而然者。洵乎针芥苔岑,非无缘法也。仆生小吴门,早游燕市。江乡风物,垂老犹忺。若斯诸篇,良多怅触。湜华英年远至,学足承家,自当分别观之耳。时一九七三,岁在癸丑,仲春月下浣,俞平伯书于京都寓次。(下钤"德清俞氏"朱文印,"平伯之玺"白文印。)

此后,叶圣陶题了一首七言古诗,王伯祥则在后面写了长跋,陈从周、王西野、夏承焘则在王伯祥长跋后题了诗词等,谢刚主则只能用另纸为此抄本题写了长跋,夏承焘又将原题《桐桥倚棹录》之《鹧鸪天》录于另纸。这洋洋可观的墨宝总汇,归结其原因,还是因为俞平伯的18首诗引起的。

后来于1976年11月,王湜华抄录了俞平伯挚友朱自清的《敝帚集》与《犹贤博弈斋诗钞》,是叶圣陶从朱自清夫人陈竹隐处借来的稿本,两册叶圣陶都用小篆题写了内封。叶圣陶正为《犹贤博弈斋诗钞》做好了两首诗,还没来得及往上题,竟先题在了这个抄本上。俞平伯则专门为王湜华抄本《敝帚集》题了两首七绝:

其 一

萍踪南北追随际,酬唱新诗更旧诗。
重对遗文思往事,感兄存我一篇词。

其 二

殷勤求访尊先友,恬密吟怀迪后贤。
最喜君家绵世德,青箱写本会流传。[1]

俞平伯在诗后落款"其年十二月,题应湜华贤阮属。平伯"。这两首诗虽至短,内容却包容了方方面面。头一首主要是追怀与朱自清的故交往迹。第二首既提到了叶圣陶,又连带提到王湜华,最后两句才是说的王湜华。这两首诗在收入《俞平伯诗全编》时题为《王湜华迻写朱佩弦先生〈敝帚集〉嘱题(二首)》,第一首的第三句已改为"今日遗编重展对"。第二首首句下又加了注:"谓叶圣陶兄。"怕不知情者误会。诗中对挚友的情愫,看似简单,寓意实深,正所谓寓深情于平淡之中,真是大手笔。

苏曼殊的《燕子龛遗诗》,王湜华曾向谢刚主借读。后在俞家又见到,书角已卷,封面上有"达夫惠存"四字,显然是柳亚子题赠郁达夫时的墨迹,遂欣然借归再读,欣喜之余,纵笔抄存全帙还不算,还将封面内封等复印了一并装订成册,完璧归赵时,将抄本求俞平伯赐题,他题了"音谷钞本　湜华属平伯题"两行 10 个字外,还在《苏玄瑛传》一文中"□十有□"处的眉上批道:"原本有缺文,似未合。考之新传,盖'三十有五'也。"左钤是"汐净染德"白文印,其时正值悼亡,此处连内封,所钤印皆用的是蓝印泥,内封所钤是曹辛之为他刻的"俞平伯"朱文印。

红 学 才 子

俞平伯

～ 俞平伯为王湜华题的字

陈叔通家旧藏有不知名女士所做的七绝100首,写在16幅笺纸上,早年俞平伯曾借来临摹过,还另抄了个副本。原笺当然早就归还陈家,而摹本经过浩劫,也早已不存在,幸有俞平伯夫妇的录副本尚存。这个本子很特别,是二人信笔合作的,不一定是谁抄到哪一首哪一个字停下,便由另一位接续抄下去。俞平伯夫妇俩的字颇为近似,但当然还是可以区分的,过去往往舛误,但通过借回此副本转抄后,在归还时,俞平伯夫妇考王湜华究竟哪些出于谁人之手。俞平伯夫妇在题目《佚名闺媛绝句百篇》与正文间的空行上,用朱笔题了"甲寅腊月平伯圈读"八个字。这两行的下方,还特地钤上了"平伯经眼"朱文印。他不但为正文逐句加了朱圈,还在眉上加了许多批注,为诵读提供了莫大的帮助与提示。

王湜华抄录该书时,是连俞平伯1963年夏日的原跋等,都一并按原样抄下的。俞平伯则在原处一一都加盖了原章,并另做跋说:

> 以百篇之诗,自叙生平,燕泥之情,出以明爽;悱恻之怀,寄其孤愤。玉台序中所谓"天情开朗,逸思调华"者,仿佛见之矣。十六幅之花笺,不知流落何方。摹本则已佚。癸卯副墨犹存,湜华贤世阮得读而喜之,又从而摹写之,表微甄逸于芒芒烟墨间,其好事殆不减于曩昔之吾侪也。时甲寅(1974)岁除。平伯读后记。(左钤"延芳衡芷"白文印与"德清俞氏"朱文印。)

王伯祥为此本题了封面"平伯耐圃伉俪合写诗册湜儿摹本　畸叟暑耑"。

像这样的抄本还有许许多多,凡借自俞家的,几乎都有俞平伯或俞夫人许宝驯的题识。

3. 翰墨前缘

1977年2月中旬,王湜华偶访俞平伯,俞平伯拿出一副他先曾祖俞曲园用隶书写赠夏闰枝的七言联嘱付装池。联文是"高阁看云参画理,小楼听月写诗心"。附带要一起付裱的,还有两个小横幅,是夏闰枝传到第二代夏慧远手中准备付裱时求俞家两代后人——俞陛云、俞平伯父子题写的。小横幅的横宽正与原对联之宽相同,分别裱于原对联下,既有纪念意义,形式也颇别致好看。不意在尚未拿去付裱前,又收到俞平伯来信:

湜华贤阮:

　　昨承惠临,欣荷。对联附条二纸不拟付裱,他日希携回。以不合格式（太长），裱上不好看；且物在夏家，裱之则可。今藏我处，便觉不妥矣。

歪诗涂就，附尘一笑。

颂春祺

平　伯　二月廿一日[2]

王湜华次日去装裱时，当然也就遵嘱留下两个小横幅，没有和对联同裱。

红学才子 俞平伯

俞平伯给王湜华信的手迹

这两个小横幅，俞陛云所写的题记是：

此乃四十年前先父为闰庵前辈所书。慧远世台属为题记，怀旧雨之遗音，喜德门之继起，敬识数语于后，以结累世翰墨之缘。丁亥（1947）秋日。俞陛云识，时年八十。（引首钤"御赐金粟重荣"长方朱文印,"御赐"二字横书,下四字两侧为双龙;款后钤"俞陛云印"白文印与"戊戌探花"朱文印。)

此三印在俞平伯身后王湜华去钤拓全份印章时,已均不见,倒有同样文字的名章多方,"戊戌探花"亦有多方及高心泉刻的"御赐金粟重荣"朱白合璧大长方章等。看来此三印已皆磨去或佚失,至为可惜,而此件上的印蜕,则更可宝矣!

俞陛云文中提到"累世翰墨之缘",殊可宝也。俞平伯所写题记中还有题诗一首,而这首诗连《俞平伯诗全编》中也竟漏收。题记附诗全文如下:

慧远仁兄世大人出示先曾祖昔年为闰庵老伯所书楹帖,云将重付装池,命为题记,敬赋短章,以志胜缘,即希吟正。

纡衣缟带玉堂仙,墨妙瞻依最俨然。
洛诵清芬宜世守,纤尘应不到遗笺。

岁在丁亥仲秋之月,平伯弟俞铭衡敬识。(引首钤"茗云世泽"朱文印,款下钤"俞"字双边朱文印。)

这两个小横幅如果裱在楹联下,其实并不显太长,而俞平伯特及时来信阻止装裱在一起,其主要原因应该是信中所写的后一点。于是王湜华想到,若求俞平伯将这两小幅赐自己,并请他另写题记,而题记与两小幅为同高度的小横幅,再去求曹辛之一并裱成一个小手卷,岂不是一件十分珍贵的文物,也是艺苑的一段佳话吗?

当送还对联裱件时,没想到俞平伯当即欣然答应,不但真的另做了题记,还顺着他父亲"累世翰墨之缘"的思路,想出了"翰墨前缘"四个字,让去求叶圣陶题写引首,一并裱入小手卷。不久,俞平伯专写的小卷跋文也已写好;叶圣陶也用同规格的小横幅题写了"翰墨前缘"四个小篆,比他这时期前前后后的篆书写得都更精美。

叶圣陶的题字

俞平伯专写的跋文为:

> 清光绪季年,先曾祖父为夏闰枝丈隶书七言楹帖,文曰:"高阁看云参画理,小楼听月写诗心。"闰丈逝世后,丁亥岁,令嗣慧远兄出示嘱题,吾父为书之,平亦附呈一纸。历二十余年,慧远亦卒,文物星散,其家属将原件赐还,意良厚也。庋诸尘笥者数年,及今岁新春,始托王湜华世兄倩工装池,得长珍先泽矣。其曩昔之题,以情事迁异,徒留鸿雪。湜华君关怀文献,于寒家先迹,多致惓惓,爰以相赠。云将装为卷子,与曲园公之原联,他日或当重遇也。遂书其缘起以谂观者。时公元一九七七年,岁在丁巳正月。俞平伯识于京寓。(下钤"俞平伯印"朱文印与"古槐书屋"白文印。)

从这"与曲园公之原联,他日或当重遇也"一语看,俞平伯似有他日愿将该联一并赐王湜华的意思。他深知王湜华宝爱俞氏四世之手泽,曾检出俞曲园自选的联语数纸,大概是为人写联时便于选择所用的底稿,特惠赐予王湜华,借存纪念。不过他不好意思追问此语的确解,遂成一难解之谜。正好纸有余白,看来此跋写毕,俞平伯也感意犹未尽,于是又补写了一段:

> 曾祖书联盖当十九世纪之末。其在江阴夏氏时,闰丈、慧兄皆未付裱,余前云"重付装池"者,亦世情语耳。顷瞻圣兄赐篆,诚为光宠。片纸尘埋八十余年矣,今获珍视。物之显晦有时,离合有缘,岂不信哉!二月朔再记,时年七十又九。(下钤笔者为刻之"俞平伯"白文小印。)

为前题文中可能发生小误会的地方,俞平伯还特别说明,这真是前辈风尚确确实实的又一表现。此时叶圣陶的引首已写就,故在提及后,复发沧桑世事的感慨,又兼及缘法。那天去取他写的跋时,叶圣陶口头还曾说:"比如曲园老人,一生不知写过多少字,而唯独为寒山寺写的那块碑,被人一再地翻刻摹拓,这不也是缘法吗?"

经叶圣陶这一点明,真还是如此。

叶圣陶所题"翰墨前缘"四个篆字,后被夏宗禹选中,被印入他编的《叶圣陶遗墨》中。王湜华当时即萌生一念,求康殷用这四个字,配上"音谷珍秘"四字,刻了一对对章,"翰墨前缘"白文,"音谷珍秘"朱文。正好俞平伯补记后尚有小块余空,装裱者曹辛之在左下角钤上了"曲公装池"小长圆印;王湜华即在这余空上钤上康殷的这对章,以表示对这件艺苑珍品非同一般的爱惜。卷子太小,签条自然更小,王湜华求吴玉如题了签,已无处可打图章,王曰仁是邓粪翁的私淑入室大弟子,承其舅舅陈次园建议,为吴玉如和王湜华这小卷刻了两方印:白文"玉如之玺"、朱文"迂叟"。这两方印刻好后,先钤印在手卷签名下,然后再将它敬赠吴玉如。

4."千秋功罪,难于辞达"

俞平伯九十华诞本是件喜庆之事,但与赴香港讲学相比,已有天渊之别。香港归来,俞平伯一旦恢复常态,尚且好比大海退潮,平静得连闻者都为之感到寂寞;更何况自从不得不随缘而办的祝寿活动后,他的精神便如冰消雪融一般,立即垮了下来。

俞平伯在 90 岁生日前,早已大喊过:"我要死啦,不过生日!""过了 90 岁就死啦!"这些都不无预兆之意。这次恢复常态,重归平静,更是暗含着一场灾病的即将到来。果不其然,三个月后,他就又一次得了脑血栓中风,身体左侧瘫痪,距前一次发病已达 15 个年头。上次是在右侧,曾影响写字拿筷子,而这次竟移到了左侧。这对 90 岁的老人来说,左右并发,实是可怕的事情。这次病发,又是突如其来,病势凶猛,事前毫无感觉。他一下子一动也不能动,呆呆地躺在床上,面色青灰,人同槁木,搞得家人十分惊慌,一时无所措手足。他们只得立即通知中国社科院文学所,所里又及时通知协和医院。协和医院神经科主任李舜伟是俞家的好朋友,他先与俞成熟稔,后来俞平伯夫妇都与他极熟。当李舜伟闻讯时,他正在门诊部忙碌。他当即放下手头的工作赶到三里河俞家,一查之下,希望俞平伯立即住院治疗。可是神志虽已不太清的俞平伯,听到此话,当即摇头示意。李舜伟已是深知俞平伯脾气的人,15 年前的发病,就是请他来家诊治的。见俞平伯如此摇头,他也就不再勉强,于是决定取药来给他吃。

既然俞平伯病情严重,又已是第二次发病,加上他自己不愿意去住医院,仅靠拿些药吃一吃,当时家人也都早已失去信心,以为他会不久于人世,这可急坏了所有的亲人。于是安排日夜轮流守护,精心调理。但一向讳疾忌医的俞平伯,此时虽已处于半昏迷状态,但对医疗仍不糊涂,仍然拒绝治疗,不肯按时打针、吃药。这或许是他主观上就不想再活下去的一种表现,他真是想及早死去,离开这个已厌烦的人世。

俞平伯这久经考验与磨难的躯干,在对死亡作斗争的征途上,也显出了没白经受考验与磨难。可以说他练出一个耐劳坚忍的体魄,即使他主观上早已厌世,而客观上就是不听主观的摆布。韦奈在写《俞平伯的晚年生活》一文时,正是俞平伯第二次中风后,他在《九十诞辰记》后,最后又写了一节,题目就叫做《生死之间》。说到俞平伯病中的情况,他写道:

> 说来也怪,在死亡线上挣扎了几日后,他居然又一次奇迹般地挺了过来,但已基本上丧失了思维能力。这时,韦奈再次动员他去住院,对他大声地说:"我陪你去住院,就像我陪你去香港一样,去几天就回来,好不好?"又遭到拒绝。大家知道,韦奈的这番话若说服不了他,那么旁人就绝对没办法了,从此断了送他住院治疗的念头。[3]

病中的俞平伯

俞平伯能有这样一副历经折磨抵抗死神的筋骨,是任何人所始料不及的,连医生都大感惊讶。李舜伟说,若不是他的本原好,发病当时就该不行了,看来他的讳疾忌医还真起了一定作用。这一类病就怕在发病时移动折腾,只有静卧不动,才不至于使病态扩大。如果强行送到医院,那肯定在半道上就要出事。这一次发病到他谢世,正好是半

年。这次的病虽拖了半年,他抱定不起的想法,确实是充分的,早有准备的。就在 4 月 16 日前不几天,他写下了一张纸条:

> 一瞑不复秋,黄昏齐到京。身后事当在亚运会后。妄涂。

据韦奈的文章说,当时他都莫名其妙,"以为又是在'犯神经',谁知他竟有先觉,大病而不死,莫非真的要拖到秋天的一个黄昏"? 韦奈写文章是在 5—7 月,写到此处时也才 7 月上旬。当时对这"不复秋"三字的理解,未免过于胶柱鼓瑟。从事后来看,俞平伯病前所写,还真有冥冥中神使鬼差的味道。

俞平伯第二次发病到谢世的整整半年时间,主要靠吃大活络丹一类中药,总算又相对稳定下来。这段最后的生活,其实真是相当痛苦的,正叫想死死不了,想活活不好,实际上真就是一个"拖"字。这段最后的日子,他脑中还在想再做些事,但表达已不清晰,家属们也无法领会他的意思替他去做,他实是苦恼。韦奈就这段生活写道:

> 病中的俞平伯真是可怜,他想动,动不得,想说,说不出,一向要强的他,坚持要用勉强能动的右手自己吃饭、吸烟,小便也不肯叫人帮忙,看他那股子倔强的劲头,艰难的举动,令人心酸。为不使他因久卧病榻而引发褥疮,每天坚持把他抱起来几次,坐到书桌前去吃饭,饭后他时常歪着半瘫的身子,叼着一支香烟,呆呆地坐着,两眼直勾勾地望着窗外,不时抬起右手,习惯地抚摸着光秃的头顶,在想些什么呢?是"西湖的六月十八夜"?是"桨声灯影里的秦淮河"?还是"陶然亭的雪"?或是在想那"高高的身影,银红的衫儿"的她?也许什么也没有想,他也真的没有什么牵挂了?却不然!
>
> 他牵挂着"写文章的人"。一天下午,他突然把韦奈叫到床头,抬起右手指了指他存放零用钱的壁柜,含糊不清、断断续续地说:"拿出……拿二百元钱出来。"韦奈不解其意,迅速把钱拿出,送到他眼前。"送……送给写文……文章的人……""写文章的人很多,你要送给谁?"韦奈附在他耳边大声喊着,他都反应不过来,只不断地重复着同样的话。"是给我吗?"韦奈问,他摇摇头。于是韦奈把能想到的,与他相熟的写文章的人一一数给他听,当提到潘耀明的名字时,他点了点头:"就……就给……潘……"韦奈终于弄明白了,他紧捏着手中的二百元钱,激动得热泪盈眶。二百元,这数目太小了,然而那份情,那份在半昏迷状态中仍流露出的感情,该有怎样的价值啊!"好外公,你在这样的时刻,还惦念

着你的朋友,惦念着与你同行的文人!"[3]

俞平伯的那次香港讲学,在他脑中留下了深刻的印象。当然,更可至死不忘的,还是他的《红楼梦》研究。韦奈文中接着还有一小段:

> 待潘耀明回信给他致谢时,他已不记得,只是呆望着对他讲话的韦奈。就由他忘记了吧!我们却永远不会忘怀,不会忘记那二百元钱中所寄予的希望、关怀和深切的爱。[3]

这件事情十分普通,一般的老人都是越远的事记得越清,而越近的事忘得越快,更何况脑血栓已发作了两次的俞平伯。这些事的确切日期,韦奈文中没提,当在这次病情稍稍恢复的初期,也就是前两个月中。所以韦奈又写道:

红学才子 俞平伯

> 了却了一桩心事,另一件心事又涌上他的心头。这桩心事,在病后第三个月,不可遏制地迸发出来。
>
> 在连续服用大活络丹两个月之后,俞平伯的病情稍见好转,昏睡时间减少,饮食略见正常,那不健全的大脑,又有了些断断续续,不连贯的思维。他经常在清晨醒来,然后要陪夜的男佣抱他到书桌前坐下,边吸烟边与男佣"闲谈"。有一次甚至拿笔为他写了几个人名,他们是:叶圣陶、顾颉刚、冰心。为什么要写,不得而知,或许是说与他们相识?还是想起了与他们交往几十年的友谊?陪夜的男佣,是个业余摄影爱好者,他抢镜头、为病中的俞平伯拍照,那几张照片虽非佳作,却很难得。
>
> 自六月中旬开始,俞平伯每见韦奈,总是重复地说一句话:"你要写很长很长的文章,写好后拿给我看。"这话使韦奈丈二和尚——摸不着头脑,写什么文章?他为何如此关心呢?
>
> 不久,俞平伯的话题,逐渐接近实质。"要重写后四十回。"语句含糊,很难弄明白他的真实意图,然而有一点可以肯定了:他还是放不下研究了一辈子,让他大吃苦头的《红楼梦》!此后,话越讲越清楚:"文章由四个人写。"他对韦奈说,"你是第一,俞成第二,我第三,韦梅、先平第四,写好送到香港发表。"看这意思,是要来一个"集体创作"了。但到底要写什么,还是弄不清,无论如何不会是重新写作后四十回吧?不管怎样大声地问他,也听不明白,说不清楚,他的大脑思维,只能"输出",不能"输入",反应极为迟钝。那些天,一会儿要韦奈把"脂批本"拿给他,一会儿又要他自己的"八十回校本",像是中了魔。他一反常态,常常坐在书桌旁翻看《红楼梦》,一看便是半个多小时。多少次,他把韦奈叫到

身旁，似想说什么，又说不出。几经反复，终于在断续的话语中弄清了他的想法：要重新评价后四十回！"你可以写了。"他说。"你得给我一个大纲才行。"韦奈喊着。当然他知道，要外祖父拿出写作大纲是不可能的，但总要弄清一点他的想法，才可写成文章。前不久，俞平伯用颤抖的手，写了些勉强能辨认的字，一纸写："胡适、俞平伯是腰斩红楼梦的，有罪。程伟元、高鹗是保全红楼梦的，有功。大是大非！"另一纸写："千秋功罪，难于辞达。"事情至此总算有了一点眉目，他不满意他和胡适对后四十回所做的考证，不赞成全盘否定后四十回的做法。这一想法，早在他病前便曾提及，他认为能续成后四十回是一件了不起的工作，他至少使《红楼梦》变得完整，高鹗、程伟元做了一件曹雪芹未曾做到的事。当然，像"胡适、俞平伯有罪"这样的话，并不可完全认真对待，因为那毕竟是病中的呓语，是走火入魔的极端。[4]

《红楼梦》研究，在俞平伯的一生中，毕竟是占首要地位的。真可谓挨批如此终不悔。俞平伯在彻底平反前的那些年，像讳疾忌医一样地讳言《红楼梦》与红学，不愿听到人家称他为红学家，是在复杂难受的心情下才表示的。韦奈称俞平伯写在两张纸上的那两句话为"病中的呓语"，"是走火入魔的极端"，也对，但又不全对。这毕竟是用笔写在纸上的，与直接由嘴说的呓语，应当有所不同，毕竟是经过脑想又通过手写两道工序的书面语，要说是呓语，至少也是书面呓语。在笔写之前，与此类似的想法也曾与家人说过。这话是有针对性的，是针对那些把高鹗、程伟元全盘否定的论点而发的，要说"是走火入魔的极端"，那也是看到人家走到了错误的极端，为了矫枉过正，才自己也走到了另一个极端。这其中确实不乏对自己早年写《红楼梦辨》，以及改写成《红楼梦研究》时的某些观点与想法的一种反思。当然，他写这些文字时，毕竟已是在病得已难完整思考后，应该可以不以为据，但就这两张纸的字面上看，不但意思完整，连语病也没有，又该怎么解释呢？这要联系他清醒时自己反思时说的话，以及当时红学界的一些情况综合起来看。还不妨认真地再深入研究与综合考察，然后做出科学的、全面的、合理的解释，似乎不宜一笔抹杀。韦奈还继续写道：

俞平伯在晚年，很少读《红楼梦》。不想在病中，却念念不忘地挂牵着它。这是压抑了多年的一次总发泄，一次反弹。"我不能写了，由你们完成，不写完它，我不能死！"他对长女这样说。那么是写，还是不写呢？为了他这最后一点愿望，文章似应尽快写就,但能写得出,写得好吗?

如果没有一九五四年那场不公正的批判,如果没有动乱的十年,如果为他平反的纪念活动能早些年举行,也许不会使俞平伯有那么多的遗憾,以致病中仍不能忘怀。无奈,往事不可追,遗憾将成为永久。[5]

俞平伯在女儿俞成的扶持下外出

俞成、韦奈他们是多么想帮俞平伯了却这一大心愿啊!但又怎么能做得到呢?真是回天无力,"此恨绵绵无绝期"了。

俞平伯到老年虽很不愿意被人称为红学家,在家中也似乎很少读《红楼梦》。红学对他几乎成了"禁区",除了在他从事学术活动65周年的庆祝会上及赴港讲学,又公开发表些红学论著,而且都较短,除此之外好像没有什么别的了。就从为此二事发表的文章来看,固然已反映出一些他晚年中肯而真实的观点与思想,但毕竟还感到零星、不全面。《俞平伯全集》10卷本,已由花山文艺出版社出版,在第6卷的后面,收入了他生前没有发表过的一组文章,总题为《乐知儿语说"红楼"》,前有一小引,下列11个小题目。这文章可谓他晚年真实思想的大汇集,是他回忆一生研究《红楼梦》的总反思。文后还有3篇,即《题赠全国〈红楼梦〉讨论会》、《"旧时月色"》与《索隐与自传说闲评》。据俞平伯家人说,这后两篇也是从《乐知儿语说"红楼"》中选出来的。这篇文章收入第6卷时,编者加了题注:

  此文作于1978年—1979年间,全文十九篇,这里辑收作者生前未发表的十一篇。[6]

总数为十九,此收十一,差额为八,已发表并已收入《俞平伯论红楼梦》的只两篇,那么还有六篇究竟是什么呢?

《乐知儿语说"红楼"》中的三个小标题后都有括号,写着外一章、外二章、外三章,俞润民与韦柰也已不十分清楚,差额之分,好像就是这外六章了。这是否也会永远成为一个谜呢?

《乐知儿语说"红楼"》的手稿,本来在外孙韦柰的手中,他已把这11篇文章在俞平伯去世后拿到香港发表过。现在这手稿已由他捐赠浙江德清的俞平伯纪念馆,究竟原貌如何,不太清楚。

这篇《乐知儿语说"红楼"》确实是不同凡响的妙文。小引就这样写道:

  昔苏州马医科巷寓,其大厅曰乐知堂。予生于此屋,十六离家北来,堂额久不存矣。曾祖春在堂群书亦未尝以之题耑,而其名实佳,不可废也,故用作篇题云。

  儿语者言其无知,余之耄学即蒙学也。民国壬子在沪初得读《红楼梦》,迄今六十七年,管窥蠡测曾无是处,为世人所嗤,不亦宜乎?炳烛余光或有一隙之明,可赎前愆欤。一九七八年戊午岁七月二十四日雨窗槐客识于北京西郊寓次,时年八十。[6]

短短的两个自然段,第一段是说明"乐知"二字的来历及其重要性,是说年已及耄耋而求知之心不可废,依然乐于多知。俞曲园命名自己的全集为《春在堂全书》,未用"乐知堂"来命名,俞平伯晚年特地在此一用,亦自有深刻的寓意,当不是简单地回忆儿时吧。第二段说"儿语"则更妙,其中充满了风趣、韬晦、幽默、反意等。这文章能是真正的无知儿语吗？耄学能即是蒙学吗？他67年来的治红、研红，能是管窥蠡测曾无是处吗？曾一度为世人所嗤，倒真是事实，能"不亦宜乎"吗？此时离为他彻底平反尚差八年，但大多数人对他，事实上也早有公论。由此正可以看出，为他平反也实在是太晚了。此时郁积在他胸中的话，能允许他畅所欲言地写出来，那又该有多好啊！

这11个小题目中的第一题为《漫谈红学》。开头即说："《红楼梦》好像断纹琴，却有两种黑漆：一索隐，二考证。自传说是也，我深中其毒。又屡发为文章，推波助澜，迷误后人。这是我生平的悲愧之一。"下面又分四个小题，分别为《红学之称本是玩笑》、《百年红学从何而来》、《从索隐派到考证派》、《书名人名 头绪纷繁》。在这四个小题之下，岂仅句句皆有分量，切切实实，更可谓妙语联珠，而读之令人感慨万千。

红学才子 俞平伯

"红楼"妙在一"意"字，不仅如本书第五回所云也。每意到而笔不到，一如蜻蜓点水稍纵即逝，因之不免有罅漏矛盾处，或动人抑或妙处不传。故曰有似断纹琴也。若夫两派，或以某人某事实之，或以曹氏家世比附之，虽偶有触着，而引申之便成障碍，说既不能自圆，舆评亦多不惬。夫断纹古琴，以黑色退光漆漆之，已属大煞风景，而况其膏沐又不能一清似水乎。纵非求深反惑，总为无益之事。"好读书，不求甚解"，窃愿为爱读"红楼"者诵之。

红学之称本是玩笑，英语曰 Red ology 亦然。俗云："你不说我还明白，你越说我越糊涂了。"此盖近之。我常说自己愈研究愈糊涂，遂为众所诃，斥为巨谬，其实是一句真心语，惜人不之察。

文以意为主。得意忘言，会心非远。古德有言"依文解义，三世佛冤。离经一字，便同魔说"，或不妨借来谈红学。无言最妙，如若不能，则不即不离之说，抑其次也。神光离合，乍阴乍阳，以不即不离说之，虽不中亦不远矣。譬诸佳丽偶逢，一意冥求，或反失之交臂，此犹宋人词所云"众里寻他千百度，蓦然回首，那人却在灯火阑珊处"也。

夫不求甚解，非不求其解也。曰不即不离者，亦然浮光掠影，以浅尝自足也。追求无妨，患在钻入牛角尖。深求固佳，患在求深反惑。若夫诗张为幻，以假混真，自欺欺人，心劳日拙已。以有关学术之风气，故不惮言之耳。

更别有一情形，即每说人家头头是道，而自抒己见，却未必尽圆，略为昔人诗云"鲍老当筵笑郭郎，笑他舞袖太郎当；若教鲍老当筵舞，能更郎当舞袖长"；此世情常态也，于红学然。近人有言：

《红楼梦》简直是一个碰不得的题目。余颇有同感。何以如此,殆可深长思也。昔曾戏拟"红楼百问"书名,因故未做——实为侥幸。假令书成,必被人挦撦利病,诃为妄作,以所提疑问决不允恰故。岂不自知也。然群疑之中苟有一二触着处,即可抛砖引玉,亦野人之意尔。今有目无书,自不能多说。偶尔想到,若曩昔所拟"红学何来"? 可备一问欤?[7]

这短短一则文字,真可谓严丝合缝,丁是丁,卯是卯。这样的文字,又有谁能来更动一字呢?

第一小段是进一步阐释这把断纹琴——红学,更被添了两道黑漆,而且是会褪色的黑漆。索隐派是去寻找书中某人某人乃历史上真有的某人某人,而考证派则去比附曹氏家族中的某人某人。一为猜谜,一为比附。俞平伯到写此文时,则认为两者"虽偶有触着,而引申之便成障碍,说既不能自圆,舆评亦多不惬"。这真是说得太对了。红学之所以成为一门永远争论不完的"学问",其根源之一就在这里。因为书本身未完成,本身即具无穷的矛盾,争到一定程度只会越争越乱,而不是愈辨愈明。想把这种争论,比作漆了两道黑色和退了光的漆于断了纹的古琴,真可谓形象之至,更可谓俞平伯至此已研究了67年后,所兴之哀叹。断琴被漆黑漆,而且还不止一道,当然是大煞风景的事。于断琴的本身并无多补,反而有碍于来者洞鉴断琴的真面目。"纵非求深反感,总为无益之事"二语,真有些一语道破、大彻大悟的味道。这是渐悟深积六十余年,自然包括横加非议与批判等以后,又在冷眼旁观近年红学的非凡热闹后,得出的既冷静又清醒的看法。俞平伯提出,希望今后的读《红楼梦》者,还是"好读书,不求甚解"为是。当然他说得依然很轻淡而谦虚,只是"窃愿"而已。第二段才切入本小题——红学之称,本是玩笑。早年,包括俞平伯的挚友称他为"红学家",他都认为是开玩笑。郑振铎、王伯祥等如此戏称他,也的确只是开玩笑。俞平伯自打研究《红楼梦》,写出《红楼梦辨》开始,他就从没有承认过自己是红学家。这第二段起首即说:"红学之称本是玩笑。""你不说我还明白,你越说我越糊涂了。"这对《红楼梦》的广大读者来说,还真的是一个普遍感受。不读这类红学著作,包括索隐派与考证派的,只去读《红楼梦》本身,至少书中大概故事情节、人物形象等,还大体明白清楚。越读这类书,往往越糊涂。俞平伯引用了这句话后即说:"此盖近之。"接着他所说的,就更是肺腑之言。他在《红楼梦辨》中也好,在《红楼梦研究》中也好,都说过愈研究愈糊涂的意思,这并非戏言,更不是圆滑,而是事实。但有人就抓住这点,来责难,来呵斥,认为是大错。苦衷在此,酿成大祸,根都在"其实是一句真心语,惜人不之察"耳。第三段则说"意"。所谓只可意会不可言传者是,亦即越说越糊涂之意,从另一方面加以进一步说明。"得意忘言,会心不远",说得更明白些似乎是,知晓意思也就够了,说不明白意思的才是真正懂得了的意思,这才更接近有会于心。这看来似乎更近圆滑了,其实不然。世上其实有许许多多的事情,都是只可会心,不可言说的。俞平伯接着就用解文论经的古训来解决红学的问题。"依文解义,三世佛冤。离经一字,便同魔说"这一说法,本是自古以来讲解文也好经也好,所遇到的普遍问题,归根结底,还是只读文不解义,只念经不求懂的好。这层意思自然与俞平伯著《红楼梦辨》、著《红楼梦研究》而遭厄有直接关系,说他有退缩之想也无不可。不过自打一开始,他就萌生了越说越糊涂的感慨,这也是铁的事实。就《红楼梦》本身是部未完成之作,作者身世不详,续补的具体情况亦难确定而言,就是处处埋着不可解之谜的一本糊涂账。甲从这一点似乎解释清楚了,准会有乙从那一点来推翻它……所谓愈辩愈明的现象,在红学中可谓鲜矣!愈争愈热闹,几乎成了无谓的争吵,倒是在在有之。所以俞平伯接着又说:"无言最妙,如若不能,则不即不离之说,抑其次也。神光离合,乍阴乍阳,以不即不离说之,虽不中亦不远矣。"这可真是说得中肯之至,红学本身就造成了只能如此。两百年来,红学中大大小小的疑问提出了无其数,而真正得到彻底解决的,可以说一个也没有,还都在若即若离之间。俞平伯在此又举一例云:"譬诸佳丽偶逢,一意冥求,或反失之交臂,此犹宋人词所云'众里寻他千百度,蓦然回首,那人却在灯火阑珊处'也"。用这几句著名宋词来描写红学,真是恰切得不即不离。《红楼梦》正文本身,也是多崇尚这个"意"字的。就拿"淫"来说,在作者心目中,最高境界的"淫",不就称之为"意淫"吗?此等处之"意",不还是在若即若离不即不离之间吗?

红学才子 俞平伯

如此再说下去,那么是否不求其解更好了吗?不。俞平伯在前面已提出了"好读书,不求甚解"的主张,为怕人再误会,在此又特地指出:"夫不求甚解,非不求其解也。""解"还是要求的,只是不能求其甚解。掌握这一尺度,则可谓难上加难矣。为此,俞平伯进一步阐述道:"曰不即不离者,亦然浮光掠影,以浅尝自足也。追求无妨,患在钻入牛角尖。深求固佳,患在求深反惑。若夫诪张为幻,以假混真,自欺欺人,心劳日拙已。以有关学术之风气,故不惮言之耳。"不幸的是,红学界并没能真的掌握好这一尺度。有的人甚至越来越滑到了以假乱真,自欺欺人的道路上去了。这固然可说是"红楼不废万家言,红学研究也应该兼容'索隐'这一家",但在新红学早已奠基并兴起半个多世纪后的今日,仍有人还在搞莫名其妙的真索隐,还不承认自己是在索隐,而是在考证,这不是以假乱真,自欺欺人,又是什么呢?

当然,说人家不对,很容易;自己是否就真对,却很难定,而且往往谁也难保。红学越争越乱,关键也正在此。

这则《漫谈红学》的第二个小题是《百年红学从何而来》。这个题目下面,劈头第一句便云:"红学之称,约逾百年,虽似讳名,然无实意。"一语中的,淋漓痛快。但百年来红学虽似讳名,而红学依然滚滚而前,直至今日的气势磅礴,不可一世,又决不是一语所能阻遏的。

红学之称,约逾百年,虽似讳名,然无实意。诚为好事者不知妄作,然名以表实,既有此大量文献在,则谓之红学也亦宜。但其他说部无此讳名,而《红楼梦》独有之,何耶?若云小道,固皆小道也。若云中有影射,他书又岂无之,如《儒林外史》、《孽海花》均甚显著,似皆不能解释斯名之由来。然则固何缘有此红学耶?我谓从是书本身及其遭际而来。

最初即有秘密性,瑶华所谓非传世小说,中有碍语是也。亲友或未窥全豹,外间当已有风闻。及其问世,立即不胫而走,以钞本在京师庙会中待售。有从八十回续下者可称一续,程、高拟本后,从百二十回续下者,可称二续,纷纷扰扰,不知所届。淫辞亵语,观者神迷。更有一种谈论风气,即为红学之滥觞。"开口不谈《红楼梦》,此公缺典定糊涂",京师竹枝词中多有类此者。殆成为一种格调,仿佛咱们北京人,人人都在谈论《红楼梦》似的。——夸大其词,或告者之过,而一时风气可想见巳。由口说能为文字,后来居上,有似积薪,茶酒闲谈,今成"显学",殆非偶然也。其关键尤在于此书之本身,初起即带着问题来。斯即《红楼梦》与其他小说不同之点,亦即纷纷谈论之根源。有疑问何容不谈?有"隐"岂能不索?况重以丰神绝代之文词乎。曰猜笨谜,诚属可怜,然亦人情也。索隐之说于清乾隆时即有之(如周春随笔记壬子冬稿一七九二)可谓甚早。红学之奥,固不待嘉道间也。[8]

《红楼梦》本身即充满着矛盾,红学自然也只能从矛盾中来。自打《红楼梦》草稿不胫而走开始,就可视为红学的开端。若口谈尚不足为凭,那么周春的《阅红楼梦笔记》则于乾隆壬子已开雕于吴门,故云"固不待嘉道间也"。口谈也好,笔论也好,反正都因为《红楼梦》及其作者本身就充满着矛盾与疑团,才引起人们去谈论它,所以才有红学。

下面还有《从索隐派到考证派》、《书名人名 头绪纷繁》两小题,文末两小段如下:

若问:"红学何时来?"答问:"从《红楼梦》里来。"无《红楼梦》,即无红学矣。或疑是小儿语。对曰:"然。"

其第二问似曰:"红学又如何?"今不能对,其理显明。红学显学,烟墨茫茫,岂孩提所能辨,耄荒所能辨乎。非无成效也,而矛盾伙颐,有如各派间矛盾,各说间矛盾,诸家立说与《红楼梦》间矛盾,而《红楼梦》本身亦相矛盾。红学本是从矛盾中发展壮大起来的,固不足为病。但广大读者自外观之,只觉烟尘滚滚,杀气迷漫,不知其得失之所在。胜负所由分,而靡所适从焉。[9]

红学才子
俞平伯

俞平伯又引了他自己于1963年所做吊曹雪芹一诗作结,末尾落款时间为"一九七八年九月七日"。这段文字,固然貌似切题,提到"岂孩提所能辨,耄荒所能辨",自认为只是乐知之儿语,其实精到之至,真可谓客观。这只是从事了半个多世纪的红学研究,又挨批而又超脱,似是置身于红学之外的老人,才能看得如此清,道得如此白。

一则题曰《红楼释名》,题下也有类小引似的一小段,下又分《"红楼"曲故》、《楼在何处》两小题。从题名即可看出,非宏论红学主体之文,乃简释"红楼"者,多从典故、考证等论之。文末有一首诗:

仙云飞去迷归路,岂有天香艳迹留。
左右朱门双列戟,争教人看画红楼。[10]

再下一则,题目是《从"开宗明义"来看〈红楼梦〉的二元论》。此则的小引很短:

记云"好而知其恶",请以之读《红楼梦》。当一分为二。空言咏叹之,誉为天下第一,恐亦无助于理解也。其开篇之提纲正义,以真假并列,有可疑焉。[11]

这恐怕是郁积于俞平伯胸次久欲一吐的话,它还是有所指的。随着红学大盛,似乎非把《红楼梦》捧上天不可,有谁要指疵,颇要有些冒天下之大不韪的勇气。这几年成为"一边倒"的时风,确实无助于对《红楼梦》应有的理解,此则要旨,自在阐述二元论,下面也列两小题:一曰《红楼难读始于甄、贾》,一曰《索隐、考证 分立门庭》。前题长,二元论多在前题述之;后题短,仅两个自然段,而这最后的一小段,实在神妙而不凡:

人人皆知红学出于《红楼梦》,然红学实是反《红楼梦》的,红学愈昌,红楼愈隐。真事隐去,必欲索之,此一反也。假语村言,必欲实之,此二反也。老子曰"反者道之用",或可以之解嘲,亦辨证之义也,然吾终有黑漆断纹琴之憾焉。前有句云"尘网宁为绮语宽",近有句云"老至犹如绮梦迷",以呈吾妻,曾劝勿作,恐亦难得启颜耳。[12]

由此可见,俞夫人许宝驯跟着俞平伯受了半辈子的苦,所以更是"三年怕草绳"。俞平伯在"曾劝勿作"后,又用"恐亦难得启颜耳"一语作结,则更是值得为之深思的。

～ 1981年,俞平伯与夫人许宝驯在北京三里河寓所欣赏书画作品

《乐知儿语说"红楼"》下一则的小标题是《空空道人十六字闲评释》。主要谈"色"、"空"二字,似是论释之辞,然细品其味,并未被释所囿。

援"道"入"释"

余以"色空"之说为世人所呵,旧矣。虽然,此十六字固未必综括全书,而在思想上仍是点睛之笔,为不可不知者,故略言之。

其辞曰：

因空见色，由色生情，传情入色，自色悟空。

由空归空，两端皆有"空"字，似空空道人之名即由此出，然而非也。固先有空空道人之名而后得此义。且其下文云"遂易名为情僧，改石头记为情僧录"，可见十六字乃释氏之义，非关玄门。道士改为和尚，事亦颇奇。其援道入释，盖三教之中终归于佛者，"红楼"之旨也。若以宝玉出家事当之，则浅矣。以下试言此十六字。

固道源于《心经》，却有三不同。"色"字异义，一也；经云，色即是空，空即是色，此言由空而色，由色而空，二也；且多一情字，居中运枢，经所绝无，三也。情为全书旨意所存。情色相连，故色之解释，空色之义均异《心经》。三者实一贯也。

红学才子
俞平伯

"色"之异义　"空"有深旨

先谈色字之异义。经云色者，五蕴之色，包括物质界，与受想行识对。此云色者，颜色之色，谓色相、色情、色欲也。其广狭迥别，自不得言色即是空，而只云由色归空。短书小说原不必同于佛经也，他书亦有之。

如《来生福弹词》第廿八回德晖语："情重的人，那色相一并定须打破。……《心经》上明说色即是空，空即是色。把这两句参透了，心田上还有恁不干净处？"下文说"累心的岂止色相一端"，盖于《心经》之文义有误解，故云然。但云情重之人须破色相，殆可移来做此十六字注脚也。《来生福》不题撰人名，盖在《红楼梦》之后。

窃依文解义，此所谓"空"只不过一股空灵之义，然有深旨，如"落一片白茫茫大地真干净"之类是也。空空道人者，亡是公耳，即今之无名氏。四句中上两"色"字读如色相之色，下两"色"字读如色欲之色。而"情"兼有淫义，第五回警幻之言曰：

好色即淫，知情更淫。

语意极明，无可曲解，色情淫固不可分也。若强为解释，又正如她说："好色不淫……情而不淫……此皆饰非掩丑之语也。"不论于理是否圆足,即此痛情直接,已堪千古。前有《临江仙》词云"多少金迷纸醉,真堪石破天惊",盖谓此也。

未尽之意,请详他篇。

一九七八年十一月十日[13]

开篇头一句即云"余以'色空'之说为世人所呵,旧矣",语短意长。这24年来积郁在俞平伯心里的不白之冤,真是旧矣哉!当年之乱批,似乎谈到佛、道,必然反动。其实俞平伯的本意,在当年就说得很清楚,而在"胡子眉毛一把抓"的当时,又怎容逐细分辨呢!直至24年后的1978年,时势已逐渐明朗,胸中之块垒,焉得不一吐为快呢!但也还不得不冠之以"乐知儿语"的总标题。下一标题为《漫说芙蓉花与潇湘子(外一章)》,文中共有三个小题目,分别为《秋后芙蓉亦牡丹》、《黛先死钗方嫁 但续书却误》、《娥眉善妒 难及黄泉》。究竟是后一题目为"外一章",还是后二题目为"外一章",还是另有外一章,亦已难知其确了。

芙蓉累德夭风流,倚枕佳人补翠裘。

评泊茜纱黄土句,者回小别已千秋。

秋后芙蓉亦牡丹

余前有钗黛并秀之说为世人所讥,实则因袭脂批,然创见也。其后在笔记中(书名已忘)见芙蓉一名秋牡丹,遂赋小诗云:"尘网宁为绮语宽,唐环汉燕品评难。哪知风露清愁句,秋后芙蓉亦牡丹。"(记中第六十三回笺上注云:"自饮一杯,牡丹陪饮一杯。")盖仍旧说也。

此记仅存八十回,于第七十九回修改《芙蓉诔》,最后定为"茜纱窗下,我本无缘;黄土垄中,卿何薄命"。书上说:"黛玉听了,忡然变色,心中虽有无限的狐疑乱拟,外面却不肯露出,反连忙笑着点头称妙。"芙蓉一花,双关晴黛。诔文哀艳虽为晴姐,而灵神笼罩全在湘妃。文心之细,文笔之活,妙绝言诠,只觉"神光离合"尚嫌空泛,"画龙点睛"犹是陈言也。石兄天真,绛珠仙慧,真双绝也,然已逗露梦阑之消息来。下文仅写家常小别:"黛玉道:'我也家去歇息了,明儿再见罢。'说着,便自取路去了。"

平淡凄凉,自是书残,非缘作意。黛玉从此不再见于《红楼梦》矣。曲终人去,江上峰青,视如二玉最后一晤可也,不须再读后四十回。旧作《红楼缥缈歌》曰:

芙蓉累德夭风流，倚枕佳人补翠裘。

评泊茜纱黄土句，者回小别已千秋。

即咏其事。晴为黛影，旧说得之。晴雯逝后，黛玉世缘非久，此可以揣知者也。未完之书约二三十回，较今续四十回为短，观上引文，有急转直下之势，叙黛玉之卒，其距第八十回必不远。或即在诔之明年耶？其时家难未兴，名园无恙，"亭亭一朵秋花影，尚在恒沙浩劫前"，又如梅村所云"痛知朝露非为福"也。

黛先死钗方嫁　但续书却误

芙蓉又为夭折之征。《阅微草堂笔记》卷十二，纪晓岚悼郭姬诗自注："未定长如此，芙蓉不耐寒，寒山子诗也。"上述姬卒于九月。按《芙蓉诔》称，"芙蓉竟芳之月"，即九月也。盖晴黛皆卒于是月，虽于后回无据，以情理推之，想当然耳。

于六十三回黛玉掣得笺后：

红学才子
俞平伯

众人笑说："这个好极。除了她，别人不配作芙蓉。"黛玉也自笑了。

书中特举，可见只有黛玉，别人不配做芙蓉。那么怎又有《芙蓉诔》呢？岂自语相违，形影一身故。上文悬揣，非无因也。

怡红夜宴，掣花名笺，书中又一次预言，叙黛结局于焉分明。牡丹芳时已晚，而况芙蓉。花开不及春，非春之咎，故曰"莫怨东风当自嗟"也。黛先死而钗方嫁，此处交待分明，无可疑者。续书何以致误，庸妄心情，诚为巨测。若云今本后四十回中，或存作者原稿之片段，吾斯之未能信。

蛾眉善妒　难及黄泉

后回情节皆属揣测，姑妄言之。黛玉之死，非关宝玉之婚；而宝钗之嫁，却缘黛玉之卒。一自潇湘人去，怡红院天翻地覆，挽情海之危澜，自非蘅芜莫可。即依前回情节，诸姊归心，重闱属望，宝钗之出闺成礼已届水到渠成，亦文家之定局，盖无所施其鬼蜮奇谋也。但木石金玉之缘，原有先后天之别，凡读者今皆知之，而当时人皆不知，且非人力所能左右。三十六回之梦话，宝玉亦未必自知。及其嫁了，如宾斯厮敬，鱼水言欢，皆意中事，应有义。

而玉兄识昧前盟,神栖故爱,凤业缠绵,无间生死,蛾眉善妒,难及黄泉。宝钗虽具倾城之貌,绝世之才,殆亦无如之奈何矣。若斯悲剧境界,每见于泰西小说,"红楼"中盖亦有之,借余韵香然,徒劳结想耳。"纵然是齐眉举案,到底意难平",《终身误》一曲道出伊行婚后心事。窥豹一斑,辄为三叹。

作者于衡潇二卷非无偏向,而"怀金悼玉"之衷,初不缘此而异。评家易抑扬为褒贬,已觉稍过其实,更混以续貂盲说,便成巨谬。蘅芜厄运,似不减于潇湘也。

一九七八年十一月二十日[14]

"钗黛并秀"说,实为俞平伯据"脂批"得出的极有创见的论说。而在挨批后,也一并被斥之为谬说。通观这篇文章的论述,益见其论说之不谬也。"尘网宁为绮语宽"这首七绝,也是他颇为得意之作。在此前后,陈从周绘《木芙蓉图》,乃他的得意之作,他请俞平伯题画。俞平伯即用此诗的后两句题在图上,也可见对"秋牡丹"的论述,他是酝酿已久,并十分重视的。接着是《宗师的掌心(外三章)》,文章至短,是绝对分不出"外三章"的。这"外三章"究竟是什么,至今仍不得而知。

宗师的掌心(外三章)

一切红学都是反《红楼梦》的。即讲的愈多,《红楼梦》愈显其坏,其结果变成"断烂朝报",一如前人之评《春秋》经。笔者躬逢其盛,参与此役,谬种流传,贻误后生,十分悲愧,必须忏悔。

开山祖师为胡适。红学家虽变化多端,孙行者翻了十万八千个筋斗,终逃不出如来佛的掌心。虽批判胡适相习成风,其实都是他的徒子徒孙。胡适地下有知,必干笑也。

何以言之?以前的红学实是索隐派的天下,其他不过茶酒闲评。若王静安之以哲理谈"红",概不多见。胡氏开山,事实如此,不可掩也。按其特点(不说是成绩)有二:(一)自叙说。曹家故事。(二)发现"脂批"(十六回本)。

顷阅戴不凡《揭开〈红楼梦〉作者之谜》一文似为新解,然亦不过变雪芹自叙为石兄自叙耳。石兄何人?岂即贾宝玉?谜仍未解,且更混乱,他虽斥胡适之说为"胡说",其根据则为"脂批",此即当年胡适的宝贝书。既始终不离乎曹氏一家与脂砚斋,又安能跳出他的掌心乎。

一九七九年三月十一日晨窗[15]

这篇文章简洁如此,一如俞平伯向来惜墨如金的旧例。而论说得如此透辟,一针见血,淋漓痛快,实在是妙文中的绝妙文。他首先承认一己在新红学中躬逢其盛——这是他之所以挨批如此之烈的症结所在,也即承认一己之反红学在先,而所谓的"批胡",搞得一天星斗,结果还没跳出孙行者的掌心去,更何况如来佛乎?再下面一题为《甲戌本与脂砚斋》,文稍长。全文含三小题:《脂砚"绝笔"在于甲戌本吗》、《曹雪芹非作者》、《红楼迷宫 处处设疑》。文中多精辟见地,而第三小题的最后,也即全文的结尾处,在交代清《红楼梦》行世以来,直至戚蓼生本被印行等,书上有"脂评"而均未见脂砚斋等字样;"程、高本刊书将批语全删,脂砚之名随之而去,百年以来影响毫无"后,俞平伯又写道:"自胡适的'宝贝书'出现,局面于是大变。我的'辑评'推波助澜,自传之说风行一时,难收覆水。'红楼'今成显学矣,然非脂学即曹学了,下笔愈多,去题愈远,而本书之湮晦如故。窃谓《红楼梦》原是迷宫,诸评加之帷幕,有如词人所云'庭院深深深几许',杨柳堆烟、帘幕无重数也。"全文最后落年月为"一九七九年四月廿日写"。伏读并抄录至此,不得不坚信俞平伯此言不虚。他早就说过的越辨越研究越糊涂之类的话,至此则说得更明白了。根源何在?就在于《红楼梦》原是迷宫还不说,诸多的评语又为它加上了重重帷幕。现如今红学如涌潮,其实也还是在重帷之下的迷宫中瞎兜圈子而已。再接着一小标题为《茄胙、茄鲞》,它对现当今的"红菜"热不无教益。文中对胙、鲊、鲝、鲞等字做了研究与解释。再下一题为《七九年六月九日口占》,而下面落年月却是"一九七九年五一前夕"。不知何故,文仅一句话:

红学才子 俞平伯

赞曰:以世法读《红楼梦》,则不知《红楼梦》;以《红楼梦》观世法,则知世法。[16]

其哲理至深,恕不敢细述,而粗粗体味之则已觉得它确具普遍指导意义。《红楼梦》这部著作往往被人们誉为百科全书,因其内容之宏富,在在皆言之凿凿。而它所包含的为人之道与处世哲学,同样值得人们去采用,去效法。而与此正相反,用不论哪种科学方法来研究《红楼梦》,到头来,还不都是越研究越糊涂吗?这可真是俞平伯研究了多半辈子的《红楼梦》后,所得出的总结性论述啊!此下尚有《秦可卿死封龙禁尉(外二章)》及《宝玉之三妻一爱人》两题。

总之,把这篇《乐知儿语说"红楼"》看作是俞平伯晚年对他自己一生研究《红楼梦》的总结也好,看作是他最后非一吐为快的心里话也好,遗言也好,反正是极其珍贵而又精辟的论述。这正可证明他直至最后,念念不忘的还是《红楼梦》;最后"呓语"称胡适与自己为罪人,而程伟元、高鹗是功臣,并非真呓语,而是较长的一段时间里,时时萦念于心的真心话。

5. 长留遗憾在人间

1990年秋,久病的俞平伯身体日渐衰弱,但是他依然没有停止在室内的活动,每天起床后他总会在书桌前的一张圆椅上静静地坐上片刻,静静地喝杯茶,静静地写几个字。在生命的最后几天,他再没有说话。有一天,他竟然以弱得几乎听不清的声音对守在身边的儿子俞润民说了什么,还用颤抖的双手指着书桌。从他那极难听得清楚的话音里,俞润民明白了他说的是:"小条。"果然,人们走到他用力指着的小桌前,惊喜地发现在上面有一张他写的小条,上面是他写的不太清晰的几行字:

后四十回小书,拟在美洲小印分送,然后再分布大陆,托栋栋分布。

在场的人都非常惊异,俞平伯所写的"后四十回小书"他根本就没有写过。这可能是身在病中的他还一直念念不忘地想再写关于《红楼梦》后四十回的著作吧!一代红学家在人生的最后时刻,就是在神志恍惚中仍然魂牵梦绕的还是一部《红楼梦》。

俞平伯终于带着那么多的遗憾,于1990年10月15日离开了人世。这"难于辞达"的"千秋功罪",则或将成为永久难破之谜,或将成为红学中又一永久争论不完的话题。

俞平伯形容虽更消瘦,却依然慈祥坦然,似熟睡在那里一样。一切丧事均遵照他本人的遗愿,从简又从简,没有举行任何仪式。遗体一推便推到了那生死判别的小过道,连小礼堂也没租,从南门推进,再从北门推人,便即排队入火炉了。极少数的亲属、挚友、晚辈,就在这小过道里又最后瞻仰了一次俞平伯的遗容。他被蒙上白布便被火葬场工作人员推了进去。据说,他被排在一位老妇人的后面,就这样走完了他普普通通老百姓身份的最后一段路,遗体也融入了普普通通老百姓的行列中。

在俞平伯离世的前一天,他坚持要洗澡,洗完后便没再进食。他就这样,干干净净地来,又干干净净地离开了人间!

早在1923年,俞平伯在读了《灰色马》后,曾写过《跋〈灰色马〉译本》一文,其中附入了他作的3首新体诗。后来他把这3首诗又与其他15首诗编在一起,统一标题为《呓语》,这3首列为15、16、17。这第16首是这样写的:

在生命之大流中,

前波是被后波跨过的。

但前波有更前的波在它的前,

后波有更后的波在它的后,

所以大家安然地过去,

认为平常而必要的事,

没有骄傲,也没有羞耻。

这么样——到永远!

故超越是我们的名字,

被超越也是我们的名字。

在我们应当走的时候,

我们定要快快地走。

我们不愿挤住后面兄弟们的路。

大家走,

大家向前走,

大家向着毁灭走。

这里有生命的光辉,

正照耀在我们的前路。

毁灭是永久的动,

是生命的重新。

我们的眼光很短,

它匆匆地跑过去,

所以很像一匹灰色马,

但上面人的名字不一定叫做"死"。[17]

红学才子 俞平伯

长江后浪推前浪,这本是宇宙万物生生灭灭的客观规律,人们道及这一规律的文词,可谓多矣。而二十二三岁的俞平伯,在读了《灰色马》后,竟能写出如此通达,而又积极向上的新诗来,应该说是很不容易的,真不愧为"五四"时代新诗人中卓然独立的一家。他最后把这首诗纳入《呓语》题下,究竟有何寓意?这与临终去世前的"呓语"又有没有什么关系?不解。是否有某种征兆性的遥相呼应?是否可用这首诗来为临终呓语做一些解析?难矣哉!

韦奈在《俞平伯的晚年生活》的最后,引录了这首诗,当时俞平伯虽病重,已在"生死之间",韦奈引诗之后,亦并未做任何诠释,也没有明示其用意,十分空灵,一任读者读后各自去遐想。他写《我的外祖父俞平伯》一书时,最后有十分短小的一节,题曰《终篇》,还是引录了这首诗。其时已离他外祖父去世两年整。他在引录之后写道:"是后波,他跨过前波;是前波,所以他'安然地过去'……"此时韦奈的心里能如此坦然吗?看来还不,但他是要努力效仿外公,力求安然的。所以他接着写道:

> 两年前的今天,正是他离去的日子,在八宝山小小的"告别室"内,他一身布衣,静静地睡着——听我们呜咽告别,然后,排在一位老妇人的后边,以一个普通人的身份,等着走完人生的最后一步。
>
> 生命在那里结束。生命从那里开始。
>
> 我分明看见他骑在一匹灰色的马上,向远方奔去,奔向永生。[18]

俞平伯作为一个普普通通的人,像所有普普通通的人一样,离我们而去了,直至永远,永不回头。但这位普通人,又却有值得世人永怀的许许多多事迹,实在难以从人们心目中抹去,而且永难抹去,永不磨灭。

俞平伯是一个普普通通的人,然而,不能否认的是他毕竟是一位重要而又特殊的学术才子。他的离去,不能不引起广泛的关注,各大媒体及海外的报纸都对他的逝世做了报道,其中新华社的消息如下:

> 我国现代著名文学家俞平伯先生,10月15日在北京病逝,终年91岁。俞平伯先生积极参加五四新文化运动,是一位热忱的爱国者和具有高尚情操的知识分子。七十年来,他不倦地从事学术活动和文艺活动,在文学创作和文学研究中,都取得了卓著的成就。

俞平伯一辈子治学谨严,说真心话,热爱祖国,更热爱真理。他用科学考证方法来进行《红楼梦》研究,不仅方法是对的,科学考证出来的成果也多不错。但由于史料的残缺零星,诸多后出的材料,他当时没有见及,所以早期的研究成果,只能是初步的,尚属雏形阶段。但一旦新材料出现,足以证明他原来的论点需要改变,他都勇于改变与修正。他决不会像一些红学家那样,本来自己的论点就不是自己踏实考证所得,人云亦云,一旦有新材料发现,又不加科学踏实的考证,容易轻信,貌似勇于修正失误,实为本无主见,还想嫁祸于人,装出服从真理的样子来。

1988年,俞平伯的最后岁月

俞平伯不讲空话,不担虚名,一辈子踏踏实实干实事,肯下"笨"功夫,甘为他人做嫁衣。他所做的脂砚斋红楼梦辑评工作,八十回校本校正工作等,都是逐字逐句,认认真真地去做,虽然也有助手,但仍多是事必躬亲,为后人提供了极大方便,甘心让后人踩在自己肩上往前走。由于后来不断有新材料、新版本被发现,他的著作自然会被后人的新著述所替代,但他的著作作为一座历史长河中的里程碑,永远不可移易,也不容他人轻易否定。他不像有些人那样,假手于助手与学生,自己担美名而剥夺他人的劳动。在红学领域里,俞平伯是如此,就是在其他领域与门类的研究中,他也是一以贯之。

在俞平伯纪念馆旁边,竖立着俞平伯的这尊铜像

俞平伯在红学之外，涉及的门类极广，例如古典文学研究、旧诗词曲的论著、新旧体诗歌的创作、散文杂文的创作……多有独树一帜之处，或创立起独特的风格。在这些众多的门类中，他的著作不但宏富，而且还多有突破，这都倾注了他的真感情，动了自己的肺腑，当然也就能动人之肺腑。他的不少论著，也都足以在历史的长河中占据应有的一席之地。再顺带说到他的书道，他一辈子从不以书家自居，但他在书法方面确实下过真功夫，认真临写过多种碑帖，所以他的字，无论从间架结构上考校，还是从整体布局与行气来看，都是无懈可击的，既充满了书卷气，又称得上是艺术珍品。难怪叶圣陶对他的字赞不绝口，这种称赞，仅王湜华一人亲耳所闻就不下数十次，而且总是指出他的字好之所在。

像俞平伯这样真正的学者、作家，真正的大学者、大作家，他的后半生，却遭到如此不公平的待遇，受到如此巨大的压力。他这样一位真正的红学家——真正开创一个学派的大红学家，晚年却对红学讳莫如深，还不让人称他为红学家。这叫人又能说什么是好呢？

俞平伯幸而克享上寿，但仍应叹息那彻底平反实在来得太晚了，要不然他临终前想写的那篇文章，就不会永远只留给人们去遐想了，或许能让他从从容容地亲自写出来。他想要在那篇文章中说的话，或许是任何人都说不出的精辟之词。现在只好让它成为永远的空白，成为一篇"无字文"了。韦奈分明看到的，俞平伯骑在一匹灰色的马上，向远方奔去，奔向永生。今后将会有更多更多的人看到，而且会越看越清楚。

在北京城西郊外，离西山脚不太远，有座古老的福田寺。寺早已不存，仅留下孤零零的一座寺宇，但"福田"之名，早已与"公墓"一词相结合，而得到永生。在这座公墓里，名人荟萃，甚至可以说，挤挤地住满了一个大杂院。俞平伯的骨灰盒，与他夫人许宝驯的骨灰盒一起被安放在大杂院的西南角，紧挨着他的父亲俞陛云。俞平伯的母亲死于"文革"中，骨灰竟不克合葬，确实成为一大憾事。安葬的那天，虽值凉秋，倒不算太冷，可天色显得阴沉沉的，正如人们的心情一样十分沉重。韦奈手捧着外祖父、外祖母的骨灰盒，轻轻放入水泥墓穴，又用水泥将墓门封上后，由许宝骏为首，每人用铁锹为新坟填上一锹土，以示景仰。墓碑的碑文是：

　　　　一九零零己亥　　一九九零庚午
　　　　一八九五乙未　　一九八二壬戌

```
      德清俞平伯
                     合葬之墓
      杭州许宝驯
```

```
         成
   子俞润民暨孙曾等敬立
         欣
```

碑文由俞平伯的入室弟子吴小如书写。

俞平伯重病期间,儿孙们都忙于护理他,竟一时都没想起如何拟碑文等事。俞平伯一旦撒手人寰,他们才商量该如何写为是,几种方案,莫衷一是……正在此时,忽然在抽屉里发现一张纸条,乃俞平伯的亲笔,所书即碑上现在所刻的那几个字。他们这才结束了商量,原来他自己早有所考虑,事先早已拟好了。他就是这样时时事事处处都为别人想得细致又周密,这种精神真可谓至死不渝。

至于字由谁来写,俞平伯倒是更早就有过口头的关照,叫吴同宝去写好了。

谈到安葬在福田公墓的文化名人,那可真是难以统计周全,恐怕不会少于万安公墓吧。不仅老墓未曾遍知,新坟更是层出不穷。而且老的在浩劫中多被砸烂,有的至今未被修复,更是难知其详了。王国维、余嘉锡、余叔岩、徐荫祥、吴玉如等人的墓都在这里,其中也被排有级别。本来这级别乃是阶级社会的产物,在不同人群的心目中,也自有不同的级别。而在福田公墓管理人员的心目中,又有他们独特的看法,这倒是在某种程度上反映出前来瞻仰者的心理,可能是常有人去问管理人员某某人安葬在哪里。为免一一作答,就在被人问起最多的特级名人墓旁,特地插上了一块小木牌,指出这是某某人之墓,以便众人寻找。被立牌的极少数最知名的人中,就有俞平伯,牌上写的是"俞平伯之墓 现代诗人、红学家"。看来管理人员还是做过一定调查研究的。后来木牌又代之以不锈钢牌,更是考究与醒目了。俞平伯九泉下有知,对这块牌子不知感受如何?他还坚持不许人叫他红学家吗,还是已经欣然接受了这一称谓?如已欣然接受,他对素不相识的前来瞻仰者,将会铭而受之呢;还是一如既往,站起来还礼?"上穷碧落下黄泉,两处茫茫皆不见。"还是不要再做任何不现实的假想了吧!

前来福田公墓来者日多,除在南边盖起了高大雄伟的骨灰堂外,又在西墙改建成了骨灰墙,并为之加盖了廊屋,不能算雕梁画栋的话,至少也够得上红绿鲜明,五彩纷呈了。如有更多的好事者,愿在俞平伯墓前留影,倒真是在萧疏的气氛中,平添了几分红楼忆繁华的味道。

后来东墙也已改建成带廊的骨灰墙,正在迎接着新的后来者。他们中有能踩在俞平伯肩膀上更上一层楼的学人巨子吗?若有,想起俞平伯这一生治学严谨,著作等身再等身,而半生坎坷遭到不应有的不公,又当做何感想呢?

红学才子
俞平伯

～ 中国艺术研究院红楼梦研究所研究员、本书作者王湜华在俞平伯墓前留影

俞平伯的后事,办得如此简单朴素,这也正是他一生为人的集中表现。他一辈子从不为官,一介布衣,清贫节俭,甘于寂寞,一贯务实,决不弄虚。他感情质朴真切,行文平淡行远……所以也可以说,如果大办后事,倒不成其为俞平伯了。

后事可以简单,而且应该简单,可他的身后一点也不寂寞。社会各界从不同角度来追忆怀念俞平伯的文章,真可谓不计其数。恐怕连专门研究俞平伯并搜集俞平伯研究资料的孙玉蓉,也不敢说她已搜集了所有的文章与资料。

俞平伯生前已结集的《论诗词曲杂著》、《俞平伯论红楼梦》、《俞平伯序跋集》、《俞平伯散文杂论编》、《俞平伯散文选集》、《俞平伯学术精华录》、《俞平伯旧体诗钞》等都不算,在他身后出版的《俞平伯书信集》、《俞平伯日记选》、《俞平伯周颖南通信集》、《俞平伯家书》、《德清籍现代著名文学家俞平伯》(德清文史资料第五辑)、《古槐树下的俞平伯》(《名家经典记怀散文选》之一)、《俞平伯诗全编》、《中国新诗库(第二辑)·俞平伯卷》、《中国二十世纪散文精品·俞平伯卷》等,又已经琳琅满目,难知其全了。更有俞平伯旧作单种的重印,如《忆》,就有两种版本——线装本为按原样重印的非卖品,平装本是右开为原样影印,左开为原文铅字排印。还有《燕知草》,那是俞平伯生前就重印过的,后来则将原线装两册,影印成平装一册,等等。俞平伯的《读〈红楼梦〉随笔》,被另加了《红楼心解》的新书名后出版;新版插图本《唐宋词选释》问世后也广受欢迎。至于这丛书、那丛书中,列入俞平伯一种,简直无力一一去列其全了。

敬仰俞平伯的后人越来越多,而且都是真心敬仰,既敬仰他的学问,更敬仰他的为人。

《俞平伯全集》也已面世,凡10厚册,约459万言。全集由顾廷龙题签,相当精美。全集出版时,新华社也刊发了消息:

> 460万字的《俞平伯全集》近日由花山文艺出版社出版。完整地展示出这位学贯中西、治学严谨的学问家平生道德文章的风貌。俞平伯是我国现代著名诗人、文学家。他早年积极投身五四新文化运动,是我国白话诗创作的先驱者之一和独具风格的散文家。他对中国古典小说、戏曲、诗词的研究,更是造诣深厚,富于创见。虽然他生前并不愿意以"红学家"自居,但他的红楼梦研究却独树一帜,蜚声中外。

> 据介绍,《俞平伯全集》收集了作者七十余年来各类文章著述,集中体现了他一生在文学创作和学术研究领域的心血成果。全集除辑录作者生前亲自编定、出版的单行本著述外,还汇集编入大量散见于各种报刊的散佚文稿以及从未发表过的日记、书信和诗词等。全集按文体分类共编为十卷。卷一诗歌,卷二散文,卷三诗文论,卷四词曲论,卷五、六、七红楼梦著述,卷八、九书信,卷十家书、日记及年谱。

俞平伯博大精深,恐怕头一次出版的全集,还难臻齐全,散佚在外的或许还不少。比如已出的《俞平伯诗全编》,肯定收编的就不全,其中同一首诗就或许有不少不同文本存留在友朋等辈手中。再如《俞平伯家书》,其中就只收了写给俞润民、陈煦、俞昌实、俞华栋、杨金凤等人的家书,而写给俞成、俞欣、韦柰、韦梅等人的家书则未见到,也难言其全。当然,一次求全也不可能,将来还可陆续征集,再出补遗等。

  《俞平伯全集》的书影

  总之,俞平伯身后并不寂寞,相信今后研究俞平伯的学者,也是会代不乏人。

  俞平伯的为人为文,将被更多的人接受。

2006 年 6 月脱稿

注释

[1] 俞平伯:《俞平伯全集》(第 1 卷),石家庄:花山文艺出版社 2001 年版,第 590 页。

[2] 同上书,第 8 卷,第 21 页。

[3] 载《新文学史料》1990 年第 4 期。

[4] 同上。

[5] 同上。

[6] 俞平伯:《俞平伯全集》(第 6 卷),石家庄:花山文艺出版社 2001 年版,第 403 页。

[7] 同上书,第 6 卷,404—405 页。

[8] 同上书,第 6 卷,405 页。

[9] 同上书,第 6 卷,407—408 页。

[10] 同上书,第6卷,410页。
[11] 同上。
[12] 同上书,第6卷,第412页。
[13] 同上书,第6卷,第413—414页。
[14] 同上书,第6卷,414—417页。
[15] 同上书,第6卷,417—418页。
[16] 同上书,第6卷,424页。
[17] 同上书,第1卷,第275—276页。
[18] 韦奈:《我的外祖父俞平伯》,上海:上海书店出版社1993年版,第119页。

后　记

　　1997年下半年，我根据中国艺术研究院红楼梦研究所科研规划的安排，动笔写有关俞平伯先生的专著。岁月如梭，一晃就是几年。去年下半年，北京大学出版社王炜烨先生提出，是否可以为俞平伯先生写部全传。我也早有这个想法，欣然应命。不久即动手，写成了这部《红学才子俞平伯》。俞平伯先生著作远不止"等身"，俞平伯先生的为人也为更多的人所景仰，然而，作为俞平伯先生的传记，这还是第一部。

　　北京大学出版社将本书纳入《中国学术大师系列》。俞平伯是当之无愧的学术大师，如果他的一生少一些坎坷，他的学术成就肯定会更大，著作的数量或许还能倍增。仅他晚年的零星著述看，对今后的指导意义就已不可估量，并且还在不断地显示出它的价值。

　　此次出版过程中，部分图片的摄影翻拍工作张斌先生帮了大忙，王炜烨先生的工作自更不用多说了，谨此一并致谢。

王湜华

2006年7月21日　北京